基金项目：国家自然科学基金资助（批准号：49771030）

中国城市土地利用的理论与实践

周建明　丁洪建　编著

中国建筑工业出版社

图书在版编目（CIP）数据

中国城市土地利用的理论与实践/周建明，丁洪建编著．
北京：中国建筑工业出版社，2009
ISBN 978-7-112-11391-0

Ⅰ．中… Ⅱ．①周…②丁… Ⅲ．城市-土地利用-研究-中国 Ⅳ．F299.232

中国版本图书馆 CIP 数据核字（2009）第 176231 号

责任编辑：郑淮兵
责任设计：张政纲
责任校对：陈 波 赵 颖

基金项目：国家自然科学基金资助（批准号：49771030）

中国城市土地利用的理论与实践
周建明 丁洪建 编著
*
中国建筑工业出版社出版、发行（北京西郊百万庄）
各地新华书店、建筑书店经销
北京千辰公司制版
北京云浩印刷有限责任公司印刷
*
开本：787×960 毫米 1/16 印张：15¼ 字数：296 千字
2009 年 11 月第一版 2009 年 11 月第一次印刷
定价：**36.00** 元
ISBN 978-7-112-11391-0
　　　（18617）

版权所有 翻印必究
如有印装质量问题，可寄本社退换
（邮政编码 100037）

编委会成员

主　编：周建明
副主编：丁洪建
编　委：谭永忠　郑娟尔　闫永涛　冯　科

序

在新中国成立 60 周年之际，总结中国城市土地利用的重大理论与实践问题适逢其时，《中国城市土地利用的理论与实践》作为对国庆 60 周年的献礼也欣喜面世了。

这本书有以下三个方面的的特点：

一、重视城市土地利用的基本理论与方法研究

在关注国外有关城市土地利用研究的基本理论与方法的同时，也提炼、概括了国内关于城市土地利用的经济区位、空间结构、扩展形态、土地使用制度及规划管理等基本问题。在知识传授方面，从单向授"鱼"转变为分享"渔"技。

二、研究城市土地利用与规划中的关键问题

1. 探讨城市土地合理规模的主要理论与测定方法，为城市用地规模的控制与引导提供依据。

2. 研究城市土地利用结构及规划标准。分析我国城市土地分类与相关规划建设标准，将 DEA 模型和信息熵技术应用于城市土地利用结构研究之中。

3. 探索城市土地空间结构优化问题。基于地价和市场机制在资源配置中的基础性作用，研究居住、工业、商业、游憩地类的区位选择及空间布局要求。

4. 研究城市土地集约利用的动力机制及集约利用水平的评价方法，以促进城市土地的节约与集约利用。

5. 总结城市土地整理的类型与模式，以切实有效地推进城市更新。

6. 剖析城市边缘区土地利用的演变机制与空间布局模式，提出边缘区土地利用与管理对策，以应对城市蔓延和无序扩张问题。

7. 加强典型案例分析，对北京、上海、深圳、青岛、北海等案例进行实证研究。

8. 提出城市土地利用的前瞻性问题，包括节约集约利用土地、加强土地规划管制、改革土地使用制度。

三、实现土地利用与管理学科、城市规划学科的交叉与融合

在理论与方法探索方面，既吸纳土地利用与管理学科在土地评价、土地管理、土地制度研究等方面的长处，又发挥城市规划学科在城市扩展、规模控制和空间布局等方面的优势；以实践为导向，关注城市土地利用、管理和规划建设中的关键问题和难点问题；在内容编排上，切中肯綮，章节组织新颖，体现了编著者的锐意创新意识。

总之,这是对土地利用与管理、城市规划建设有兴趣的读者值得一读的一本书。

编者
2009.11.5

目　录

1 海外城市土地利用研究的基本理论与方法 ·································· 1
　1.1 主要理论 ·· 1
　　1.1.1 城市地租地价理论 ·· 1
　　1.1.2 城市土地利用空间结构理论 ··· 5
　1.2 基本方法 ·· 8
　　1.2.1 城市土地分类方法 ·· 8
　　1.2.2 城市扩张与用地规模预测方法 ·· 10
　　1.2.3 土地增值收益管理与分配办法 ·· 18
　　1.2.4 土地交易和地价管理方法 ·· 23

2 我国城市土地利用的研究进展 ·· 26
　2.1 土地分类、统计分析与标准规范研究 ··· 26
　　2.1.1 国土系统的土地分类 ·· 26
　　2.1.2 建设系统的土地分类 ·· 28
　2.2 城市土地利用的经济区位研究 ·· 29
　　2.2.1 古典单中心模型 ··· 30
　　2.2.2 外在性模型 ··· 30
　　2.2.3 动态模型 ·· 30
　2.3 城市土地利用的空间结构与扩展形态研究 ··· 31
　　2.3.1 城市土地利用的空间结构研究 ·· 31
　　2.3.2 城市土地利用的扩展形态研究 ·· 32
　2.4 城市土地使用制度改革研究 ··· 33
　　2.4.1 中国土地市场和土地供应制度的变革 ······································· 33
　　2.4.2 中国土地储备制度的变革 ·· 36
　2.5 城市土地的规划立法与规划管理 ··· 37
　　2.5.1 国土系统的土地规划立法与规划管理 ······································· 37
　　2.5.2 建设系统的土地规划立法及规划管理 ······································· 41

3 城市土地利用合理规模的理论与测定方法 ································ 44
　3.1 城市土地利用合理规模的主要理论 ··· 44
　　3.1.1 最小成本理论 ·· 45

3.1.2 聚集经济理论 ………………………………………………… 45
3.2 城市土地利用规模的测定方法 ……………………………………… 46
3.2.1 国外城市建设用地预测方法 …………………………………… 46
3.2.2 我国城市建设用地预测方法 …………………………………… 50

4 城市土地利用的类型结构、规划标准及合理性研究 …………………… 55
4.1 国外城市土地利用的类型结构 ……………………………………… 55
4.2 我国城市土地利用结构的现状与问题 ……………………………… 56
4.3 我国城市土地利用的规划标准 ……………………………………… 61
4.3.1 城市用地分类与规划建设用地标准 …………………………… 61
4.3.2 工业项目建设用地控制指标 …………………………………… 63
4.4 城市土地利用结构的效率及其合理性研究 ………………………… 63
4.4.1 DEA 模型的构建 ……………………………………………… 65
4.4.2 DEA 模型变量的经济学解释 ………………………………… 67
4.4.3 DEA 模型的应用 ……………………………………………… 68
4.4.4 城市土地利用结构信息熵的基本原理 ………………………… 75
4.4.5 城市土地利用结构信息熵及其相关指数的计算 ……………… 76
4.4.6 城市土地利用结构信息熵的时空分异规律 …………………… 77
4.4.7 信息熵在城市土地利用结构分析中的应用 …………………… 81

5 城市土地集约利用的动力机制及其水平测度 …………………………… 94
5.1 城市土地集约利用的动力机制 ……………………………………… 94
5.1.1 聚集效应机制 …………………………………………………… 94
5.1.2 要素替代机制 …………………………………………………… 96
5.1.3 市场驱动机制 …………………………………………………… 98
5.1.4 政府监管机制 …………………………………………………… 100
5.2 城市土地集约利用水平测度 ………………………………………… 101
5.2.1 评价指标体系的构建 …………………………………………… 101
5.2.2 评价指标与数据的处理 ………………………………………… 102
5.2.3 评价指标权重的确定 …………………………………………… 103
5.2.4 城市土地集约利用水平的计算结果 …………………………… 105
5.2.5 评价结果的分析 ………………………………………………… 106
5.3 国家级开发区土地集约利用评价 …………………………………… 108
5.3.1 评价区概况 ……………………………………………………… 109
5.3.2 土地集约利用程度评价指标体系的构建 ……………………… 110
5.3.3 土地集约利用程度评价方法 …………………………………… 110

5.3.4 土地集约利用程度评价结果及分析 ·················· 111
5.4 小城镇开发区土地集约利用评价 ························ 114
　　5.4.1 评价区概况 ··· 115
　　5.4.2 土地集约利用水平评价指标体系构建 ············ 115
　　5.4.3 土地集约利用水平评价方法 ························ 116
　　5.4.4 土地集约利用水平评价结果分析 ·················· 118

6 城市土地整理：内涵、程序与模式 ·························· 120
6.1 城市土地整理的内涵 ·· 120
　　6.1.1 城市土地整理的不同阐释 ··························· 121
　　6.1.2 城市土地整理的理念与功能 ························ 123
　　6.1.3 城市土地整理与旧城改造的关系 ·················· 125
6.2 城市土地整理的程序 ·· 130
　　6.2.1 台湾市地重划的法律依据与程序 ·················· 130
　　6.2.2 德国城镇建设用地整理的法律依据与程序 ······ 132
　　6.2.3 城市土地整理的主要操作程序 ····················· 134
6.3 城市土地整理的实践与经验 ································ 135
　　6.3.1 台湾的市地重划 ······································ 135
　　6.3.2 德国城镇建设用地整理 ····························· 140
6.4 我国城市土地整理的类型与模式 ························· 142
　　6.4.1 我国城市土地整理的原则与路径 ·················· 142
　　6.4.2 我国城市土地整理的主要类型 ····················· 146
　　6.4.3 我国城市建设用地整理模式 ························ 148

7 城市土地利用的地价构成与空间分异 ······················ 150
7.1 城市土地的地价构成 ·· 150
7.2 城市类型与地价成因的定量分析 ························· 152
　　7.2.1 指标选取说明 ··· 152
　　7.2.2 主因子提取 ·· 153
　　7.2.3 城市类型与地价 ······································ 154
　　7.2.4 小结 ·· 155
7.3 城镇居民的住宅区位选择与居住用地的空间分异 ······ 155
　　7.3.1 住宅需求 ··· 155
　　7.3.2 住宅需求演变 ··· 155
　　7.3.3 居住空间分异 ··· 156
7.4 商业/服务业用地的区位选择与空间分异 ················ 157

7.4.1 商业用地的区位选择与空间分异 ... 157
7.4.2 办公业用地的区位选择 ... 159
7.5 工业用地的区位选择与空间分异 ... 161
7.5.1 工业用地布局指向 ... 161
7.5.2 工业用地选址 ... 162
7.6 城市游憩用地/公园绿地的布局 ... 163
7.6.1 城市公共游憩区的基本形态与分类 ... 163
7.6.2 典型城市公共游憩区的表现形式 ... 165
7.6.3 城市公共游憩区规划的理想模式 ... 167
7.6.4 城市公共游憩区规划的影响因素分析 ... 168
7.6.5 城市游憩商业区（RBD）的空间布局 ... 171

8 城市边缘区土地利用的演变过程与空间布局模式 ... 174
8.1 城市边缘区的概念界定 ... 174
8.2 我国城市边缘区土地利用的演变机制 ... 174
8.2.1 城市作用力 ... 175
8.2.2 乡村作用力 ... 175
8.3 城市边缘区土地利用的特征 ... 175
8.3.1 渗透与反渗透 ... 176
8.3.2 接触变质 ... 177
8.4 城市边缘区土地利用的动态演变过程 ... 177
8.4.1 科普的周期性理论 ... 177
8.4.2 埃里克森动态模拟 ... 178
8.4.3 山鹿诚次的阶段论 ... 179
8.4 城市边缘区的空间布局模式 ... 179
8.4.1 圈层式空间结构模式 ... 180
8.4.2 放射状结构模式 ... 180
8.4.3 分散集团模式 ... 181
8.5 城市边缘区土地利用的主要问题与对策 ... 182
8.5.1 城市边缘区土地利用的主要问题 ... 182
8.5.2 城市边缘区土地利用的对策 ... 184

9 城市土地利用案例研究 ... 186
9.1 深圳城市土地利用的空间结构变化与调整方向 ... 186
9.1.1 深圳城市土地利用的时空过程 ... 186
9.1.2 深圳城市土地利用的空间结构优化模式 ... 187

  9.1.3 深圳城市土地利用的空间结构调整方向 ·············· 188
 9.2 北海城市土地开发模式的失败根源及其重振策略 ············ 188
  9.2.1 北海模式的基本特征 ····························· 189
  9.2.2 北海模式的形成机制与失败根源 ··················· 190
  9.2.3 北海重振的区位优势与发展战略 ··················· 191
 9.3 北京城市土地利用扩展的动力机制与调整方向 ············· 194
  9.3.1 北京城市边缘区土地利用的变化特征 ··············· 194
  9.3.2 北京城市边缘区土地利用的空间扩展模式 ··········· 194
  9.3.3 北京城市边缘区土地扩展的成因 ··················· 195
  9.3.4 北京城市边缘区土地利用的空间结构调整方向 ······· 197
 9.4 浦东新区土地利用结构评价与优化 ······················· 200
  9.4.1 浦东新区土地利用结构评价 ······················· 200
  9.4.2 浦东新区与国内外大城市土地利用结构的比较 ······· 202
  9.4.3 浦东新区土地利用结构的优化 ····················· 205
 9.5 青岛城市增长中的土地利用时空控制策略 ················· 207
  9.5.1 土地利用控制的原则和目标 ······················· 208
  9.5.2 土地利用的时序控制策略 ························· 208
  9.5.3 土地利用的空间控制策略 ························· 210

10 城市土地利用的发展趋势展望 ···························· 216
 10.1 城市土地的节约集约利用 ······························ 216
  10.1.1 完善节约集约用地型土地利用规划体系 ············ 216
  10.1.2 构建节约集约利用土地的实施、评价、考核和预警制度 ··· 217
  10.1.3 健全节约集约用地的市场机制 ···················· 218
  10.1.4 推广节约集约用地的技术措施 ···················· 219
  10.1.5 创新节约集约用地的配套制度 ···················· 219
 10.2 城市土地的规划管制 ·································· 222
  10.2.1 规划的编制技术层面 ···························· 222
  10.2.2 规划管制制度层面 ······························ 225
 10.3 城市土地使用制度的改进 ······························ 227
  10.3.1 改革土地市场的垄断供应方式 ···················· 227
  10.3.2 改革征地制度，以经济手段为主盘活存量土地 ······ 229
  10.3.3 提高土地规划的科学性和动态性 ·················· 229
  10.3.4 根据市场需求制定供地计划 ······················ 230
  10.3.5 实行区域差别化的城市土地市场调控措施 ·········· 230
  10.3.6 加大税收制度改革和调节力度 ···················· 231

1 海外城市土地利用研究的基本理论与方法

1.1 主要理论

国外有关城市土地利用的研究是多维度、多视角的。有从城市经济和产业发展角度出发进行的土地利用理论研究，有从城市规划和地理空间结构出发进行的研究，还有从政治和社会行为角度开展的研究等。刘盛和、吴传钧等（2001）将国外的城市土地利用理论分为四个学派：20世纪20年代产生的生态学派；20世纪六七十年代的经济区位学派和社会行为学派，20世纪七八十年代以来的政治经济学派。❶ 这种分类方法将各个角度的城市土地利用理论研究进行了综合与分类，分类比较系统，但相对抽象。本书将从区位理论、地租地价理论、空间结构及其之间的关系角度归纳国外的城市土地利用理论。

1.1.1 城市地租地价理论

1.1.1.1 区位与城市地租地价

20世纪60年代，阿朗索（Alonso，1964），Mill（1967），Muth（1969）等人研究了城市土地的空间结构❷~❹，其中尤以阿朗索的研究影响最为深远。在《区位与土地利用——地租的一般理论》一书中，阿朗索将冯·杜能的关于孤立国农业土地利用的分析引申到城市，探讨了城市活动的竞租曲线和在土地供求平衡中地价和地租的决定。根据阿朗索的理论，由于不同的土地用途有不同的竞租曲线，商业企业对中心土地的出价高于居民，因此，城市中心区为商业用地，土地功能结构从城市中心区往外逐渐变化。

根据静态的单一中心城市理论，竞标地租随远离城市中心而减少，土地价格

---

❶ 刘盛和等. 评析西方城市土地利用的理论研究 [J]. 地理研究, 2001, 20 (1): 111-119.
❷ 威廉·阿朗索. 区位和土地利用 [M]. 梁进社等译. 北京: 商务印书馆, 2007.
❸ Mills, Edwins S. An aggregative model of resource allocation in a metropolitan area.. American Economic Review, 1967, 57: 197-210.
❹ Muth Richard F. Cities and Housing. Chicago, University of Chicago press, 1969.

和土地利用强度随距离城市中心的距离的增加而降低（Alonso，1964；Mills，1967；Muth，1969）。不同区位间的地租差异正好补偿其区位通达性上的差别，即城市土地的定价遵循"差异补偿性"原则。

与静态城市模型相对应，城市增长的动态经济模型强调动态地分析地租和土地价值的增长。在城市经济动态模型里，土地利用密度取决于城市土地开发时的经济状况，土地利用密度可以随距离的增加而增加。这种现象的产生是因为收入和交通通勤费用等的时间变化能使土地价格随交通通勤费用的增加而增加，这一结论同城市经济静态理论截然不同。事实上，城市增长动态模型在解释许多城市土地利用空间现象，如城市蔓延、城市衰退等问题上具有更强的解释力。

根据一般城市经济理论模型的推导，城市土地价值由四部分构成：（1）农业土地价值；（2）土地开发成本；（3）可达性的经济价值；（4）可预见的未来土地地租增值所带来的价值（也称城市增长土地价值溢价，growth premium）。

1.1.1.2 城市地价的成因及其影响因素

（1）城市地价的成因

在地价成因问题上，有两种理论：一种是土地收益理论，强调土地价格是土地收益即地租的资本化。用公式表示：

$$R = a/r$$

式中　　R——土地价格；

　　　　a——土地纯收益；

　　　　r——资本还原利率。

另外一种地价成因理论是土地供求理论。其中马尔萨斯（T. R. Malthus）、萨伊（J. B. Say）、马歇尔（A. Marshall）、萨缪尔森（P. A. Samuleson）是土地供求理论的代表人物。日本学者野口悠纪雄（中文版）在1997年[1]分析日本的地价和土地问题时，将地价高涨的原因分为起因于经济的实质性变化和投机性两个因素。另外，他还从需求和供给两方面来考虑地价的影响因素，见表1-1。

城市土地价格影响因素　　　　表1-1

供　给　因　素	需　求　因　素	
公共设施	实际需求	人口的增加
土地规制		家庭分解
容积率		收入增加
税收制度		产业结构的变化
其他	资产需求	心理预期
		税收制度

---

[1] 野口悠纪雄著．土地经济学 [M]．汪斌译．北京：商务印书馆，1997．

(2) 城市地价的宏观影响因素

美国学者查尔斯·H·温茨巴奇等（中文版，2002）比较系统地总结了影响城市土地价格的一般规律，并将一般因素分为行政因素、人口因素、经济因素、社会因素和心理因素❶。如果将国外关于城市地价影响因素的研究分为微观和宏观两类，那么宏观因素主要包括土地产权结构，土地供应和管制政策，土地规划与城市规划，财政税收政策等；微观层面的因素主要是地块邻里和周边环境，如学校，购物中心，交通便利度，医院等。本书在此主要探讨宏观方面的影响因素。

① 土地供应与管制政策对城市地价的影响

Hannah，Kim & Mills（1993）对韩国的土地控制与房价的关系进行了研究。1973~1988年间，韩国的人口增长了两倍多，但是城市住宅用地的供给只增加了65%。这一结果导致城市住宅用地的价格快速上涨，尽管土地开发密度的增加已部分抵消了价格的上涨。❷

Landis（1986）关于美国加利福尼亚州三个大都市区域土地管制政策对地价影响的研究证实，圣何塞的增长控制政策提高了土地成本。❸ Henry & Susan（1990）以蒙哥马利县为研究对象，发现土地分区和其他管制条件会提高当地的住房和已开发土地的价格，同时政策还存在溢出效应。❹ Gerard & Mildner（1998）研究了波特兰地区城市增长边界（UGB）对房价的影响机制，认为UGB一方面限制了土地供应，另一方面引致了更多的住房需求（UGB带来环境改善等，使人们对那一地区的需求增加），需求的增加未能转化为更多的住房建设，于是引发了高地价❺。Asabere & Huffman（2001）对费城的研究表明，建筑许可制会扭曲土地价格的形成机制，导致地价上升。另外，他们的研究还发现，这种增长在土地较稀缺的地区更加明显，反之亦然。❻

此外，土地供应方式和其他一些农业保护政策也会影响地价。如Yu-Hung Hong（2003）关于香港土地公共供给政策与房价关系的研究结果表明，土地公

---

❶ 查尔斯·H. 温茨巴奇（Charles H. Wurtzebach）等. 现代不动产（第五版）[M]. 任淮秀等译. 北京：中国人民大学出版社，2001.

❷ Hannah, L., Kim K. H., Mills, E. S. Land Use Controls and Housing Prices in Korea. Urban Studies, 1993, 30 (1): 147-156.

❸ Landis, John D. Do Growth Controls Matter? A New Assessment. Journal of the American Planning Association, 1992, 58: 489-508.

❹ Pollakowski, H. O., Susan, M. The Effects of Land-Use Constraints on Housing Prices. Land Economics, 1990, 66 (3): 315-324.

❺ Gerard C., Mildner, S. Growth Management in the Portland Region and the Housing Boom of the 1990's. Portland State University. Urban Futures Working Paper No. 98-1, 1998.

❻ Asabere, P. K., Huffman, F. E. Building Permit Policy and Land Price Distortions: Empirical Evidence. Journal of Housing Economics, 2001, (10): 59-68.

开拍卖的方式符合政府的财政需要，但是这一供给模式会抬高地价和住房成本，特别在一些城市土地需求较为旺盛的城市。❶

② 规划对城市地价的影响

Bramley（1993a，1993b，1996，1999）❷~❺和 Evans（1996）❻ 就英国土地利用规划对地价、房价的影响展开了激烈的争论。Gerald（1992）❼ 认为规划会从四个方面影响土地供应：一是限制土地总供应量；二是限制可开发土地的区位；三是限制土地开发方式；四是改变土地开发时序。Monk et al.（1996~1999）❽，❾也以英国为研究对象，研究了土地利用规划对住房供应量、房价和住房供给结构的影响。其基本结论是，规划会通过一系列途径，如限制土地供应，控制开发密度，引起投机等因素影响地价和房价。另外，他们认为开发商的开发行为与市场供求状况有关。Cheshire & Sheppard（2002）分析了英国土地利用规划的福利效应，指出规划的一大负面效应是扭曲了地价，使得英国的房价相对于收入而言较高。❿ Leishman & Glen（2005）也分析了英国的土地规划和住房市场、住房价格可负担性的问题。⓫

③ 税收对城市地价的影响

税收对土地利用效率和地价的影响是广泛存在的。不同的税收对地价的影响不同。一些研究表明，财产税有降低土地价格，减少土地投机动力的作用，如

---

❶ Hong, Y. H. Policy Dilemma of Capturing Land Value under the Hong Kong Public Leasehold System. Public Land Policy: Debates and International Experiences. Steven C. Bourassa, Yu-Hung Hong (ed.) Massachusetts, 2003: 151-176.

❷ Bramley, G. Land Use Planning and the Housing Market in Britain: the Impact on House Building and House Prices. Environment and Planning, 1993, A, 25: 1021-1051.

❸ Bramley, G. The Impact of Land Use Planning and Tax Subsidies on the Supply and Price of Housing in Britain. Urban Studies, 1993, 30 (1): 5-30.

❹ Bramley, G. Impact of Land-use Planning on the Supply and Price of Housing in Britain: Reply to Comment by Alan W. Evans. Urban Studies, 1996, 33 (9): 1733-1737.

❺ Bramley, G. Housing Market Adjustment and Land-Supply Constraints. Environment and Planning A, 1999, 31 (7): 1169-1188.

❻ Evans, A. W. The Impact of Land Use Planning and Tax Subsidies on the Supply and Price of Housing in Britain: A Comment. Urban Studies, 1996, 33 (3): 581-585.

❼ Hui, E. C., Ho, V. S. Does the planning system affect housing prices? Theory and with evidence from Hong Kong. Habitat International, 2003, (27): 339-359.

❽ Monk, S., Pearce, B., Whitehead, C. Land Use Planning, Land Supply and House Prices. Environment and Planning A, 1996, 28: 495-511.

❾ Monk, S., Whitehead, C. M. E. Evaluating the Economic Impact of Planning Controls in the United Kingdom. Land Economics, 1999, (1): 74-83.

❿ Paul, C., Stephen, S. The Welfare Economics of Land Use Planning. Journal of Urban Economics, 2002, 52 (2): 242-269.

⓫ Leishman, C., Glen, B. A Local Housing Market Model with Spatial Interaction and Land-Use Planning Controls. Environment & Planning A, 2005, 37 (9): 1637-1649.

H. James Brown 等。❶ 而不合理的一些税收政策反而促进土地投机和地价高涨，如野口悠纪雄（1997）和 Kanemoto（2005）关于日本土地与住房问题的研究都表明，日本的税收优惠政策和制度框架起着鼓励人们保有低效利用土地的作用，从而减少了土地的有效供应量并对地价高涨起了促进作用。❷

④ 其他宏观因素

从实践来看，土地投机、土地闲置往往也是地价高涨的重要原因。

1.1.2 城市土地利用空间结构理论

1.1.2.1 区位理论

杜能最早开始讨论空间经济问题❸，他于1826年完成了农业区位论专著——《孤立国对农业和国民经济之关系》（简称《孤立国》），是世界上第一部关于区位理论的古典名著。在该书中，杜能根据区位经济分析和区位地租理论，提出六种耕作制度，每种耕作制度构成一个区域，而每个区域都以城市为中心，围绕城市呈同心圆状分布，这就是著名的"杜能圈"。见图1-1。

阿尔弗雷德·韦伯的"区位多边形"❹ 研究了使厂商运输成本最小化

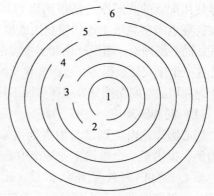

图1-1　杜能的农业区位图
1. 自由式农业圈；2. 林业圈；3. 轮作式农业圈；
4. 谷草式农业圈；5. 三圃式农业圈；6. 畜牧业圈

的厂商区位问题，其核心就是通过对运输、劳力及集聚因素相互作用的分析和计算，找出工业产品的生产成本最低点，作为配置工业企业的理想区位。

沃尔特·克里斯泰勒（Walter Christaller, 1933）提出了中心地理论（central place theory），理论对无差异平面的区域城市结构进行了分析，提出由于规模经济与运输成本的双重作用，最小化运输成本的市场区域必定是六角形，并形成一个由六边形组成的蜂窝状等级中心地区体系。❺

此外，马歇尔（Marshall, 1920）也在《经济学原理》第四篇第十章"工业

---

❶ Brown, H. J., Smolka, M. O. 从土地公共投资中获取公共价值. 美国林肯土地政策研究院. 土地利用与税收——实践亨利. 乔治的理论 [M]. 北京：中国大地出版社，2004.

❷ Kanemoto, Y. 日本的住房政策. 郭文华等. 国外不动产税收制度研究 [M]. 北京：中国大地出版社，2005.

❸ 约翰·冯·杜能. 孤立国同农业和国民经济的关系 [M]. 吴衡康译. 北京：商务印书馆，1997年.

❹ 阿尔弗雷德·韦伯. 工业区位论李刚剑等译 [M]. 北京：商务印书馆，1997.

❺ 沃尔特·克里斯泰勒. 德国南部的中心地原理 [M]. 北京：商务印书馆，1998.

组织、专门工业集中于特定地方"中讨论了产业集中问题。马歇尔将集中于某些地方的工业称为地方性工业，并认为地方性工业的起源主要有以下原因：第一是"自然条件，如气候和土壤的性质，在附近地方的矿石和石坑，或是水路交通的便利"，第二是"宫廷的奖掖"和"统治者有意识地邀请远方的技术工人，并使他们住在一起"。根据产业聚集区的特征，马歇尔将产业集聚的原因归结为：促进专业化投入和服务的发展，为具有专业化技能的工人提供了共享的市场，使公司从技术溢出中获益。[1]

1.1.2.2 城市土地利用地域空间结构理论

在不同的城市，它的土地利用地域空间结构是不同的，要找到能够解释城市土地使用配置的共同原则是很困难的。20世纪二三十年代，芝加哥学者应用生态探究观点考察城市土地如何利用或城市成长以何种模式进行并发展出三种主要模式：同心圆理论，扇形理论和多核理论。虽然现实世界中城市的土地利用空间结构比这三个模式复杂得多，也因文化及城市历史而不同，但这三个模式对于理解城市土地利用的空间功能分异规律和城市社区的社会经济结构具有非常重要的意义。

(1) 同心圆理论

同心圆理论由美国学者伯吉斯（E. W. Burgess）于1923年提出。他以芝加哥为例，提出了一个描述工业城市中心土地利用的理论。城市各功能用地以中心区为核心，自内向外呈环状扩展，形成5个同心圆用地结构：中心商业区（CBD）、过渡地带、工人住宅区、高收入阶层住宅区、通勤人士住宅区。根据同心圆理论，当城市人口的增长导致城市区域扩展时，第一个内环地带延伸并向外移动，入侵相邻外环地带，产生土地使用的演替。同杜能的区位理论一样，伯吉斯的模型忽略了交通道路、天然屏障以及社会土地使用偏好等因素。在解释卫星城市或购物中心，土地利用强度改变等因素对土地使用的影响时，必须做适当的修正。

(2) 扇形理论

扇形模型由美国学者霍伊特（Homer Hoyt）于1939年在分析了将近70个美国城市的20万个住宅区后提出。该理论的核心是各类城市用地趋向于沿主要交通线路和沿自然障碍物最少的方向由中心商务区向市郊呈扇形发展（原因在于特定运输线路的线性可达性和定性惯性）。扇形理论给20世纪50年代以前的美国城市发展提供了一个十分合理的解释，虽然它现在仍可以用来解释许多新发展的城市土地适用形态，但其实用性已大不如前。

(3) 多核心理论

哈里斯（C. D. Harris）和乌尔曼（E. L. Ullman）于1945年提出多核心模型。这一理论认为城市不会只有一个商业中心。在中心商务区相当远离的地方也

---

[1] 马歇尔著. 朱志泰译. 经济学原理 [M]. 北京：商务印书馆，1997.

可能沿着主要道路形成很多的商务区。因此，城市的生态结构既不是同心圆，也不是扇形，而是多核心的。这一理论给现代愈来愈多的城市土地利用提供了一个合理而实际的解释。

除运用生态探究观点研究城市土地利用结构外，城市经济学家从经济区位的角度对城市空间结构进行了研究。

1.1.2.3 城市土地利用的竞标地租理论

根据阿朗索的竞标地租理论，不同用途土地支付地租能力不同，由此，还原出的土地价格也不同。同一区位条件下，不同用途的价格规律一般表现为：

商业用途地价＞办公用途地价＞住宅用途地价＞工业用途地价＞农业用途地价

同时，不同用途地价对距离城市中心或商业中心的远近的敏感度不同，其间关系同上。商业用途由于对可接近性要求以及人气要求非常高，其地价会因为远离繁华中心而迅速下降，甚至距离咫尺或因一路之隔而发生巨大的跌落。最不敏感的是工业用地，距离城市中心远近不会给工业生产带来收益的很大变化。因为，靠近城市繁华中心不会给工业带来更多的收益，在现代交通技术和条件发达的情况下，远离中心也不会带来交通成本的很大的上升。相反，工业集聚在郊外的工业区反而能产生更大的集聚效益。

根据阿朗索的竞标地租边际转换曲线，对于单中心城市而言，其地价空间分布规律如图1-2所示。

但是，城市的空间发展往往具有多中心的特征，由此，城市地价会在城市次级中心或公益基础设施附近或大型绿地附近形成地价峰值。多中心地价空间分布曲线见图1-3。

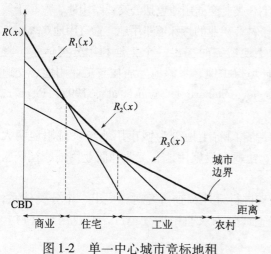

图1-2 单一中心城市竞标地租与土地利用

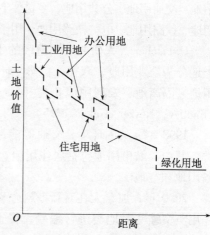

图1-3 从中心城市地价平面空间分布规律

1.2 基本方法

1.2.1 城市土地分类方法

土地利用分类有三种：（1）土地形式分类。又叫土地资源/土地覆盖分类。（2）土地利用分类。也叫土地利用现状分类、土地功能分类、土地用途分类。（3）两者综合分类。对于城市地块，土地用途分类占的比例要相对大一点，而形式分类更多用于人类活动影响相对较小的非城市地块。从世界各国的土地分类来看，不同的国家，其土地分类不同。即使是同一个国家，也可能有好几种分类体系。有些分类体系将城市用地作为一个大类，有些则按更细的分类来划分。

世界土地利用调查分类体系（WLUS）将土地分为居住与非农用地、园地用地、树木及多年生作物用地、农田等。美国地质调查中制定的土地利用分类体系（USGS）将土地分为城市或建成区、农用地、牧用地、林地、水域、湿地、未利用土地、冻土、多年积雪和冰 9 个一级分类，二级分类 32 个（Rind & Hudson，1980）。其中城市和建成区又细分为：居住用地；商业和服务业用地；工业用地；交通、通信和公用设施用地；工业和商业混合用地；混合城市用地；其他城市用地 7 类。1976 年，Anderson 等人提出标准土地利用代表分类体系（US-SLUC）将土地分为居住用地，制造业用地，交通、通信和公共设施用地，贸易用地，服务用地，文化、娱乐和休闲用地，原产料生产及提取用地、非开发用地和水域（Anderson et al.，1976）。❶

日本将土地分为城镇用地、水田、丘陵旱地、木本作物地、林地、草地、其他用地、交通用地、土地改良与保护设施用地、特殊设施用地、特殊用地 11 个大类，其中，城镇用地又细分为商业用地、重工业用地、轻工业用地、住宅用地、渔业用地、交通用地、公共用地、乡村住宅 8 类。交通用地包括公交线路用地、汽车干线用地、铁路用地、电气铁路用地、用于林业矿业的特殊道路用地、索道用地 6 类。

G. Fischer 等人研究欧洲地区的土地覆盖时提出一个土地利用分类体系，将土地分为农业用地、森林、自然与环境保护地、水源地、居住与工业用地、交通用地、隔离地、未利用地 8 类（Fischer, Stobovoy, Savin et al.，1995；Fischer, Ermoliev, Keyzer et al.，1995）。

1998 年，英国环境、交通等能源部门将土地分为城市用地与农村用地两大类。其中，城市用地包括居住用地、交通和设施用地、工业和商业用地、社区服务用地和空地。

2000 年，加拿大在对新斯科舍省进行土地调查研究时，提出一个分类体系，并用英文缩写对地类进行编号，将土地分为农业用地（AG）、渔业用地（FI）、

---

❶ 刘平辉，郝晋珉. 土地利用分类与城乡发展规划［M］. 北京：中国大地出版社，2005：7-13.

过渡性用地（IT）、制造业用地（MA）、矿业用地（MI）、保护和限制地（PL）、娱乐文化用地（RC）、居住用地（RS）、销售用地（SA）、服务用地（SE）、交通仓储用地（TR）等大类（Province of Nova Scotia, Canada, 2000）。加拿大环境部与野生动物服务部于1981年制定并于1986年修订完善的土地分类体系，将全国土地分类为农业用地、林业用地、野生动物和渔业用地、采掘用地、娱乐用地、居住用地、交通和通信用地、制造和仓储用地、商业用地、研究用地、保护地防洪和排水用地、未利用地、无明显活动变化用地，过渡性用地等14类（Province of British Columbia, Canada, 1997）。

另外，美国1∶100万土地利用图将土地分为：城镇用地、乡村工业用地、交通用地；耕地；多年生种植用地；自然草地；林地；沼泽及泥炭沼泽地；未利用地等7类（Mandal, 1982；Carter, Macken-zie, Gjerstad, 1999）。

德国城市用地，尤其是建造用地分类方法很有特色，亦较为科学。一般划分为居住用地（U）、混合用地（M）、工业用地（G）、特别用地（S）等四种类型，每一种类型又由次一级用地区片构成，如核心区、混合区、居住区等，而这些区片的有关具体规定，即在此用地范围内允许建造什么，不允许建造什么，在《建造用地规范》中均有详细说明。根据这种城市用地分类方法编制出来的土地利用规划能较为清晰地表现城市结构规划思想，具有较为明确的意向性和指导性；又富于一定的弹性和灵活性。❶

法国在编制土地利用规划中所采用的城市用地分类见表1-2。❷

法国土地利用规划（POS）的用地性质分类一览表　　表1-2

城市用地 U（zone Urbaine）	UA	城市的（历史）中心	城市经济发展区域
	UB	紧邻城市中心的地区	
	UC	20世纪初城市化自发形成的低密度独立式居住区	
	UD	20世纪60年代规划建设的中密度联立式住宅区	
	U（…）	根据具体情况进一步细分出各种生产用地、公共设施用地	
自然用地 N（Zone naturelle）	NA	现为市政配套不足的自然区域，但在下一轮POS修订中或将来的开发区（ZAC、PAE）规划，可转化为城市用地	自然保护区域
	NB	现有局部的市政配套但规划不打算加强的、现有局部建设的地区	
	NC	土壤丰富、农用价值高的农业用地。只允许建设住宅或农业生产必需的建筑	
	ND	因为自然灾害、自然景观、历史文物价值、生态问题等需要特殊保护的自然区域：如洪涝区、震区、考古遗址、机场周边地区等	

---

❶ "杭州市土地征购、储备和供应机制研究"课题组. 国际经验给我国城市土地储备机制建立的启示. http://www.tudichubei.com/cblt_ cblt_ k_ main. htm.

❷ 卓健，刘玉民. 法国城市规划的地方分权——1919～2000年法国城市规划体系发展演变综述. 国外城市规划，2004，19（5）：7-15.

1.2.2　城市扩张与用地规模预测方法

1.2.2.1　城市扩展模式的探索

伴随着工业化和城市化，西方城市用地的增长和空间的扩展带来了各种各样的城市问题，这促成了现代城市规划的产生，也使得建筑师和规划师们在理论和实践两方面展开对城市用地增长和空间扩展合理模式的不断探索。

从霍华德的田园城市理论开始，到卫星城（新城）理论，到芒福德的城市和区域整体发展理论，再到今天的精明增长思想，对城市扩展合理模式的理论探索，影响和指导着城市规划建设的实践。

1944年阿伯克隆比完成的"大伦敦规划"是人类在城市规划方面的伟大实践（图1-4）❶，它将田园城市理论、卫星城（新城）理论的思想融合在一起，勾勒出一幅半径50km左右，覆盖1000多万人口的特大城市地区发展图景。大伦敦规划计划在伦敦外围建立8座新城，以疏散伦敦市区的人口，实现产业、生活的平衡布局；计划在整个建成区外围设立一条宽约16km的绿化带，一方面可作为伦敦的农业地区和游憩地区，另一方面用以阻止建成区的盲目扩张。大伦敦规划闻名遐迩，成为控制城市蔓延、改善城市环境、舒缓现代城市压力的最典型案例。大伦敦规划掀起了第二次世界大战后的西方发达国家的新城建设运动，其规划思想被许多国家所吸收（如巴黎规划的新城建设），规划方案也被包括我国在内的许多国家所效仿（如前苏联的莫斯科、日本东京、韩国首尔、中国北京等），"卫星城（新城）"的发展模式也成为城市空间扩展的重要模式影响至今（分散组团、多中心的城市布局无不受新城理论的影响）。

为了控制巴黎地区的城市用地扩展，实现法国各地区经济的平衡发展，1965年完成的"大巴黎规划"在吸收"大伦敦规划"新城建设思想的基础上，结合巴黎地区的实践，形成了轴向扩展的空间发展模式。为了促进离巴黎100km或更远的城镇的发展（如奥尔良、夏尔特尔、鲁昂、兰斯等），同时考虑到无论绿化带规划得多么严格，也势必沿着进入巴黎的放射状道路被建筑物所侵占、填满，因此，巴黎规划没有按照英国的"环形绿带+卫星城"的发展模式。此外，考虑到轴线太多会丧失投资少和接近大自然的优点，而且轴线之间的空隙很容易被建筑物填满（巴黎城市骨架的基本形式是同心放射道路），因此，巴黎规划采用两条平行轴的发展模式，即大致在已有的建成区南北外侧，沿塞纳河、马恩河、卢瓦兹河河谷方向，形成了两条平行的城市发展主轴，并把主要的新城镇沿两条轴线布置。巴黎的这种轴向空间发展战略，将城市空间扩张限制在这两条平行的城市发展主轴之间，通过轴线引导规范城市的空间增长，通过副中心和新城

---

❶ 张京祥.西方城市规划思想史纲[M].南京：东南大学出版社，2005：155.

的建设组织城市的功能布局，既保持了中心区的繁荣，较完整地保护了老城区的历史风貌，又为经济发展提供了组织有序的增长空间。"大巴黎规划"在城市空间扩展模式上的探索是成功的，它结合巴黎的实际特点所规划的巴黎沿两条平行的轴线发展和多中心的城市形态值得我们认真学习和借鉴。

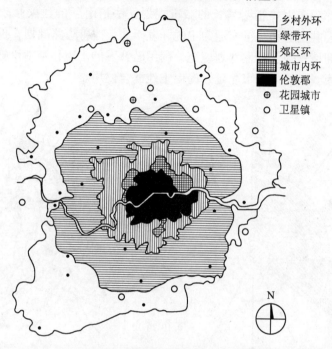

图1-4 1944年阿伯克隆比的大伦敦规划

除了伦敦、巴黎，西方其他国家的城市规划建设，也都在积极地探索城市用地增长和空间扩展的模式，如20世纪60年代的芝加哥大都会规划的"指状规划"模式（美国称之为"墨迹规划"，主要内容是沿着对外交通线向外发展）、丹麦大哥本哈根的指状规划（图1-5）、[1]20世纪五六十年代华盛顿的放射长廊规划（图1-6）。[2]

美国和加拿大由于得天独厚的自然条件支撑，并没有像西欧许多国家那样在第二次世界大战后就已经明确确立了控制大城市无序增长的思想。长期以来在北美，增长都被认为是正面的、引以为荣的[3]，在城市用地增长管理方面的实践探索并不多。但放任的郊区化带来了城市的畸形蔓延，导致各种生态、社会问题，于是，为了控制城市无序蔓延，美国提出了精明增长的概念（1997年，马里兰

---

[1][2] 张京祥. 西方城市规划思想史纲 [M]. 南京：东南大学出版社，2005：157.
[3] 王旭. 美国城市史 [M]. 北京：中国社会科学出版社，2000.

州州长Parris N. G. Lendening首先提出了精明增长的概念），形成了增长管理的思想，并在美国得到了广泛的支持，成为当今城市用地增长和城市扩展的重要理念。1999年，美国城市规划协会（APA）在政府的资助下，用了8年时间，完成了长达2000页的精明增长的城市规划立法纲要。到2002年底止，美国已有14个州全部或部分采用"精明增长的城市规划立法指南"的建议修改法规。精明增长强调以公共交通和步行交通为主的开发模式，改善道路规划，扩展多种交通模式，解决拥堵；强调开发计划应充分利用已开发的土地和基础设施；鼓励土地利用的紧凑模式，反对城市蔓延；提倡土地混合使用。

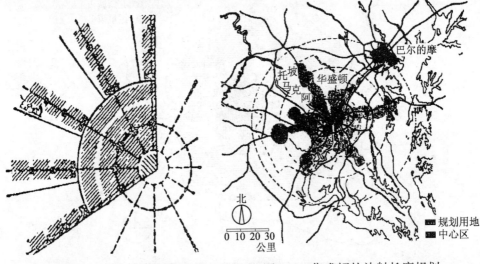

图1-5 大哥本哈根的指状规划　　　图1-6 华盛顿的放射长廊规划

西方城市的发展，走的是先集中后疏散再区域协调发展的三步曲，西方国家对城市用地增长和城市空间扩展模式的探索过程，有经验也有教训。当前我国正处在工业化和快速城市化的进程中，城市用地的增长模式和空间扩展模式，相对比较单一，也存在很大程度上的无序现象，我国人多地少的基本国情，要求我们在充分吸取西方发达国家城市增长的经验和教训的基础上，探索适合我国的城市用地增长和空间扩展模式，避免重复先集中后疏散再区域协调发展的老路。

1.2.2.2 城市土地利用管制办法

近些年来，许多国家和地区出现城市蔓延和无序扩张，并引起了居民的广泛不满。如美国的很多选民将城市无序扩张问题看做各地（如丹佛市和旧金山市）所面临的最严重的问题（Waddell & Moore，2001）。❶ 对此，各国政府和地区都

---

❶ Waddell, P., Moore, T. 城市土地需求预测. Gerrit J. Knaap. 国土资源部信息中心译. 土地市场监控与城市理性发展［M］. 北京：中国大地出版社，2003.

采取一定的控制政策。

刘丽（2006）将世界各国城市土地利用的扩张模式分为三种：（1）逆城市化过程中的带状扩张，以欧美国家为代表；（2）快速城市化过程中的饼状城市扩张，以亚洲国家尤其是中国为代表；（3）快速城市化过程中的畸形城市扩张，以非洲、拉丁美洲等一些经济不发达国家为典型代表。针对不同的扩张形式和扩张原因，应采取不同的治理措施[1]，见表1-3。

世界各国扩张的原因和治理措施　　　　表1-3

地 区	扩张原因分析	表 现 形 态	政 策 措 施
欧美	1. 对较高生活质量的追求； 2. 家庭数量尤其是单亲家庭数量的增加	新增建设用地主要沿着高速公路向郊区或远郊呈带状发展，跳跃式发展	1. 精明增长（美国，加拿大）； 2. 绿色政策（英国）； 3. 城市增长边界（美国）
亚洲发展中国家	1. 工业化进程的加快； 2. 城市人口数量的增加	围绕中心城市呈饼状蔓延	1. 耕地占补平衡（中国）； 2. 城市土地开发控制（印度尼西亚，马来西亚）
非洲撒哈拉以南地区、拉美地区	1. 城市贫民数量的增加； 2. 缺少全国性的土地利用规划	畸形城市扩张	1. 城市土地改革（秘鲁）； 2. 贫民窟综合治理工程（印度，巴西）

对西方发达国家治理城市扩张的手段进行总结后发现，虽然很多国家实行土地私有制，各国基本上都对城市建设用地增加进行了管制，其中，土地规划（区划）和用途管制制度是采用较广的一种手段。总体来看，日本、美国、加拿大主要实行"土地用途分区管制"，英国主要实行"土地规划许可制"，法国、韩国主要实行"建设开发许可制"。

（1）英国的土地规划许可制

英国是最早开展城乡规划立法的国家之一，同时又是世界上最早通过规划立法限制土地开发的国家。目前，英国正在执行的是1990年颁布的《城乡规划法》，其中规定：土地所有权人或土地开发者欲从事地表、地下及地上建筑、土木工程、采矿或其他工程，或对土地、建筑物的用途做任何实质性改变的土地开发行为，必须向地方规划机关申请规划许可。即使是在自己所有的土地上建造住宅，或者改变土地的用途与发展计划不冲突，也必须得到规划机关的开发许可。也就是说，英国的土地发展权属于国家，国家通过是否授予开发者以发展权对土地实行管制。除土地开发许可外，英国还必须申请建筑开发许可。

---

[1] 刘丽. 世界主要国家土地利用形势和态势的初步分析 [A]. 张新安等. 国际国土资源管理态势与趋势 [M]. 北京：中国大地出版社，2006.

许可决策结果有三种：准许开发，限制条件的准许开发，或是不准许。哪种结果由地方规划机关根据相关政策和对公共利益的影响程度做出。主要考量的因素有土地用途、土地开发数量、面积、建筑布局、坐落位置、景观美化程度和对周围环境的影响等。

许可的类型有两种：原则许可（Outline Application）和正式许可。前者主要适用于那些获批的把握性不大的项目，申请者只要提供一些关键性材料即可。如果项目获得许可，则3年内必须提交正式许可申请。正式许可主要适用于获批可能性较大的项目或开发者急需动工的项目。规划许可的有效期限为5年（从得到原则性许可算起），5年之内必须开发建设，以确保规划的实施。

此外，英国规定，有两类特殊项目可自由开发：一类是城乡规划法规定的某些特殊项目；另一类是城市规划规则规定的特殊项目。

对于一般的土地开发项目，地方政府（地方议会或者国家公园规划局）可以批准或拒绝规划申请，如果申请者对许可被拒绝不服，可直接向中央政府提出上诉。如理由充分，中央政府可以直接否决地方政府的决定，但一般来讲，地方政府是规划的最终裁定者。对于一些重大的开发项目，则需要提交中央政府批准。

（2）美国的土地用途分区管制

美国是较早实施土地用途分区管制的国家。在城市土地利用上，美国的土地利用管制主要体现在两个方面：①以控制土地使用密度与容积为核心的土地使用分区管制。其主要内容是对城市土地上的建筑物及其布局进行管制，例如建筑物及其他构筑物的高度、层数、规模、建筑线，最小空地率，建筑密度，最小容积率等，这样综合考虑建筑物的通风、光照、景观和公共设施配套建设，将极大有利于分离工业区和居住区，隔离污染源，保护生态环境。②控制城市规模，引导建设用地合理布局。这主要通过建筑许可的总量管制，实施分期分区发展和设立发展管制区来实现。这些措施可以有效地控制城市无序蔓延，防止跳跃式发展、提高公共设施利用率。俄勒冈等地区还根据地区经济发展状况和土地利用现状，划定了城市增长边界（UGB），对土地布局和总量进行了有效控制。

（3）德国

德国的规划和开发控制是可以同时进行的。也就是说土地利用规划是开发控制的法律文件，开发控制是土地开发的具体化。一旦土地利用规划得到批准，规划单位内的土地开发项目就能获得许可。和英国不同的是，德国的土地开发只需要申请建筑开发许可就行，土地拥有者不需要申请土地开发许可。德国的大部分建筑申请许可是政府官员签发的。政府签发许可时主要考虑土地开发是否与土地规划一致。如果开发申请虽然部分违反了法律条款，但是经过修改可以与该法律条款相符合，政府可以将申请退回申请者进行修改，这样，开发申请的时间可以由原来的 1 年延迟至 2 年。

在德国，土地使用分区管制是地方政府的权力，具体实施主要在市镇村进行，所依据的是市镇村一级的建设管理计划。市镇村一级的建设管理计划又包括土地利用规划（简称 F 规划）和地区详细规划（简称 B 规划）两种。F 规划以土地用途管制分区为主要内容，把城市的土地利用分为 3 种，即用于修建建筑物的土地利用、不修建建筑物的土地利用和其他的土地利用。然后在此基础上再次细分为居住地域、混合地域、产业地域、特别地域、绿地、农业用地、林业用地等 10 种使用类型区。B 规划则详细规定了土地利用的具体方式、公共设施位置、有关建筑的限制（建筑密度、容积率等），并依此进行分区管制。❶

（4）加拿大

加拿大主要通过政府制定规划和政策来指导土地的利用，其土地利用规划权主要集中在省以下的地方政府，大致可分为国家级、省级、地区级和市级规划。国家级"土地利用指南"主要是制定土地开发利用原则，并以此进行指导和监督，以保证土地资源的合理配置。省级规划，是一种相对细化的政策性和纲领性文件，确定合理的土地利用模式；引导有害公共健康和安全的开发项目远离居住区，从而减少潜在的公共威胁，保护自然资源以确保其经济效益和环境效益。在土地利用大纲的指导下，市级政府就可以编制土地利用分区管理法即市级规划。《土地分区管理法》是法律条文，非常详细和具体地对土地用途、土地承载密度等有关土地的利用活动进行了规定，而且强制性大，弹性小，能有效控制土地用途方向的转移。

加拿大联邦政府在实施土地用途管制时，运用了多样化的手段：

用途分区。加拿大按照《土地分区管理法》，对城市土地实施用途分区管制。首先，加拿大根据土地的自然特性、经济特性、公共利益和市场供求关系等因素，划分出住宅、商业、工业、农业、休闲、环境保护用地和混合用途用地等类型。其次，按照土地的功能和密度进行用途分区，规定土地的用途、密度和建筑体积等，控制土地用途转移。

土地分块控制方法。土地分块控制是指在城市建成区之外进行成片开发的土地项目必须经过申请、传阅、预批、通过和规划登记等程序，正式通过的土地分割图在规划部门登记成为正式规划文件。

控制空地开发方案。对建成区内的宗地开发项目，通过控制宗地开发方案进行土地用途管制。要递交宗地开发方案，通过审查、批准，控制对周围环境影响较大的建筑物的用途、容积、体积和空地率。

---

❶ 韩斌，李笠. 国外土地用途分区管制概况，2008. http：//www. lrn. cn/zjtg/academicPaper/200806/t20080620_ 244000. htm.

(5) 日本

与欧美国家在分区管制制度上的最大区别在于，日本是先有分区，后有土地利用基本规划。日本将全国土地划分为城市、农业地区、森林、自然公园地区和自然保护区等5种土地利用类型区进行管理，并颁布了《城市规划法》、《农业振兴地域法》、《农地法》等相应法规，来限制、调整与指导各类土地的利用。日本的土地利用基本规划将各类土地利用分区图进行叠加，在资源保护和环境保护优先情况下，确定其用途。由于日本的土地使用管制是在防止城市无序扩张的背景下形成的，因此日本土地使用分区管制的重点在城市规划区内。城市使用规划分为地域划分、分区制度和街区规划三个基本层面。每个层面的土地使用规划都包括发展政策和土地使用管制规定两个部分。

一是地域划分。城市规划区的发展政策包括制定未来10~20年的发展目标以及实施策略，包括人口和产业的分布、土地使用配置、城市开发、交通体系、公共设施、环境保护和城市防灾等方面。城市规划区包括城市建成区以及周边的农业和森林区域。因此，城市规划区的范围往往是城市建成区的4~5倍。根据1968年的城市规划法，城市规划区划分为城市化促进地域和城市化控制地域。地域划分与城市规划区的交通网络规划、公共设施规划和土地调整计划相结合，目的是防止城市无序蔓延，控制城市形态和土地配置，提高公共设施的投资效益，确保城市的协调发展。城市化促进地域包括现状的建成区未来10年内将要优先发展的地区，基础设施和公共设施的政府投资将会集中在这类地区，区内农田可以转变为城市用地，开发活动受到土地使用区划的管制。在城市化控制地域，一般不允许与农业无关的开发活动，基础设施和公共设施的政府投资也不会集中在这类地域。

二是区划制度。早在1919年，日本的城市规划法和城市建筑法就引入了土地使用区划制度。城市规划法规定土地用途、地块面积、基地覆盖率和容积率，建筑标准法则涉及建筑物的具体规定（如斜面限制和阴影限制）。目前，城市化促进地域划分为12类土地使用分区，包括7类居住地区、2类商业地区和3类工业地区。在不同的土地使用分区，依据城市规划法和建筑标准法，对于建筑物的用途、容量、高度和形态等方面进行相应的管制。土地使用分区是为了避免用地混杂所造成的相互干扰、维护地区形态特征和确保城市环境质量。尽管如此，土地使用分区制度作为对于私人产权的有限控制，只是确保城市环境质量的最低限度，但不能达到城市发展的理想状态。

三是街区规划。在20世纪70年代后期，人们越来越关注城市环境质量，公众参与的意识也日益增强。如前所述，土地使用区划只是确保城市环境质量的最低限度，并不能达到城市发展的理想状态。1980年，对城市规划法和建筑法进行了相应的修改，开始制定街区规划。近年来，街区规划的应用越来越广泛，已经不仅是对于土地使用区划的细化，往往还可以修改和取代土地使用区划的有些规定。土地使用分区是定期修编的,而街区规划可以根据需要而随时编制。

在土地分区中,城市公共设施包括交通设施、公共开放空间、教育、文化、医疗和社会福利设施。这些设施的建设和管理都纳入了城市规划的统筹考虑。国家公路和高速公路等全国性基础设施则在更高层面上进行规划布局,而不是纳入城市规划范畴。在公共设施所在地块,原则上不允许其他开发活动。因为日本的土地产权较为零散,地块规模较小,政府运用各种措施确保城市开发的整体性和避免城市无序扩展。采取了各种土地使用管制措施,以促进土地有效利用,同时确保城市环境质量,包括降低基地覆盖率和设置建筑后退要求,以较高的容积率来鼓励开敞空间和人行步道。

在土地有效利用地区中实施城市开发项目,可以对于私有产权进行三种方式的公共干预:一是土地调整,是在地块面积基本不变的条件下,根据街区规划进行地块界线的重新划分,广泛应用于各类地区的大规模开发项目;二是产权置换,是将土地产权置换成为建筑产权,因为再开发增加了建筑容量,使有些土地业主有可能置换到新增加的楼层,而空置出来的土地可以用于公共设施和开放空间,适用于城市中心地区的再开发;三是强制征地,适用于城市外围的大规模开发(如20世纪六七十年代建设的居住区和工业区)以及公共设施的配套建设。

在开发许可上,日本与英国接近,既要申请土地许可,又要申请建筑许可。审批的依据是有关的法律和城市规划。❶

(6)法国和韩国

法国和韩国都实行建筑许可制,许可的依据是建筑行为是否符合国家城市规划,土地利用详细规划,建筑规则等。在法国,开发控制的主要手段是签发建筑许可证书。根据法律规定,市镇级的土地利用分区规划批准6个月之后,市镇长就有权审批建筑许可。如果一项开发申请在两个月之内还没有确切消息,就属于"默认许可",其法律效力和正式许可相同。

除建筑许可制外,法国也利用土地分区制度来引导城市土地合理利用。法国规定,人口1万以上的城市必须制定土地利用和城市化整体规划,并报地区或国家政府机关批准;发展需要选定地址,这些地址应当设计为优先发展区,国家和地方资金应该优先投入到该区。在土地分区上,法国将城市土地划分为优先发展区、未来发展区、集中发展区等。集中发展区一般是指城市中心区,土地以商业、服务用地为主,鼓励一致与集中的土地开发利用。优先发展区是指土地利用类型明确,土地大部分为政府所储备;未来发展区是指土地利用类型尚未明确的地区。

韩国实行政府高度干预的土地利用制度。引导韩国城市土地利用的法律主要

---

❶ 韩斌,李笠. 国外土地用途分区管制概况,2008. http://www.lrn.cn/zjtg/academicPaper/200806/t20080620_244000.htm.

有：《国土基本法》、《国土综合规划法》、《国土利用法》、《城市规划法》、《首都圈整备规划法》、《国土利用管理法》,《城市计划法》和《国土建设综合计划法》等。《城市计划法》将韩国的城市地域划分为住宅地域、商业地域、工业地域和绿地地域等四大用途地域,并就每个地域的土地利用行为加以限制规定。

(7) 我国台湾地区

我国台湾地区也对城市土地利用进行管制。相关法律包括《都市计划法》、《都市土地使用管制规则》、《区域计划法》、《区域计划法施行细则》等。台湾地区管制城市土地的方式主要是土地分区管制。在具体操作上,首先按照使用目的与需要划分为不同使用分区;其次,对不同的使用项目,从土地利用强度(密度)、建蔽率(建筑密度)、容积率等事项进行管制,并通过建筑管理与工商管理的执行,达到使用管制的目的。

1.2.3 土地增值收益管理与分配办法

土地增值可以是公众劳动的结果,也可以是私人劳动的成果。增加的土地价值可以归私人土地所有者,也可以归公众所有。❶ 从道德的角度讲,一个人只能获取通过自己的劳动所带来的土地增值部分,因公众行为带来的土地增值应返还给公众。美国将这种行为称为"土地价值捕获"(Value capture)。土地增值收益分配制度的合理性对城市土地利用的科学性和政策调节土地利用的效率和公平具有十分重要的影响。

1.2.3.1 土地税收

从理论上讲,土地增值收益的公平分配需要有一些机制,来确定是哪个实体使土地增值,从而把获取的价值给予理应得到这部分价值的实体。这样的机制是可以建立的,但将是非常复杂的,其复杂性因此也就抵消了简单土地税所具有的优点。❷ 各国经验表明,土地税收是实施最有效,运用最广泛的土地增值收益分配办法。世界上许多个国家都对土地征税,另外,还有一些国家统一征不动产税或财产税,见表1-4。❸ Dick(2004)认为,仅对土地征税比对土地及附属物同时征税在促进投资和增长方面更加有效,对土地征税可以激励所有者开发土地,鼓励建造建筑物和进行土地改良。❹ Bahl(1998)也认为对发展中国家和转轨国

---

❶ Brown, H. J., Smolka, M. O. 从土地公共投资中获取公共价值 [A]. 美国林肯土地政策研究院. 土地利用与税收——实践亨利·乔治的理论 [M]. 北京:中国大地出版社,2004. http://www.lrn.cn/zjtg/academicPaper/200806/t20080620_244000.htm.

❷ Brown, H. J., Smolka, M. O. 从土地公共投资中获取公共价值 [A]. 美国林肯土地政策研究院编. 土地利用与税收——实践亨利. 乔治的理论 [M]. 北京:中国大地出版社,2004.

❸ 郭文华等. 国外不动产税收制度研究. 北京:中国大地出版社,2005:11.

❹ Dick, N. 土地价值税——今天是否行之有效 [M]. 北京:中国大地出版社,2004.

家来说，仅对土地征税比对土地和建筑物联合征税更加适用。在确定税基、几率保持和评价方面，土地税收具有所有的管理优势。❶

世界部分国家（地区）不动产的税基及征税依据　　表 1-4

土地或地上建筑物分别征税				统一征不动产税或财产税	
对土地征税		对建筑物征税		国家	税种
国家	税种	国家	税种	美国	财产税
俄罗斯	土地税	法国	房屋税	巴西	城市房地产税
巴西	农村土地税			墨西哥	
印度	土地税	英国	房屋不动产税	波兰	
泰国	地方发展税			泰国	
韩国	综合土地税	坦桑尼亚	房屋税	瑞士	房地产税
新西兰	土地税			德国（州）	财富净值税
捷克	地产税	匈牙利	建筑物税	日本	固定资产税
日本	地价税，特别土地保有税			加拿大	不动产税
				法国	
爱沙尼亚	土地税	捷克	房产税	英国	
				荷兰	

在美国，各州的法律不同，各州内的不同县、市、镇及特别行政区都使用不同的估税程序和税率，因而美国有超过 68000 个行政主体自主征收不动产权，包括 50 个州政府，39038 个县、市和镇政府、14422 个学校行政区和 14951 个特别行政区政府。❷ 在征收数额上，美国的城市政府往往通过计算各项非不动产税收收入与地方财政预算的差额来确定地方不动产税收总额。从数据来看，物业税占美国地方政府财政收入的比重较高。1992 年，美国市、县级政府中，不动产税收收入占总税收收入的比重分别为 52.6% 和 74.3%，虽然这一比重比 1902 年的 86.7% 和 91.1% 要低，但仍然占有比较重要的地位。

英国历史上对空地征收国空地价值税，但进入资本主义社会以后就不存在了。英国的不动产税主要对房屋征收。

受亨利·乔治思想的影响，德国很早就确立了土地增值收益回归社会的原则。1894 年，法兰克福开始实行土地增值税，至 1910 年末，德国有超过 652 个县和市都实行了土地增值税（张俊，2007）。在德国，城市不动产包括私人不动

---

❶ Bahl, R. 发展中国家和经济转轨归家的土地税与不动产税［A］. Dick Netzler. 土地价值税——今天是否行之有效［M］. 北京：中国大地出版社，2004.

❷ 张俊. 城市土地增值收益分配问题研究［M］. 北京：地质出版社，2007.

产（空地或地方房屋用于自住的不动产）和商业用途房地产，并采用不同的税收类别。

日本的土地税收体系与日本的土地问题，尤其是20世纪80年代末的地价暴涨和土地投机相关。1990年，日本对土地税制进行改革，以增加土地取得、保有和转让环节的税负。在土地取得阶段，标准税率是4%，征税的对象包括无偿取得的和有偿取得的土地，但对继承取得的土地免征不动产税。Kanemoto（2005）认为遗产税会对低效利用的土地产生强烈的刺激作用。❶ 在土地持有阶段，所开征的税收主要有针对闲置土地的特别土地保有税和地价税。地价税于1992年1月1日开始征收，这是一种对土地所有权人征收的税种，其税率为0.2%（后调至0.3%）。从控制地价的角度而言，地价税并没有起到其应有的效果。

我国台湾地区严格按照孙中山先生的"涨价归公，平均地权"的思想来分配土地增值收益。涉及土地的税赋有：地价税、田赋、土地增值税、空地税、荒地税、契税、工程受益费、遗产税、赠与税、财产交易所得税及印花税等❷，其中最重要的税收为地价税和土地增值税。地价税是台湾最基本的土地税，是按土地价格征收的一种税。在台湾，有些土地规定有地价，有些土地尚未规定地价，而地价税只对已规定地价的土地征收。但规定地价土地并不都征收地价税，如都市土地依据都市计划编为农业区及保护区，限作农业用地使用时征收田赋。土地增值税是对规定地价的土地，其所有权移转时，对土地自然涨价部分课征的税收。蔡吉源（1997）认为相当高的土地增值税率与相对低的地价税税率（及优惠税率）同时发生作用，形成台湾房地产价格的不安定装置。❸ 由此，他认为台湾现行税制之经济效果与当初制度设计之目标——社会公平与社会正义背道而驰。

在我国香港地区，与土地相关的税收也起到一定的增值回收作用（张俊，2007）。香港的地产税有物业税，差饷税等。

1.2.3.2 土地费

除税收以外，不少国家和地区还运用土地费来回收土地增值收益。

美国针对土地增值收益回收所采用的费用手段有开发影响费（impact fees），受益者付费制度和额外收费等。开发影响费是地方政府向新的开发项目收取的一次性费用，此费用必须用于为开发商提供所需道路、给水、排水、公园、学校、

---

❶ Kanemoto, Y. 日本的住房政策 [A]. 郭文华等. 国外不动产税收制度研究 [M]. 北京：中国大地出版社，2005.

❷ 陈铭福. 房地产税法实务 [M]. 台北：五南图书出版公司，1981.

❸ 蔡吉源. 论土地税制改革：地价税与增值税 [J]. 财税研究，1997，(7)：77-87.

固体废弃物排放、雨水排放等基础设施，可以针对一项或一项以上的项目征收开发影响费用。受益者付费制度是美国按照"谁受益，谁付费"原则，回收公共创造的土地价值增值的一种重要形式。分配的方式简单的可以采取临街长度，复杂一些的可以按照收益不动产的价值或增值额（Rybeck et al, 2000）分配。

英国土地费有增值征费和发展征费（development charge），同样没有实施多久都被废止了。另外，英国也存在类似于美国的受益者付费制度的收费设计，但是使用范围十分有限，有两种情况：第一，按照获得利益或者避免损失的多少来支付费用。这种利益是指从特定的基地的改良措施中获得的，主要的应用是排水排污费。第二，按照由于公共改良措施而获得的利益多少来支付费用。第一种情况从中世纪一直延续到现在，现在排水排污费是由1930年土地排水系统法案规定的。第二种情况首次出现在1662年，随后停用了一些年，直到1830年重新实行。

我国台湾地区实行的土地费包括开发影响费、工程受益费和开发申请审查费等。开发影响费是指因土地开发涉及土地适用分区或用地性质变更，对开发区域周围在公共设施服务水准及其他公共利益方面产生影响，而向申请开发者所征收的费用，收费范围如表1-5所示。工程受益费是指依据土地相关法令规定，政府为兴建某一特定公共建设工程，向该地区内该工程的受益土地及其地上建筑物所有人，按其所受利益之程度征收的一种受益费，以此来使受益土地及其地上建筑物所有人分担该项建设工程所需费用，减轻政府财政支出的负担。开发申请审查费是指区域计划拟定机关或上级主管机关依据《非都市土地开发许可审查收费标准》受理土地开发申请时，按申请区位的规模、类别，收取审查费，作为政府审议成本的补偿。❶

台湾地区非都市土地各种开发形态所应征收开发影响费的项目 表1-5

开 发 形 态	征 收 项 目
住宅使用	联外道路，学校
工业使用	联外道路
工商综合使用	联外道路
游憩使用	联外道路
其他使用	联外道路

注：联外道路是指开发项目给予与宗地发展联系的宗地外道路增加的交通方面的影响。

1.2.3.3 公共设施配套与规划得益

由于政府提供基础设施配套、改变规划条件都可能引起土地增值，因此，地

---

❶ 张俊. 城市土地增值收益分配问题研究［M］. 北京：地质出版社，2007.

方政府可以让增值土地的受益者提供基础设施配套，或缴纳公共设施建设费以实现增值收益的回收。美国在20世纪60年代要求开发商提供基础设施配套，到70年代逐渐被开发影响费所替代。另外，我国台湾地区的市地重划也是利用公共设施配套实现土地增值收益回收和重新分配。根据台湾市地重划的操作规则，由于市地重划会改善地块微观环境从而实现地价上涨，因此重划范围内的道路、幼儿园、公园等公共设施的建设费用，要由参与重划的土地所有权人按照土地收益比例共同分担。

规划得益制度主要在英国实行，是英国当前主要的土地增值回收方式。规划得益是指地方政府要求开发商提供公共设施或付费以获得规划许可的方式。付费的多少由地方政府与开发商协商确定，因此，这一方式容易引起人们对费用公平性的担心。

田莉（2008）认为，无论是英国的"规划得益"还是美国的"公共设施配套要求"均需经过三个测试❶：（1）政府要求开发商提供的公共设施是否是必需的；（2）要求提供的设施的规模是否和开发项目的规模成正比；（3）要求开发商提供的财政上的支持是否合理，那些明显应由地方财政提供的设施不应强加于开发商。

1.2.3.4 土地发展权交易制度

美国的发展权转移和我国台湾地区实行的容积转移都是对土地增值收益进行回收的手段之一。从表面上看，发展权转移似乎是一种补偿手段，因为它是针对地块受到限制引起贬值而设立的。事实上，它也是一种土地增值收益的分配办法，是接受开发权的区域（receiving area）将规划得益（允许其提高开发密度）与发送区域（sending area）之间的收益分配方式。

1.2.3.5 土地储备与征收

政府在大型基础设施开发前提前预征周边土地的方式也是土地增值收益回收的方式之一。这种方式又被称为"土地储备"，在新加坡和我国香港地区取得了非常好的效果。我国台湾地区实行的区段征收，也是一种增值收益分配办法。根据台湾的《土地法》和《土地征收条例》，区段征收是指政府就一定区域内之私有土地全部征收，重新加以规划、整理、开发，兴建必要公共设施后，一部分由土地所有权人按一定比例领回或优先买回，一部分由政府让售与国宅或其他需地机关建设使用，剩余土地则公开标售以偿还开发成本之综合性土地改良事业。

1.2.3.6 其他

除上述五种办法外，土地增值收益的回收办法还包括土地国有化，租约变更等。

---

❶ 田莉. 有偿使用制度下的土地增值与城市发展——土地产权的视角分析［M］. 北京：中国建筑工业出版社，2008.

1.2.4 土地交易和地价管理方法

1.2.4.1 日本、韩国的土地交易和地价管理办法

20世纪中后期，日本、韩国的城市化快速发展，促使地价大幅上升，造成不动产投机猖獗，为此，政府实施了土地交易管制。其主要内容包括以下五个方面：

（1）土地交易许可制。日本的都、道、府、县各地方政府在自己的行政区范围内确定"限制区域"。限制区域一经确定，其时效一般为5年，过了5年后，或者重新确定该地区仍然为"限制区域"，或者自动取消。限制区域确定后，在这个区域内的土地交易如果面积超过一定的标准，就必须得到地方政府的批准。土地交易双方正式签订交易合同以前，必须向地方政府提出申请，政府对土地交易主要是从土地交易价格和土地使用目的两个方面进行审查。交易价格审查以交易土地附近的地价水平及政府确定的限制价格为依据，使用目的审查以城市规划要求为依据。韩国也把盛行土地投机交易，地价暴涨的地域或有着那些可能的地域指定为"土地交易许可区域"，交易许可区域内一切土地交易都要由政府审查其利用目的和价格，经过审查合格以后才发给许可证。如果不发给许可证，便不能进行所有权转移登记，契约无效。另外，韩国还规定了交易面积的许可下限。

（2）交易价格申报制和照价收买制。如果申报价格在基准价格一定水平以下时，政府要劝告他按基准价格以上的价格再申报，如果不听劝告，由政府经营的土地开发公社使用先买权，按申报价格购买。这和我国台湾地区实行的"照价收买"制相同。

（3）地价公示制度。日本制定了地价公示法，对地价公示的方法程序内容效力等进行了规定。每年日本政府都在固定时间里公布由官方调查和评价的公示地价。韩国政府于1989年初颁布《关于公示地价与土地等级的评价法律》，由此引入公示地价制度。

（4）宅地上限制度。韩国政府于1990年1月1日公布《宅地所有上限法》，限制土地私有数量。

（5）土地买卖实名制。韩国政府于1995年7月1日颁布实施《不动产实名制》，规定所有关于不动产的权利，均须以实际所有者本人的名义进行登记。

1.2.4.2 美国的土地交易与地价管理制度

美国地产市场发达，制度健全。一般情况下，私人土地如何使用，只要在规划和法律许可范围内，联邦政府和州政府是不干预的。政府对私人土地的管理主要是通过登记收费和规划引导。私有土地买卖完全是私人之间的事，手续十分简单，在双方自愿签订协议之后，只需向政府缴足规定的税金，进行注册登记即

可。为吸引外资，美国政策允许外国人到美国购买土地。经规划许可且出于公众利益，政府可以向民间征购土地，必须进行地价评估和补偿。若土地所有者不接受评估价格，可以到法院起诉，由法院裁定，政府不予干涉。美国土地交易分为私有土地交易和公有土地交易两种情况。

(1) 私有土地交易

私有土地交易是指私人土地所有者将其所拥有的土地卖给另外一个人。只要符合规划和法律，政府对这种土地买卖一般不予干涉。政府对土地私有权的限制和对私人地产交易管理采取的方式包括：①对土地拥有权包括土地数量、种类、位置等的限制；②对土地使用权包括用途、建筑高度、容积率的限制，禁止空闲土地；③对土地交易的限制，包括变更登记和租赁期限等，以及对土地投机的控制等；④为发展公共设施和保障社会利益设定的限制，包括对某些行业提供廉价土地，优先提供住宅用地等；⑤城市房地产交易受城市规划等有关规定的限制。

对私有土地交易的管理主要体现在四个方面：①变更登记。凡是经过美国法律所承认的私人土地，在县政府都有详尽的登记。出卖土地时，只要双方达成协议，通过办理变更登记，则土地所有权实现转移。②价格。土地买卖价格，由买卖双方根据当时土地的市场价值进行估计，完全由买卖双方协商，也可由私人估价公司帮助双方达成协议，并完成交易。美国没有国家设立的不动产估价制度，而是由有关不动产估价协会和学会对不动产估价人员进行选拔和管理。③缴纳税费。在美国凡是私人进行土地买卖经营的一切活动，都必须在合法的范围内进行，并依法履行法律规定的义务，因此土地所有者须向政府缴纳不动产税，以个人所得税的方式缴交土地转让收益税。④纠纷解决。政府对私人土地买卖的管理只限于登记收费，土地交易发生纠纷争议时一般通过法律程序由法院来解决，政府不担任调解仲裁角色。

(2) 联邦所有土地交易

联邦所有土地交易是指政府出卖国有土地，其必须在法律的严格界定下进行。联邦所有土地出卖具有严格的限制条件，如公共目的、不便管理、位置不好等，具体条件是：①该土地所处位置不好或具有独特的特性，如将其作为公有土地的一部分纳入管理既不可能又不划算，也不适合于交由联邦的其他部、署、局去管理；②对该块土地加以处置，有利于达到重大的公众目标，甚至能达到比一般公共目标更为重要的目标；③处置该地块土地能促进经济和社会的顺利发展；④国有土地出售价格以不低于公平的市场价格为原则；⑤国有土地出售面积超过2500英亩（约1000公顷）时，须经参、众两院批准。

政府出卖国有土地程序。自美国独立后，政府曾有计划地把国有土地卖给私人，而私人向联邦政府买地，须通过申请，并经法院审核后，由总统专职秘书签署批准后才生效。但是，联邦政府为了国家和社会公益事业，以及兴建铁路、公

路和其他公共设施需要占用私人土地的，也须通过交换或购买。❶

1.2.4.3 德国的土地交易与地价管理制度

德国十分重视国土资源土地的价值，有一套完善的地价管理制度。主要包括以下三个方面：

（1）地价公示制度。德国定期公布城市的土地公开参考价制度，这一参考价格是城市中某一区域过去两年土地交易价格的平均地价，由当地政府组织评估认定。

（2）土地征收制度与土地的优先购买权。在德国，土地征收制度是实现土地利用规划的重要手段。

（3）土地储备制度。德国在进行大型项目工程建设时，政府为防止集中购买大量土地引起地价上涨，出现土地投机的现象，主要采取预先在所需用地的周围购买足够的土地，届时通过整理，将所买土地集中到工程项目建设的地方，以满足各方面需要。

1.2.4.4 英国的土地交易与地价管理制度

英国是市场经济高度发达的国家，国家计划与自由市场相结合、国家干预与自由竞争相结合是英国经济体制的主要特点。在土地市场中，英国政府以指导性计划、法律、经济政策等间接手段指导和干预土地市场。英国对土地交易的管理手段包括以下两个方面：

（1）土地收用制度。英国的法律规定，政府部门、规划部门和其他公共机构都可以强行征购私人土地，以进行公益性的公共工程，如道路开发、公共绿地。因此，政府可以根据需要在土地市场中进行各种方式的调控。

（2）成立官方的"地产估价局"。英国各级政府买进卖出土地（包括必要的强行购买），都必须是按土地市场行情办事。为此，英国于1910年成立了一个地产咨询机构——"地产估价局"，它只限于为各级政府公共社团相互买卖不动产以及他们向私人买卖不动产提供咨询服务，不办理私人相互之间买卖不动产的咨询业务。但如果被政府强行购地的私有地主要求该局提供咨询，则可承担。

---

❶ 李茂．美国土地审批制度［J］．国土资源情况，2006，（6）：24-31．

2 我国城市土地利用的研究进展

2.1 土地分类、统计分析与标准规范研究

2.1.1 国土系统的土地分类

土地分类（Land classification）是土地科学的基本任务和重要内容之一，它既是认识土地利用的开始，也是充分合理地利用土地资源并对土地实施动态监管和有效控制的重要环节。[1] 为此，国内外都普遍开展了多种目的和比例尺的土地利用类型调查与制图。但由于各国国情的千差万别，导致土地利用分类目的、所采用的依据、统计方法及规范成果也各不相同。尤其是对于像我国这样一个土地资源紧缺、人地关系紧张的发展中大国来说，土地分类体系的科学性和通用性与否将直接影响对土地资源利用状况的判断和认识，影响土地利用的科学决策与实践。因此，研究和制定科学的土地分类体系及标准规范是土地利用理论研究中必不可少的关键内容，引起了政府和学者的极大关注。

土地分类方法　　　　　　　　　　表 2-1

方　法	依　据	具体标志	目　　的
土地自然分类系统	土地自然属性的相同性和差异性	以地貌、土壤、植被为具体标志	揭示土地类型的分异和演替规律，遵循土地构成要素的自然规律，最佳、最有效地挖掘土地生产力
土地评价分类系统	评价指标的相同性和差异性	以土地生产力水平、土地质量、土地生产潜力、土地适宜性等为具体标志	为开展土地条件调查和适宜性调查服务，为实现土地资源的最佳配置服务
土地综合分类系统	土地的自然特性和社会经济特性、管理特性及其他因素	以土地的覆盖特征、利用方式、用途、经营特点、利用效果等为具体标志	了解土地利用现状，反映国家各项管理措施的执行情况和效果，为国家和地区的宏观管理和调控服务

---

[1] 秦明周. 土地利用分类及其影响因素研究 [J]. 地域研究与开发, 1997, 16 (1): 13-16.

常用的分类方法大致有三种：土地自然分类系统；土地评价分类系统；土地综合分类系统。具体如表2-1所示。而我国大规模地开展土地利用分类系统研究是从改革开放以后的20世纪80年代开始的。因各项建设和管理的需要，国土、建设、农林等有关主管部门先后拟定了不同的土地利用专项调查分类，其中使用最广泛的是80年代以后由国土和建设等部门制定的4个方案：（1）全国农业区划委员会1981年制定并于1984年重新公布的土地利用分类方案，该方案以土地的用途、经营特点、利用方式和覆盖特征为主要依据，采用两个层次分类，共分8个一级类型，46个二级类型。该方案也是原国家土地管理局组织的全国土地利用详细调查采用的分类方案，属我国土地利用分类体系中较为完善实用的分类方案；（2）原国家土地管理局于1989年9月提出的《城镇地籍调查规程》中的城镇用地分类方案，它主要以经营特点、利用方式为分类依据，将城镇用地分为10个一级类，24个二级类，主要适用于城镇的建成区和居民点的土地利用现状分类；（3）原建设部于1991年3月颁布的《城市用地分类与规划建设用地标准》中的城市用地分类方案，共分10大类，46中类，73小类，主要应用于城市规划工作；（4）原建设部制定的《房屋用途及用地分类标准》，这种分类主要以房屋的经营特点、利用方式作为分类依据，共分为8个一级类，30个二级类，同时适用于城镇建成区和居民点的房屋和土地分类。[1] 这些土地利用分类体系对我国土地利用研究和管理发挥了巨大作用，尤其是土地详查分类体系和城镇地籍调查分类体系，为土地管理和国民经济各部门提供了各类土地面积和土地利用变化信息，为国家宏观决策提供了科学依据，基本上满足了土地管理及社会经济发展的需要，具有较强的科学性和实用性。[2][3]

2002年1月1日施行的《全国土地分类（试行）》则采用了三级分类。其中一级分为农用地、建设用地和未利用地3类，也就是《土地管理法》的三大类；二级分为耕地、园地、林地、牧草地、其他农用地、商服用地、工矿仓储用地、公用设施用地、公共建筑用地、住宅用地、交通运输用地、水利设施用地、特殊用地、未利用土地和其他土地15类；三级分为71类，是在原来两个土地分类基础上调整、归并、增设的。[4] 这次以农用地、建设用地和未利用地为框架建立的新土地分类体系，体现了以现有两个土地分类为基础，以最小的修改成本，最大限度地满足土地管理和国家社会经济发展的需求，又给今后的发展、修改留有足

---

[1] 林爱文，黄仁涛，佐藤洋平. 对我国新的土地分类体系问题的探讨[J]. 国土资源科技管理，2002，(3)：7-10.

[2] 李树国，马仁会. 对我国土地利用分类体系的探讨[J]. 中国土地科学，2000，20（1）：39-40.

[3] 白晓东，殷佳伟. 对我国土地利用分类体系的再探讨[J]. 中国土地科学，2000，20（5）：36-38.

[4] 针对全国城镇与村庄地籍调查尚未全面完成的现实情况，国土资源部在《全国土地分类（试行）》基础上，制定了《全国土地分类（过渡期间适用）》，适用于土地变更调查和更新调查。

够空间的指导思想，保持了与原土地分类体系的连续性和协调性，具有较强的科学性和实用性，实现了与新《土地管理法》的衔接，打破了城乡分割的界线，顺应了城乡一体化发展和土地使用制度的改革要求，有利于切实保护耕地和控制建设用地，有利于全国城乡土地的统一管理和调查成果的扩大应用，此举无疑将对科学实施全国土地和城乡地政的统一管理产生深远的影响。

2007年8月10日，国家又发布了新的《土地利用现状分类》（GB/T 21010—2007），采用二级分类体系，一级类12个，二级类57个。它与《土地分类（试行）》标准的分类体系相比，最大的区别在于《土地利用现状分类》（GB/T 21010—2007）采用一级、二级两个层次，其中的一级相当于《土地分类（试行）》标准的二级，二级相当于《土地分类（试行）》标准的三级，即取消了《土地分类（试行）》标准的一级分类（农用地、建设用地和未利用地等三大类型），使得12个一级类不受三大类型框架的限制而自成体系。但是由于现行的《中华人民共和国土地管理法》有三大类型的表述，《土地分类（试行）》标准也以三大类型进行归纳，所以《土地利用现状分类》国家标准冠以规范性附录的名义，把新的土地利用现状分类与"三大类"进行对照，以期搞好新旧标准之间的过渡与衔接。当然，新的标准不可避免仍然存在一些问题，需要在实践中不断完善。目前更为迫切的是新的分类与原有分类，以及不同分类得出的调查数据在衔接方面的后续工作，需要尽快通过制定实施细则来解决。❶

2.1.2 建设系统的土地分类

从1981年起，原国家城市建设总局以《城市建设统计年报》的形式，开始对我国设市城市进行建设的组织工作。在城市建设用地方面，每年都分别记载各个城市的市区非农业人口、建成区面积和城市建设用地面积等数据。根据1991年颁布实施的国家标准《城市用地分类与规划用地标准》，林志群对1981～1990年的设市城市建设用地作了统计分析，并完成《八十年代中国城市建设用地的发展》的研究报告，无论是1981年、1985年还是1990年，我国平均的人均城建用地都低于国际的平均标准：83.33m^2，前30年新中国城市的城建用地得到了有效控制；我国城市规模的大小，与平均的人均城建用地有一个负的相关关系。❷ 最近有关部门对1981～1995年的城市用地作了类比分析，结论是城市人均建设用地呈上升趋势（1981年74.10m^2/人，1995年101.20m^2/人），城市建

---

❶ 陈百明，周小平.《土地利用现状分类》国家标准的解读［J］.自然资源学报，2007，22（6）：994-1003.

❷ 林志群.八十年代中国城市建设用地的发展［M］.北京：中国城市规划设计研究院学术信息中心，1992.

设用地增长的动因是经济社会的发展。❶

林志群的研究中还对以非农业人口为依据分析现状及确定规划用地提出了不同看法。对中国城市人口提出了新的概念。即在进行城市规划工作时，城市人口应是：全部常住人口＋全部暂住人口（停留3天以上）＋考虑流动人口（停留3天以下）的一个合理比例。根据这一定义林志群对人均城建用地做了修正。

国标《城市用地分类与规划建设用地标准》编制组1986年也曾对人均城建用地作过类比分析，试图根据城市规模、城市性质或城市地域找出用地规律，制定出不同的标准。但是，由于同一类别中城市用地指标差异很大，故这一目标未能实现。同样，根据城市性质（省会、铁路枢纽、海港、工矿、风景旅游城市）对人均城建用地作过分析，结果同样差距甚大。所以，标准确定规划建设用地是在城市原有用地水平的基础上适当调整，即分四档：60～75m^2/人，75.1～90m^2/人，90.1～105m^2/人，105.1～120m^2/人。这主要考虑城市现状人均城建用地，是城市在长期发展形成过程中各种因素影响的综合结果，城市的发展、调整都离不开现状基础，只能在现状用地水平基础上适当调整，逐步合理。这也是多数城市在编制总体规划，确定用地规模时采用的方法。❷

《城市居住区规划设计规范》和《城市道路交通规划设计规范》是城市规划的另两部国标。这两部标准的控制指标是建立在已有专项用地的研究和国内若干城市的类比分析之上的。如居住区规范中的居住区用地平衡指标，"是根据全国不同地区37个大、中、小城市70年代以来规划建设的（含在建的）140个不同规模居住区的调查资料进行综合分析而制定的"。❸

上述城市建设用地的总用地分析和专项用地研究的基础是雄厚的，对客观认识我国城市建设用地的使用情况起到了积极作用。

2.2 城市土地利用的经济区位研究

经济区位理论旨在以市场平衡理论为基础，注重运用空间经济学理论和系统的数理分析方法来演绎和构建城市土地利用的理论模型，分析和解释城市土地利用的区位决策和空间模式。因为，"一个城市所形成的合理的土地利用模式是各种各样的经济活动和居住阶层的不同要求的映射"。❹ 此外，参与城市土地利用的人都被假定为是追求经济效益最优化和花费最少化的经济人。由于在大多数西

---

❶ 建设部规划司. 我国设市城市建设用地基本情况［J］. 城市规划通讯，1996（19）.
❷ 蒋大卫. 关于《城市用地分类与规划建设用地标准》［J］. 城市规划，1990（1）.
❸ 国家技术监督局，中华人民共和国建设部. 城市居住区规划设计规范［M］. 北京：中国建筑工业出版社：162.
❹ 国务院发展研究中心《中国城市发展研究》课题组. 中国：世纪之交的城市发展［M］. 辽宁出版社，1992.

方社会，土地在不同用途之间的分配主要是由市场来决定的，不同国家制定了多少不等的公共规则，但市场被认为是土地利用区位决策的结算场，城市土地利用的空间结构应理解为竞争性投标过程的结果。经济区位理论参与城市土地利用的代表性研究为古典单中心模型、外在性模型和动态模型。具体如下：

2.2.1 古典单中心模型

以 W. Alonso 和 L. J. Wingo 等为代表的古典单中心模型，通过对在市场平衡条件下不同土地利用者的使用效用函数或竞标地租曲线进行最优化求解，推导出了资本主义社会中城市土地利用的三个重要特点❶：（1）竞标地租随远离城市中心而减少，即存在居住地租梯度。不同区位间的地租差异正好补偿其区位通达性上的差别，即城市土地的定价遵循"差异补偿性"原则；（2）不同类型的家庭或土地利用在空间上趋向于自然分离；（3）城市土地利用的强度由中心向外缘逐渐减少。

2.2.2 外在性模型

外在性模型以调查和解释城市外在性对城市增长和土地利用的影响为重点，并更具有政策指向意义。交通堵塞是研究得最多的城市外在性。一些模式表明❷，在没有堵塞捐税或纠正性定价的情况下，城区会更趋向于郊区化，CBD 附近的交通设施往往会投资过度。总的来看，城市外在性可以视为一些负面的空间决定因素，因为它们会导致个体和社会在区位决策费用上的不一致，从而形成低效率的土地利用模式。部分学者如 Koopmans 和 Beckman 甚至进一步推论认为❸，一个竞争性的土地市场不会形成一个高效的土地利用模式。

2.2.3 动态模型

由于资本的刚性，城市土地利用的发展呈现出某种程度的不可逆性。因而，城市土地利用的动态发展是很重要的，无论是在驱动力因素还是空间结构等方面，动态平衡都与静态平衡极为不同。因为建筑投资具有经济可耐久性和自然可耐久性，从而城市土地的再开发或再利用不仅要承担机会成本；而且还要承担转换成本。❹ 其次，由于资本的可耐久性，开发商趋向于在时间上选择最适宜的开发时机。因而，开发商的知识及其对未来经济条件的预期，都是重要的动态平衡决定因素。实际上，许多与增长相关的城市土地利用空间现象，如城市蔓延、

---

❶ 李植斌. 城市土地可持续利用理论与评价 [M]. 合肥：中国科技大学出版社，1999.

❷ 宋启林. 中国现代城市土地利用学 [M]. 北京：中国建筑工业出版社，1992.

❸ 王磊. 城市产业结构调整与城市空间结构演化——以武汉为例 [J]. 城市规划汇刊，2001，(3)：55-58.

❹ 王益洋. 持续发展理论与城市土地优化配置 [J]. 经济地理，1994，14（3）：6-9.

城市衰退、城市复兴、住房市场的过滤过程、不确定性对土地开发及地价的影响等，都只能采用动态模型才能得到合理的解释。❶

总之，经济区位理论通过引入"经济优化人"和"阻滞花费"，加深了我们对城市土地利用的价值差异、空间特点及其历史变化的认识，揭示了城市土地利用空间结构所蕴含的经济规律，对选择最有利的土地开发时机和方式具有重要的指导价值。但是，把城市土地利用模式当作纯粹经济活动的结果的城市经济学模型，显然具有"经济决定论"色彩。

2.3 城市土地利用的空间结构与扩展形态研究

2.3.1 城市土地利用的空间结构研究

城市土地利用的空间结构和扩展形态研究一般是相伴进行的。空间结构的调整必然带来城市形态的改变，而城市形态的改变也会相应影响城市空间结构的变化。常用的研究方法主要有分形测算、熵值法、洛伦兹曲线、CA模型、多目标遗传算法等❷~❼，研究内容一般集中在土地利用结构的空间演变及其内在机制，进而总结出其空间扩展的形态。❽~⓫

姜鲁光（2003）等学者利用1986年和2000年两个时期的航空影像进行城市土地利用解译，并通过MapInfo、АreView等GIS软件对矢量化的解译成果进行空

---

❶ 张伟，顾朝林．城市与区域规划模型系统［M］．南京：东南大学出版社，2000：5-121.

❷ 董品杰，赖红松．基于多目标遗传算法的土地利用空间结构优化配置［J］．地理与地理信息科学，2003，19（6）：52-55.

❸ 常捷等．基于RS和GIS的中尺度流域土地利用空间结构变化——以伊洛河流域中部洛宁县为例［J］．测绘学院学报，2004，21（1）：42-45.

❹ 刘耀彬，陈志，杨益明．基于信息熵的武汉城市土地利用空间结构变动分析［J］．资源开发与市场，2004，20（5）：335-337.

❺ 陈军伟等．基于空间洛伦茨曲线的北京山区土地利用结构变化［J］．中国农业大学学报，2006，11（4）：71-74.

❻ 王艳，姚吉利，宋振柏．基于改进CA的矿区土地利用空间结构演变预测［J］．金属矿山，2007，（10）：81-83.

❼ 谢正峰．浅议信息熵在区域土地利用空间结构研究应用中的问题［J］．国土与自然资源研究，2008，（1）：44-45.

❽ 姜鲁光，聂晓红，刘恩峰．基于GIS的济南市城市土地利用空间结构分析［J］．经济地理，2003，23（1）：70-73.

❾ 苏海民，何爱霞，陈健飞．福州市土地利用空间结构和形态变化分析［J］．农业网络信息，2006，（2）：28-31.

❿ 胡苗，石培基，齐志男．兰州经济区土地利用空间结构变化分析［J］．干旱区资源与环境，2007，21（8）：92-95.

⓫ 张新长，熊湘琛．基于遥感与GIS技术的土地利用空间结构变化研究［J］．中山大学学报：自然科学版，2008，47（3）：117-121.

间分析与查询统计。研究表明：济南市城市土地利用结构具有明显的圈层和扇形结构特征。自内而外可分为三个圈层，但与西方圈层模式相比，又具有鲜明的特点。内圈层功能以居住和商业金融服务为主，且居住用地比重偏大；中间圈层土地利用的空间结构比较均衡，随时间变化较平稳；外层土地利用的时空变化明显，工业用地比重较大。各圈层又可划分为多个具有不同城市功能的扇形地域；张新长和熊湘琛（2008）则基于数字正射影像，运用遥感与 GIS 技术对广州市土地利用变化进行了宏观描述和微观定量分析研究。首先提取广州市土地利用变化信息，从总体上研究广州市各区的土地利用变化情况，然后利用土地利用类型转移模型，分析土地利用各类型之间的相互转化状况，构造土地利用的空间位置转换和数量变化模型对土地利用类型的空间位置转移进行定量评价，最后应用土地利用动态度模型来分析广州市土地利用的变化程度，并对变化的原因进行了评论。此外，苏海民等（2006）为了增进对土地利用空间结构和形态变化的理解，以分形理论为指导，在遥感和 GIS 技术的支持下，对福州市土地利用空间结构和形态变化进行了分析。首先对来自遥感影像建立的福州市土地利用空间数据库进行提取，然后运用土地利用空间格局的分形模型，计算了福州市 1988 年和 2004 年两个时期各个土地类型的分形维数和稳定性指数，对福州市土地利用结构和形态演变进行了定量分析；匡文慧和张树文（2007）❶ 则在 RS 与 GIS 的支持下，综合集成 SPOT5、大比例尺地形图及城市规划图等空间数据对长春市 1900 年、1930 年、1954 年、1976 年、1990 年及 2004 年城市用地进行分类，引入信息熵、分形指数及空间插值模型研究长春市百年城市土地利用空间结构演变过程中的信息熵与分形特征，进一步研究其演变过程的作用机制。

2.3.2 城市土地利用的扩展形态研究

至于城市土地空间扩展形态，国内外的已有研究也非常丰富。关注度较高的就是城市蔓延，以美国为代表的西方国家在小汽车发展模式（AOD）的主导下出现城市土地向外无序延伸进入远郊的现象，带来了城市发展的种种问题，如侵吞了大量的农田和森林，同时带来了城市环境、交通、健康方面的影响。2002 年美国精明增长协会（Smart Growth America）认为城市蔓延（urban sprawl）是低密度开发，居住、商业和办公严重隔离，城市中心衰败，有限的交通选择。❷

在国内，关于城市土地扩展形态及发展演化的研究已经成为热点，研究体系

---

❶ 匡文慧，张树文. 长春市百年城市土地利用空间结构演变的信息熵与分形机制研究［J］. 中国科学院研究生院学报，2007，24（1）：73-80.

❷ Ewing R., Pendall R., Chen, D. Measuring sprawl and its impact ［R］. Washington: Smart Growth America, 2002.

也逐渐形成。顾朝林等研究了中国大城市边缘区的特性，姚士谋对中国30余个超级城市和特大城市的用地扩展进行分析。刘纪远、王新生等对城市扩展类型进行了划分，从空间维度总结了我国区域城市土地扩张的类型。❶❷不同城市、不同城市发展阶段其空间扩展情况存在较大差异，表现为填充、外延、沿交通线扩展、蔓延和"卫星城"等形式及其组合。Xu等研究表明，南京市增长类型可分为填充、边缘增长和自发增长三种形式，增长格局体现了扩散—集聚增长模式，在空间上呈现波浪式外延。❸已有的经典城市理论，如伯吉斯的同心圆模型、霍伊特的扇形模型、Harris的多核心模型❹，以及基于复杂性科学的理论，如突变、混沌、耗散结构、渗透、自组织、分形、元胞自动机、智能体、熵等，能加深人们对城市土地利用空间结构和形态变化的理解。

2.4 城市土地使用制度改革研究

2.4.1 中国土地市场和土地供应制度的变革

根据土地供应政策的变化、土地出让方式的变化可以将中国城市土地市场市场化改革分成四个阶段：(1) 土地使用费推行阶段（1979~1986年）。(2) 协议出让方式为主阶段（1987~2004年）。土地市场多头供地，开发商与供地者自行谈判，向国土部门补交出让金。(3) 土地储备制度推行阶段（1996~2004年）。政府逐渐成为土地市场的供应者，甚至是唯一供应者，至2004年全国大中城市基本都已建立土地储备制度。(4) 经营性项目用地招拍挂出让阶段（2004年至今）。政府成为经营性项目用地的唯一供应者，以招拍挂出让方式向土地市场供地，将政府主导型土地储备制度发挥到极致。

2.4.1.1 1979~1986年土地有偿使用试点及土地使用费推行阶段

改革前的土地使用制度否认土地的商品属性，政府主要以计划手段和行政手段进行管理，对土地资源实行无偿划拨、无期限、无流动的使用。20世纪70年代末期以来，中国开始全国的市场经济体制改革和对外开放，社会经济各个领域逐步开始了一系列的改革，适应于社会主义市场经济体制的新的城市经济体制逐步确立。这对土地使用制度改革提出了新的要求，即土地要同其他生产要素一

---

❶ 王新生，刘纪远，庄大方等. 中国特大城市空间形态变化的时空特征 [J]. 地理学报，2005，60 (3)：392-400.

❷ 刘纪远，王新生，庄大方等. 凸壳原理用于城市用地空间扩展类型识别 [J]. 地理学报，2003，58 (6)：885-892.

❸ Xu C., Liu M., Zhang C., et al. The spatiotemporal dynamics of rapid urban growth in the Nanjing metropolitan region of China. Landscape Ecology, 2007, 22 (6)：925-937.

❹ 冯健. 转型期中国城市内部空间重构 [M]. 北京：科学出版社，2004.

样，通过市场机制进行配置资源，因此，要求通过改革变城市土地无偿使用制度为有偿使用制度。1979年颁布的《中华人民共和国中外合资经营企业法》规定可向中外合资企业收取场地使用费，揭开了中国城市土地制度改革的序幕。1982年，深圳开征城市土地使用费，并逐步在全国各城市推广。当时的主要目的是解决城市基础设施建设资金短缺问题，并没有涉及市场机制建设问题。

2.4.1.2　1987~1995年土地协议出让方式推行阶段

1987年国务院批准在深圳、上海、广州等城市进行土地使用制度改革试点，国家保留土地所有权，使用权通过拍卖、招标等方式出让。1987年9月9日，深圳市政府采用协议方式，以200元/m^2的价格，总价106.4万元，将5231.8m^2居住用地使用权出让给深圳工贸中心，开创了国有土地使用权有偿出让的先河，成为中国城市土地使用制度改革和中国土地市场发端的标志。❶ 1988年，宪法修正案增加了"土地使用权可以依照法律的规定转让"的规定，《中华人民共和国土地管理法》也进行了相应修改，规定"国家依法实行国有土地的有偿使用制度"，为中国土地市场的建立和发展提供了法律依据。1990年5月19日国务院发布施行了《城镇国有土地使用权出让和转让条例》。这份文件第一次实质推动和补充了国有土地的出让办法，第一次使土地所有权与土地使用权分离成为城市经济发展的强劲动力，也第一次在土地使用上引入了价格机制及土地分配决策过程。❷

据国家统计局统计，至1992年底全国城市共出让4000多幅地，计2.5万hm^2，1993年就出让41000多幅，计5.3万hm^2。而且有偿出让的方式也出现多样化，除新增建设用地有偿出让外，还出现以补地价的形式改变原划拨性质，以及土地使用权抵押、作价入股等形式。但是，由于地方政府盲目追求经济收益，以各种名义盲目出让土地和兴建开发区，造成一段时期内土地供给规模的失控和土地闲置。❸ 自1994年起，中央政府不断推出一系列的法规对土地市场化改革加以调整和完善，如《城市房地产管理法》、《城市房地产转让管理规定》。

2.4.1.3　1996~2003年土地储备制度推行阶段

1996年上海市成立土地开发中心。这一新的土地管理模式起初以一种悄然而缓慢的方式在杭州、南通等一些地方试行和完善。1997年杭州市成立土地储备中心。1999年杭州土地收购储备制度建设的成果和经验在全国土地集约利用市长研讨班上介绍，1999年6月，国土资源部以内部通报的形式向全国转发了

---

❶ 杨重光，吴次芳. 中国土地使用制度改革十年[M]. 北京：中国大地出版社，1996.
❷ 丁成日. 土地政策改革时期的城市空间发展：北京的实证分析[C]. 林肯会议论文（上海），2005.
❸ 欧阳安蛟. 中国城市土地收购储备制度：理论与实践[M]. 北京：经济管理出版社，2002.

《杭州市土地储备收购办法》和《青岛市人民政府关于建立土地储备制度的通知》，引起各地政府和土地管理部门的反响，武汉、南通等一些地方纷纷建立土地收购储备机构。❶ 2001年4月30日，国务院发出《关于加强国有资产管理的通知》（国发〔2001〕15号），指出：为增强政府对土地市场的调控能力，有条件的地方政府要对建设用地试行收购储备制度。截止到2002年，全国有1308个市县建立土地储备制度，如今这一制度已遍及全国。

经过10余年的土地使用制度改革，土地资源市场配置的比例仍需提高；划拨土地大量非法入市，隐形交易。至2001年全国城市土地供应中，约90%的供地仍以划拨方式进行，10%的供地依靠有偿方式进行，其中，9%以协议方式供地，仅约1%的供地通过招标、拍卖和挂牌方式供应。❷ 2001年国务院颁发《关于加强国有土地资产管理的通知》（国发〔2001〕15号）提出：各地要大力推行土地使用权招标、拍卖。商业性房地产开发用地和其他土地供应计划公布后同一地块有两个以上意向用地者的，都必须由市、县人民政府土地行政主管部门依法以招标、拍卖方式提供，国有土地使用权招标、拍卖，必须公开进行。2002年7月1日《招标拍卖挂牌出让国有土地使用权规定》（国土资源部令第11号）实施后，除原划拨土地使用权人不改变原土地用途申请补办出让手续和按国家有关政策规定属于历史遗留问题之外，商业、旅游、娱乐和商品住宅等经营性用地供应必须严格按规定采用招标拍卖挂牌方式，其他土地的供地计划公布后，同一宗地有两个或两个以上意向用地者的，也应当采用招标拍卖挂牌方式供应。2003年国土地资源部颁发《关于印发〈进一步治理整顿土地市场秩序工作方案〉的通知》（国土资发〔2003〕49号），同时又发布《关于清理各类园区用地加强土地供应调控的紧急通知》和《关于进一步推进依法行政的通知》。从2003年2月起在全国进一步治理整顿土地市场秩序，治理整顿的主要内容：（1）各类园区用地。主要是违反土地利用总体规划和城市规划设立各种名目的园区（城、村）及园区用地中存在的非法占地、越权批地、违法供地等问题。（2）非法圈占集体土地。主要是单位和个人擅自与乡、村、组签订"征地"、占地协议而圈占土地问题。（3）违法违规交易。主要是违反《招标拍卖挂牌出让国有土地使用权规定》供地和擅自利用划拨土地、集体土地进行经营性房地产开发问题。（4）管理松弛。主要是有法不依、执法不严，甚至执法犯法，为不法分子大开方便之门；财务管理上违反财经纪律特别是违反国家"收支两条线"的规定以及中介机构未按规定与行政机关脱钩的问题。

---

❶ 土地市场管理丛书编委会. 土地收购储备：经营城市的必然选择［M］. 北京：中国地质出版社, 2001.
❷ 贾生华, 张宏斌等. 城市土地储备制度：模式、效果、问题和对策［J］. 现代城市研究, 2001,
(3)：44-47.

2.4.1.4 2004年至今经营性项目用地招拍挂出让制度全面推行阶段

2003年3月,国土资源部、监察部联合发出《关于开展经营性土地使用权招标拍卖挂牌出让情况执法监察工作的通知》,明确在2004年8月31日前将历史遗留问题界定并处理完毕。2004年《关于继续开展经营性土地使用权招标拍卖挂牌出让情况执法监察工作的通知》(国土资发[2004]71号)指出:要加快工作进度,在2004年8月31日前将历史遗留问题界定并处理完毕。8月31日后,不得再以历史遗留问题为由采用协议方式出让经营性土地使用权。这一阶段的主要特点是开展土地市场清理整顿,整顿土地市场秩序,并推行经营性项目用地全部招拍挂出让。这一制度的本质是包括两个方面:(1)政府对经营性项目用地一级市场实现垄断供应;(2)经营性项目用地全部实现招拍挂方式供地。

2.4.2 中国土地储备制度的变革

2.4.2.1 中国土地储备制度的发展历程

中国土地储备制度是指由城市政府委托特定机构,依照法律程序,运用市场机制,按照土地利用总体规划和城市规划的要求,对通过收回、收购、置换、征用等方式取得的土地进行前期开发、整理,并予储存,以供应和调控城市各类建设用地需求,确保城市政府切实垄断土地供应的一种管理制度。

中国土地储备制度的产生并得以迅速推行是由特定经济社会发展阶段的历史条件决定的,主要包括三个方面:(1)城市土地市场化改革的不彻底性及其不良后果;(2)城市经营理念的兴起及实践;(3)国企脱困的压力。❶

1996年上海市成立土地开发中心。这一新的土地管理模式起初以一种悄然而缓慢的方式在杭州、南通等一些地方试行和完善。1997年杭州市成立土地储备中心。1999年杭州土地收购储备制度建设的成果和经验在全国土地集约利用市长研讨班上介绍,1999年6月,国土资源部以内部通报的形式向全国转发了《杭州市土地储备收购办法》和《青岛市人民政府关于建立土地储备制度的通知》,引起各地政府和土地管理部门的反响,武汉、南通等一些地方纷纷建立土地收购储备机构。❷ 2001年4月30日,国务院发出《关于加强国有资产管理的通知》(国发[2001]15号)指出:为增强政府对土地市场的调控能力,有条件的地方政府要对建设用地试行收购储备制度。截止到2002年全国有1308个市县建立土地储备制度,如今这一制度遍及全国。

---

❶ 丁洪建,吴次芳,徐保根.基于社会燃烧理论的中国土地储备制度产生与发展研究[J].中国土地科学,2003,17(4):14-19.

❷ 土地市场管理丛书编委会.土地收购储备:经营城市的必然选择[M].北京:中国地质出版社,2001.

2.4.2.2 中国土地储备制度的强化

2007年11月19日由国土资源部、财政部和中国人民银行联合制定的《土地储备管理办法》(国土资发［2007］277号)正式出台。这是中国第一部有关土地储备的全国性法规，也是国家首次对市、县政府储备土地的主体、范围、程序、管理进行规范。这一办法使土地储备制度得以强化，并解决了四个核心问题❶：(1) 土地储备制度是否该肯定、坚持，土地储备机构如何定性？《土地储备管理办法》不仅肯定了土地储备制度，而且在第三条指出：土地储备机构应为市、县人民政府批准成立，具有独立的法人资格，隶属于国土资源管理部门，统一承担本行政辖区内土地储备工作的事业单位。(2) 这个办法不仅仅是规范土地储备制度的准则，主要为增强土地储备制度的宏观调控职能。《土地储备管理办法》第一条、第二条、第六条均强调土地储备的调控土地（市场）职能。(3) 对征收土地的范围加以确定，所有经营收购行为是否应统一管理，"进一个笼子"？《土地储备管理办法》第十条确定下列土地可以纳入土地储备范围：①依法收回的国有土地；②收购的土地；③行使优先购买权取得的土地；④已办理农用地转用、土地征收批准手续的土地；⑤其他依法取得的土地。其中第四款实际上排除了土地储备机构"直接征用农村集体用地"的做法。第十二条指出：因实施城市规划进行旧城区改建需要调整使用土地的，应由国土资源管理部门报经有批准权的人民政府批准，依法对土地使用权人给予补偿后，收回土地使用权。对政府有偿收回的土地，由土地登记机关办理注销土地登记手续后纳入土地储备。

2.5 城市土地的规划立法与规划管理

2.5.1 国土系统的土地规划立法与规划管理

2.5.1.1 城市土地规划立法

土地利用规划是对一定区域未来土地利用超前性的计划和安排，是依据区域社会经济发展和土地的自然历史特性在时空上进行土地资源合理分配和土地利用协调组织的综合措施。❷ 而城市土地是城市社会和经济发展的基础，也是最具活力、增值潜力最大的国有资产，更是政府可以直接经营运作的高效资本载体❸，所以对其进行合理规划便显得尤为重要。但是从目前的规划实施情况来看，效果不尽人意，主要体现在建设用地指标和耕地保护指标没能按规划落实；违法违规

---

❶ 房煜. 走向强"土地储备"政府 [J]. 新华月服, 2008, (3): 36-37.
❷ 王万茂. 土地利用规划学 [M]. 北京: 中国大地出版社, 1996.
❸ 郑新奇. 城市土地优化配置与集约利用评价 [M]. 北京: 科学出版社, 2004: 1.

用地现象仍大量存在；各级各类开发区土地利用效率低下等。❶ 究其原因，主要在于城市土地规划立法还未达到相对独立、完整的状态，并且现行法律法规中对规划实施管理的条款还不够全面、深入，一些地方领导依法行政的观念不强，"人治"大于"法治"，对规划实施有很大影响，最终导致有法不依、执法不严、擅自或变相修改规划等问题层出不穷。通过具有强制性效力的法律、法规来规范土地利用规划实施管理是国际上通行的方法，因此提供可操作性强的土地利用规划法律保障已成为当务之急。

截至目前，国内并没有专门针对城市土地的规划立法展开相应研究，已有的探索基本是围绕土地利用规划这个主体展开。20世纪80年代以后，随着我国法治化进程的加快，有关土地利用规划的法规和规章相继出现，但法律一级的规定非常零散，直到1998年8月29日第九届全国人大常委会修订通过的《中华人民共和国土地管理法》，以专章规定了土地利用总体规划，明确提升了土地利用总体规划的法律地位，确立了土地利用规划管理在土地管理工作中的龙头作用。但这一章条款数目稀少，仅有14条，并未包括土地规划应有内容的全部，从其效力言，亦不是独立的法，只是《中华人民共和国土地管理法》的一个内容，与土地利用规划本身的要求尚相距甚远。❷

其次，关于土地利用规划立法的必要性方面，韩松❸（1999）从完善土地法律制度角度提出要制定土地规划法；梁振杰，葛燕平❹（2004）从完善我国耕地资源保护法律角度，提出要制定"土地规划法"，将以往行之有效的土地规划政策、法规集中统一于"土地规划法"之中；曹建丰❺（2004）从规划衔接角度提出提升土地利用总体规划地位必须制定土地利用规划法，将土地利用规划提升到与城市规划并列的地位；唐文玉❻（2005）从构建公众参与土地利用规划的制度体系角度提出要加强相关的法律、法规建设，特别是应制定土地利用规划法，建立健全规划的立法管理体系；张华发、阮存保❼（2003）根据规划实施管理工作中存在的问题，从土地利用规划管理法制建设的角度，分析了土地利用规划立法的必要性：一是依法治国和依法行政的需要，二是完善法律体系的需要，三是社

---

❶ 孟晓晨，赵星烁．中国土地利用总体规划实施中主要问题及成因分析［J］．中国土地科学，2007，21（3）：19-31

❷ 沈守愚．土地法学通论［M］．北京：中国大地出版社，2002．

❸ 韩松．论土地法律制度体系［J］．中国政法大学学报，1999，（5）．

❹ 梁振杰，葛燕平．对完善我国当前耕地资源保护法律制度的探讨［J］．中国国土资源经济，2004，17（5）：30-32．

❺ 曹建丰，许德林．土地利用规划与城市规划的协调［J］．规划师，2004，20（6）：80-82．

❻ 唐文玉．土地利用规划中公众参与之探讨［J］．国土资源导刊（湖南），2005，2（1）：28-30．

❼ 张华发，阮存保．论土地利用规划立法的必要性［J］．安徽农业大学学报（社会科学版），2003，12（3）：84-86．

会发展的需要。

再者，关于土地规划法的法律部门❶方面研究，国内理论界大致形成了几种观点。一种观点认为，土地规划法属于经济法。❷ 韩松（1999）认为，土地利用规划是宏观调控土地利用的基本手段，是土地管理和土地利用的基础和"龙头"，在整个土地管理和土地利用中起着重要的导向作用。因此，土地规划应从土地管理法中独立出来，制定"土地规划法"作为基本的土地经济法，即土地宏观调控法。郭洁❸（2003）认为，土地规划法是依法配置土地资源的宏观调控手段，在性质上，土地规划法属宏观调控法的计划法。另一种观点认为，土地利用规划法属于行政法。❹ 孙国华、朱景文❺（1999）将我国的法律部门分为以下四个层次：第一层次——宪法，第二层次——行政法等，第三层次——环境保护法、自然资源法，第四层次——土地法、森林法、草原法、矿藏法和水法。严金明❻（2004）指出"土地规划法"和《土地管理法》是并行在"土地法"之下的两部姐妹法。因此土地规划法应归属于行政法。汪斌❼（2003）认为，土地利用规划行为是一种行政行为，土地利用规划法律制度以实现土地利用规划法治为目的，通过法律、法规、规章等法律文件将土地利用规划行为的主体、客体、内容、程序、效力和形式等以法律规范的形式予以确定，把土地利用规划行为纳入法治轨道，故土地利用规划法是行政法。

最后，关于土地利用规划的法制建设理论方面，卢妍❽（2004）以规划立法如何进行为切入点，提出我国土地利用规划的法制化过程应该注意以下几个方面：一要加快土地利用规划的相关立法，二要充实土地利用规划程序法的内容，三要协调土地利用规划与城市规划的关系；汪斌❾（2003）从规范规划行政权角度，提出应从土地利用规划法律制度实体规则、程序规则和法律救济制度三方面来完善我国土地利用规划法律制度；此外，还有些学者从不同的侧面对土地规划立法提出了倡议。师武军❿（2005）认为，应建立《土地管理法》、"土地利用规划法"、"土地利用规划编制办法"、技术规范、地方法规 5 级规划法规体系。

---

❶ 所谓法律部门，又称部门法，是根据一定的标准、方法和原则划分的一国同类法律规范的总称。
❷ 经济法是调整国民经济运行中的经济关系的法律规范的总称。
❸ 郭洁. 土地整理过程中宏观调控法律问题研究 [J]. 中国法学，2003，(6)：88-95.
❹ 行政法是指关于规范和调整国家行政关系的法律规范的总称。
❺ 孙国华，朱景文. 1999 年法理学研究的回顾与展望 [J]. 法学家，2000，(1)：3-8.
❻ 严金明. 土地立法与《土地管理法》修订探讨 [J]. 中国土地科学，2004，18（1）：9-13.
❼ 汪斌. 土地利用规划法律制度研究 [D]. 武汉大学硕士学位论文，2003.
❽ 卢妍. 土地利用规划应进一步走向法制化 [J]. 北京房地产，2006，(1)：69-72.
❾ 汪斌. 土地利用规划法律制度研究 [D]. 武汉大学硕士学位论文，2003.
❿ 师武军. 关于中国土地利用规划体系建设的思考 [J]. 中国土地科学，2005，(2)：3-9.

邓红蒂，董祚继❶（2002）认为，土地利用规划实施法律保障建设应包括两个层次：一要建立涉及规划及规划实施管理的国家级法律法规，主要有土地利用规划法（土地利用规划条例）、土地利用规划实施管理条例、土地用途分区管制规则等，以此明确整个国家有关规划实施管理的目标、方针和实施规划的根本性法律依据；二是各地应在遵循国家法律法规的前提下，制定可操作性强的地方性配套法规（如规划实施条例或办法），提出有关规划实施机构、管理程序、实施效果评价、监督管理、规划调整、违反规划的强制措施等具体规定来保证各级规划的落实。韩松（1999）从完善土地法律制度角度提出要制定土地规划法，土地规划法在土地法律制度体系中应居于龙头地位，应对土地利用总体规划的编制原则、编制机关、编制程序、规划的法律效力、规划的实施、监督检查与违法惩罚的机构和程序、土地利用总体规划的法律责任等问题做出规定。

综上可见，我国当前土地利用规划立法还是缺位的，学者们普遍认为土地利用规划离不开法律手段作为保障，对于土地利用规划的法制建设已经做了一些探讨，但从总体上看，我国目前土地利用规划的立法研究基本上还处于摸索阶段，开展的研究也不多，对土地利用规划法的概念、特征和体系等展开系统研究的更少。从土地利用规划的存在形式上看，"规划法定"表明法律法规赋予其强制执行力，以法律手段确保土地利用规划的编制与实施是极具现实意义的。

2.5.1.2 城市土地规划管理

所谓"三分规划，七分管理"，也就是说规划能否达到预期目的，关键在于规划的实施管理。土地利用规划的实施是一个追求政策效果的过程，它以城乡协调发展的整体利益和公共利益为最高价值判断标准，以最大限度地实现区域发展中经济社会和自然环境的综合效益为长远目标。所以，要解决城市土地开发利用的诸多问题，加强规划的管理是一个非常重要的方面。

2003年，由美国林肯土地政策研究所 Grrit Knaap 和 Arthur C. Nelson 两位博士撰著，中国国土资源部信息中心丁晓红、何金祥翻译的《土地规划管理——美国俄勒冈州土地利用规划的经验教训》一书，于当年4月被中国大地出版社出版发行。该书对于我国正在进行的土地利用总体规划修编、县市域规划修编试点和快速城市化进程的健康推进，具有重要的借鉴意义。书中提出的城市发展边界（UGB）与城市理性成长关系密切的思想，恰好提供了一种崭新的思路，有助于我们走出空间规划无法有效实施、城市无序蔓延的误区，更加合理地利用城市土地资源；再者，此研究以美国俄勒冈州土地利用规划的经验教训为例，从地理学、经济学、规划学、公共管理学、政治学、社会学等不同角度，深入分析了土地规划在城市发展管理、城市基础设施规划管理、基本农田保护等方面的作用

---

❶ 邓红蒂，董祚继.建立土地利用规划实施管理保障体系[J].中国土地科学，2002，(6)：4-10.

及经验教训,提出了城市规划控制带的概念❶,为我国的城乡土地统筹利用提供了一种优秀的范式。

许坚、包纪祥等学者(2001)认为当前的土地规划存在着与经济发展实际相矛盾、方法滞后、没能有效保护耕地、对农村居民点和道路网布局重视不够、缺乏严肃性等问题。针对这些问题,文章提出了改进规划方法、完善规划内容、坚持保护基本农田、实行严格的土地用途管理制度、实施规划动态监测、树立规划管理意识等六项对策❷。张永仲❸(2002)则针对城市土地规划管理提出了几点设想:(1)编制切实可行的区域规划;(2)改革城市总体规划编制的思路和方法,使之对城市土地利用真正起到引导和调控作用,着重研究解决影响城市近期和未来发展战略全局的关键问题,总体上把握土地的开发利用;(3)进一步完善城市规划法律、法规体系;(4)加强规划管理、宏观调控能力,建立相应的规划管理机制、规划实施反馈和监督机制。吴次芳、叶艳妹❹等学者(2005)在深刻剖析现存土地利用规划所存弊端的基础上,认为规划制度必须实现三权分离,并且要把土地使用效益纳入政府考核体系,只有这样才能够加强规划管理的有效性和权威性。

当然,诸如此类的研究还有很多,但都无外乎制度、体系和法律保障之类的。故在此不做赘述,毕竟计划经济体制已证明在中国是不成功的,当不成功的计划经济得以修正后,如果城市土地规划管理却仍在已淘汰的方法论上提炼并运行"类计划"的模式,则很难保证规划会取得成功的效果。因此,变革中国城市土地规划管理的理念、模式、制度和方法论已成为理性选择。

2.5.2 建设系统的土地规划立法及规划管理

从1980年开始,城市规划界酝酿《城市规划法》,1989年全国人大审议通过,1990年4月1日颁布实施,其间历经十年。城市规划法作为我国城市规划领域的第一部大法对我国城市规划的任务、编制、审批,以及城市规划的管辖范围都作了法律上的规定。

近年来,随着对国外及我国香港、台湾地区城市规划法规的介绍和比较研究,从土地角度研究规划立法渐趋成熟。英国城市规划法规与中国城市建设政策

---

❶ 这个概念的核心是以农用地保护、城市发展边界设定和生态环境保护为重点的土地利用规划,并在实践中证明是有效的。

❷ 许坚,包纪祥.当前土地规划管理存在的问题及对策[J].中国地质矿产经济,2001,14(12):9-11.

❸ 摘自北京军区空军勘察设计院张永仲城市土地利用制度、问题和设想。

❹ 吴次芳,叶艳妹,罗罡辉.中国土地利用规划面临的基本矛盾问题及发展策略选择[A].第一届城市理性增长与土地政策国际研讨会,2005.

的比较研究以及对日本、德国城市规划法的系统研究都对城市规划法规体系中的核心问题——土地利用有了新的认识和理解。有研究认为，德国城市规划法除了含有规划编制和管理内容之外，主要还是土地使用的法律，也就是要求土地使用者在自由支配土地财产的同时，承担法律约束义务。城市规划实际需要的是一种空间组织的管理模式，也就是一系列规划行政管理法规、土地管理法规、规划实施的法律手段以及它们相互之间的组织和协调的方式。城市规划法是城市空间组织管理模式的法律体现。❶城市规划法中应该对土地开发的补偿，土地投机的抑制作出相应的规定。只有这样，才能从总体上把握城市的建设开发活动。

ZOING（用地分区管理条例）是近年来规划界的另一热点研究课题。一些学者通过对美国、加拿大等国的 ZOING 介绍，推崇其在中国的实施。ZOING 在西方的作用，有研究认为：（1）稳定地价；（2）有利于公共福利；（3）保护城市的特色；（4）有利于对掠夺性开发进行严格控制；（5）保证土地利用由绝大多数市民所决定。同时也指出其不足：（1）理论基础有误；（2）缺乏灵活性；（3）规划正越来越受制于 ZOING 的法规；（4）妨碍社会进步；（5）造成法律面前的不平等；（6）缺乏自动的反馈系统；（7）孕育着腐败与垄断。❷

ZOING 的理论探讨，对控制性详细规划的作用的理解，起了很大的作用。控制性详细规划目前所起的作用已从完善规划编制体制的不完善，深入到引导土地开发和土地管理这一层面上了。

从立法角度和规划管理角度对土地的研究，严格地说对规划体制的更新研究，注入了新的力量。更进一步的研究将涉及产权的界定和规划中公共利益的法律保障，也将更接近市场经济条件下城市规划的实质。

有学者从分析中国城市开发的运行机制入手，提出准市场机制下的城市开发论，并提出中国现代城市开发的用地模式为土地利用效率论。❸研究认为，城市土地利用的效率水平可以分为两个层次：反映城市土地整体配置水平的结构效率和体现城市土地个体水平的边际效率。并就城市开发的公共管理提出四种调控手段，即行政管理、经济调节、规划控制、法制基础。

当然，从城市规划角度研究土地问题远不止这些，如从更广范围的区域城镇土地分析，从微观角度的容积率研究，住宅设计等。总之，从以上的总结可以看出：城市的土地问题是一个涉及诸多领域的复杂问题，从任何一方面对土地问题进行深入研究，都可能涉及一系列错综复杂的相关关系。城市规划学是一门综合性科学，土地利用是城市规划的核心所在，对它的分析研究必须立足于国情和土

---

❶ 吴唯佳. 中国和联邦德国城市规划法的比较 [J]. 城市规划, 1996, (1).
❷ 石楠. ZOING·区划·控制性详规 [J]. 城市规划, 1992, (2).
❸ 陈荣, 吴明伟, 宋启林. 准市场机制下的中国现代城市开发 [J]. 城市规划, 1996, (2).

地承载力的分析，土地的经济价值和社会价值的分析，土地的法律特性的分析等方面。对未来城市用地的合理结构分析更要综合考虑影响城市用地结构的社会经济因素，如现代化和城市化的研究，规划管理和规划编制的研究。实际上，产生用地的合理结构不单是一个技术问题，在相当程度上是城市发展技术政策和城市管理机制的问题，不同的规划管理方式对土地开发产生不同的影响。如日本的"土地区划整理"，它遵照"对应原则"将私有杂乱的土地经过规划，通过土地所有者的一定土地出让，取得所需公共设施用地，以达到完善公共设施，提高土地利用率的目的。❶ 同时，不同的规划编制办法也对城市用地结构产生影响，如英国1946年的《新城法》和1947年的《城乡规划法》对控制工业分布，鼓励开发区建设，确定战后规划的编制程序都产生了重要影响。所以，土地利用规划研究虽然在技术上有一定的特殊性，但是，研究本身要站在较高层次上来分析和认识问题。❷

---

❶ 徐波. 土地区划整理——日本的规划之母［J］. 国外城市规划，1994，(2).
❷ 王凯. 城市规划与城市土地利用问题：综述与思考［J］. 城市规划，1998，(1)：37-40.

3 城市土地利用合理规模的理论与测定方法

合理的城市土地利用规模是否存在？城市土地利用规模在什么样的区间是比较合理的？以及在什么理论框架下研究是多年来理论界讨论的热点问题之一。但是实际发展过程中，城市土地利用规模总被不断突破，并且越扩越大。在当前资源、经济与环境的矛盾制约下，此种现象引起政府乃至学界的普遍关心。虽然在未来的发展过程中，城市化进程的稳定推进仍然是一个不变的主题，但城市土地利用合理规模的研究及确定将是衡量城市理性发展的重要依据。

在广泛查阅中国期刊网（CNKI）、维普资讯网（VIP）以及部分专著的基础上，发现国内目前并没有"城市土地利用合理规模"❶的严格提法，研究较多的则为"城市最佳规模"或者"城市最优规模"❷~❺，其落脚点在于城市人口规模的确定。不过，土地规模与人口规模是息息相关的，国外的部分学者在做城市发展预测的时候往往是依据人口规模（就业人口）的预测来推算未来的土地需求量。❻可见"城市最优规模"和"合理土地利用规模"两者具有相同的研究基础。城市利用合理规模的理论研究较为艰深，研究基础相对薄弱，而城市土地利用规模的预测在国内外都在广泛进行。

3.1 城市土地利用合理规模的主要理论

自从20世纪50年代以来，随着各国城市化的快速发展，诸多城市问题逐步凸显。其中，大城市的负面效应成为城市经济学者们的热衷话题，由此最佳城市

---

❶ 这里有必要区分一下"城市土地规模"和"城市土地利用合理规模"两个概念。目前，国内关于城市土地规模的探讨不少，尤其是不同类别土地未来需求量的预测及确定。但是，这并不代表"合理"。毕竟适度的城市土地利用规模必须符合城镇人口增长的自然规律与经济规律，能够使城市的发展达到紧凑但不拥挤的状态，并取得良好的经济效益、社会效益和生态效益。

❷ 金相郁. 最佳城市规模理论与实证分析：以中国三大直辖市为例 [J]. 上海经济研究，2004，(7)：35-43.

❸ 周文，彭炜剑. 最佳城市规模理论的三种研究方法 [J]. 城市问题，2007，(8)：16-19.

❹ 蒋涛，沈正平. 聚集经济与最优城市规模探讨 [J]. 人文地理，2007，22（6）：68-71.

❺ 李培. 最优城市规模研究述评 [J]. 经济评论，2007，(1)：131-135.

❻ 丁成日. 城市空间规划：理论、方法与实践 [M]. 北京：高等教育出版社，2007.

规模的理论问题自然而然地被提上日程。总体来看，最佳城市规模的基础理论是两种，就是以成本为主的最小成本理论和以效益为主的聚集经济理论。

3.1.1 最小成本理论

最小成本理论是最早的最佳城市规模理论之一，它认为最佳城市规模（人口规模）是人均成本的函数，其成本包括城市服务设施的投资成本与城市运用成本等，如下水道等。一般而言，城市规模与人均成本之间呈现 U 字型关系。虽然最小成本理论是较早提出来的，并且可以做实证研究，但是它具有一些缺点。不同的成本口径、分析期间、分析对象、分析方法导致不同的结果。而且，最小成本理论不考虑城市规模效益，效益也是城市规模的函数。Richardson（1972）对最小成本理论的批判概括为：第一，最佳城市规模并不单纯是公共成本的函数；第二，除了经济因素以外，接近度、保健、犯罪和安全等非经济因素的影响也重要，而这些因素取决于社会偏好函数，但是实际上难以求解；第三，最佳城市规模并不是静态的，而是动态的。❶ 因此，Richardson（1973）指出最小临界规模（minimum threshold size）或城市规模的范围概念。虽然最小成本理论具有一些缺陷，但是它的可操作性使得不少的实证研究得以应用。❷

3.1.2 聚集经济理论

一般认为，随着城市规模扩大，会产生正外部性，这种正外部性源于产出市场的扩大、合格劳动的增加、公共基础设施的集中使用等所导致的聚集经济。聚集经济产生规模效应，导致平均区位成本下降，社会资本和公共服务的人均投资减少。因此，当城市达到一定规模时，存在正外部性；超过该规模，正外部性转化为负外部性，规模经济变为规模不经济，拥挤的交通、昂贵的房价、被污染的环境等导致区位成本上升，城市收益开始随城市规模扩大而下降。如果以城市规模作横坐标，城市平均区位收益和平均区位成本作纵坐标绘图，随着城市规模增加，城市平均区位收益先上升后下降，呈倒 U 形；随着城市规模增加，城市平均区位成本先下降后上升，呈正 U 形，城市平均区位收益与成本差额最大时，相对应的城市规模即最佳城市规模。城市聚集经济理论的难处是如何界定城市聚集经济，如果把城市的人均所得当作城市聚集经济的最终表现，不少的实证研究表明城市人口规模和城市人均所得间呈现正的相关关系，并且，城市规模越大，其聚集经济效应也越高。

---

❶ Richardson, H. W. Optimality in City Size, Systems of Cities and Urban Policy: A Skeptic's View. Urban Studies, 1972, (9): 29-48.

❷ Richardson, H. W. The Economics of Urban Size Saxon House [M]. D. C. Heath Ltd, 1973.

那么,这两点理论能否应用到"城市土地利用合理规模"确定当中去?答案是肯定的。毕竟未来的城市土地利用规模合理与否,同样得体现成本的最小化和聚集经济的有效性,必须使社会、经济、生态三者的协调度达到最高。只有这样,才能为"环境友好型、资源节约型"社会的构建提供具体的行动支持。

3.2 城市土地利用规模的测定方法

3.2.1 国外城市建设用地预测方法

城市建设用地的预测分析,其本质是由各种经济活动引起的,因此,国外发达国家建设用地规模的预测分析,是建立在用地需求的基础之上,结合土地的供给、土地可开发度、社会经济发展趋势等相关内容进行系统分析。

(1) GIS 等新技术的应用

数据的调查、收集和使用,是规划的基础。国外发达国家的建用地预测研究,非常注重数据的调查、收集。如美国 1975 年颁布了《模范土地开发法》。该法令强调长期目标的确定,将数据收集和分析作为总体规划的基础,并强调了规划的持续性。这一法令对于美国此后几十年的土地开发实践,产生了重要的影响。❶ 因此,GIS、遥感和自动制图等现代科学技术的应用,是国外发达国家城市建设用地规划编制的一大特点,也是其基本手段。一般的,国外建设用地需求预测的方法主要基于 GIS 分析和详细的调查。

GIS、遥感和自动制图等现代科学技术的应用,不仅能够实现从多领域要素及其制约因素的综合分析来进行规划,提高规划编制的工作效率和质量,而且便于公众参与规划分析决策,有利于协调政府与公众的关系。

近年美国环境系统研究所与联邦土地管理局达成的协议,将由联邦土地管理局提供 4 亿美元的资金,利用 ARC/INFO 软件最新版本建立全美公有土地管理自动化系统。在俄勒冈信息技术发展公司（Infotec Development Incorporated）,"木头蜜蜂"（WOOD-BEE）的制图软件的自动制图功能较国内所见的 AUTOCAD 等软件强大得多,该软件与 ARC/INFO 软件结合,有助于进一步提高规划的自动化程度。❷

(2) 建设用地的需求分析

Waddell & Moore（2001）认为要对城市的土地需求状况进行分析,首先就应查明城市土地的消费者。他们将需求分析集中到作为城市房地产终端用户

---

❶ 陈刚,刘欣葵,张瑾. 美国地方政府的规划实践（之二）[J]. 北京规划建设,2002,(2):72-74.
❷ 严金明. 中国土地利用规划:理论、方法、战略 [M]. 北京:经济管理出版社,2001:322.

的家庭住户和工业企业上,并将消费的房地产分为住宅、商业用房和工业用房三类。❶

Paul Waddell & Terry Moore 的建设用地需求分析框架见图 3-1。首先进行总体分析,求出房地产需求关键性驱动因素的估算值,如预期人口增长率和就业人数增长率。其次,考虑房地产的其他一些影响因素,如房地产产品,市场分割,地理位置等。在对需求进行总体分析后,对个体消费者的选择以及如何将这些个体选择汇总在一起求出区域性需求的估算值。最后是讨论可导致城市任何土地需求分析复杂化的一些因素。

```
总体分析
1. 基本驱动因素:
  (1)城市宏观经济增长率
  (1)每个家庭或每个工作岗位
     所占用的房地产面积
2. 房地产产品的划分
3. 市场分割和市场条件
4. 地理位置

个体分析
1. 个人偏好和约束因素
2. 次级市场:房地产产品、消费者
   和区位的多样性,导致形成了在
   一定程度上可以彼此替代的次级
   市场

其他应考虑的问题
1. 房地产产品的使用年限
2. 公共政策
  (1)对需求的直接影响:
     ① 土地区划、影响土地混合利用
     ② 提供公园和其他福利设施
     ③ 房产税
     ④ 基础设施,尤其是交通体系
     ⑤ 公共服务质量,尤其是学校质
        量和安全保障
  (2)通过土地供应对需求的间接影响
     ① 土地区划,影响建房密度
     ② 房产税
     ③ 领取许可证的要求和建设的耽误
        费用
     ④ 开发影响费
     ⑤ 划定城市发展边界
3. 需求和供应之间的相互影响
```

图 3-1 城市土地需求预测分析框架

Clarion Associates Team(2004)预测了诺曼市的土地需求。Paul Waddell & Terry Moore(2001)一样,也是将土地需求分解为住宅用地需求,工业仓储用地需求,零售用地需求等实施加总。❷

(3)建设用地供应预测

建设用地规模的规则还需要考虑土地的实际可供应量。Landis(2001)研究了城市土地容量的测算方法。他认为土地开发容量包括物理开发容量、环境适应

---

❶ Waddell, P., Moore, T. 城市土地需求预测. Knaap G. 国土资源部信息中心译. 土地市场监控与城市理性发展 [M]. 北京:中国大地出版社, 2003.

❷ 丁成日. 城市土地需求分析 [J]. 国外城市规划, 2005, 20 (4):19-25.

性、生态容量、社会容量、政治和财政容量五个方面。其中物理开发容量包括三个要素：可利用土地、密度和土地适用混合度。随后，Landis 以加利福利亚为例，运用地理信息系统和各种数字地图辨识和确定具有开发容量的土地的位置。其操作步骤是：①对土地进行分类。确定已开发区域，亚开发区域，潜在开发区域，可开发的交通方便的区域、除湿地、基本农田和特殊农地外的可开发的交通方便的区域、除湿地、基本农田和特殊农地、Q3 洪水区以外的可开发的区域、交通方便的区域、除湿地、基本农田和特殊农地、Q3 洪水区以外的可开发以及归入重要自然保护可供开发的区域，交通方便的区域，除湿地、基本农田和特殊农地、Q3 洪水区以及划定为 8 种以及 8 种以上的濒危两栖动物、鸟类等可开发的、交通方便的区域、除湿地、基本农田和特殊农地、Q3 洪水区以及距离城市开发区域 1 英里或更远的区域以外的可开发的、交通方便的区域；②将单位土地面积转化为单位容量；③空地容量评价；④密度的可变性。在确定了城市可供应的建设用地数量，预测了建设用地需求后，便可根据城市发展规划，确定建设用地供应规模。

（4）建设用地规模预测方法

城市被视为一个多种流动的、相互关联的经济和社会活动所组成的大系统，数理统计方法和计算机技术的发展，使系统分析的方法为城市建设用地的预测做出了巨大的贡献。另外，其他学科如仿生学、系统动力学、协同学、耗散结构论等的发展也为城市建设用地的预测提供了新的方法。

城市建设用地预测的方法主要包括一般数学模型、城市动态模拟模型和经济数学模型三种，目前已在国外发达国家的用地预测中广泛使用。

一般数学模型主要是应用数学统计和计量学的方法，通过综合分析与城市建设用地需求相关的各要素（如人口、固定资产投资、产业结构变化等），进而建立各种数学模型进行建设用地的预测分析，应用比较广泛的是回归模型。

城市动态模拟模型是把城市看作一个大的系统，利用计算机技术对城市用地的发展进行动态模拟分析，进而进行城市建设用地的预测分析。从 20 世纪 50 年代美国的交通—土地使用（Transport-Land Use）模型开始，随着计算机技术的发展，城市动态模拟模型也得到了长足的发展，被广泛的应用到城市规划中去。系统动力学和细胞自动机模型（Cellular Automata，简称 CA）在城市建设用地规划中应用较广泛。CA 模型将研究区域进行网格化处理，对各个网格单元赋予相应土地利用类型的值，通过定义演化规则，调整规则参数，来实现不同条件下，该区域的多方案预测。Clarke 等（1997）修正了 CA 模型，将其运用到旧金山海湾地区的实例中，取得了成功[1]；Silva 等（2002）针对不同环境的欧洲城市——里斯

---

[1] Clarke K. C., Gaydos L. J. and Hoppen S. A self-modifying cellular automaton model of historical urbanization in the San Francisco Bay area. Environment and Planning B, 1997, (24): 247-261.

本和波尔图，对模型进行了修正，并运用修正后的模型对两个城市2025年的城市增长情况进行了初步的探索。修正前后的CA模型都是以城市为主要的研究对象，由于其是建立在离散空间上的动态模型，故在模拟复杂空间现象的时空动态演变方面，具有较强的优势。❶

经济数学模型如神经网络模型和灰色系统模型也被广泛的应用到城市建设用地预测中。

多种模型组合预测和多方案评价选优的用地预测方法是进行城市用地规划的有效方法，可以互相弥补不足，使得预测结果更加科学合理。

（5）综合考虑用地供给和需求

合理的城市建设用地规模的确定，必须充分考虑用地的供给和需求。这是发达国家城市用地规划的重要特点。

美国把了解规划区域内土地使用的供给和需求作为土地使用规划的关键内容。具体做法分三个基本步骤：详细列出土地清单；分析可开发度（供给）；评估未来各种用途的需求（需求）。土地可开发度又称用地容量。土地可开发度（供给）分析目的是确定能为新的建设提供多少土地，并可根据当前的区划范围确定不同地块开发的强度，一般分为两个步骤：①要借助评估数据确定并绘出土地现状和改善后的价值比，通过辨别这些土地在经济上的可利用特征，明确其再投资和强化开发的潜力；②要更加准确地分析、确定投资和开发最可能发生的地点。❷

英国则把土地供给分析放在了最重要的位置，其经济发展的各项指标都建立在土地的基础上，即通过土地来测算人口、建设和经济发展。❸

（6）用地规模预测与用地布局相结合

国外发达国家在进行建设用地预测研究时，通常是用地规模预测与用地布局同时进行的。上述美国土地规划中可开发度分析时已经对用地布局进行考虑。韩国国土研究院所做的韩国城南板桥区土地利用规划中，应用GIS首先确定保全地域的设定，包括自然生态栖息处和生态物质循环系统两个方面的用地，在剩余的空间内根据与上层规划的衔接，考虑区位、交通等条件，合理安排各种用地的布局和规模。❹

（7）土地容量评价与用地规划相结合

如美国林肯土地政策研究院，其引入了用地容量的概念。在对土地容量评价

---

❶ Sliva E. A., Clarke K. C. Calibration of the SLEUTH urban growth model for Lisbon and Porto. Portugal, 2002, (26)：525-552.
❷ 陈刚，刘欣葵，张瑾. 美国地方政府的规划实践（之三）[J]. 北京规划建设，2002, (3)：71-75.
❸ 殷卫平. 比较研究中英土地规划 [J]. 中国土地，1996，(11), 8-9.
❹ 王万茂，韩桐魁. 土地利用规划学 [M]. 北京：中国农业出版社，2002：77-92.

和预测时以空地容量评价为例，应用 GIS 把土地划分成若干类，然后采用详细调查的方法，确定未来土地利用的混合程度和建筑密度，估计未来的开发容量❶；韩国国土研究院所做的韩国城南板桥区土地利用规划中，应用 GIS 首先确定保全地域的设定，包括自然生态栖息处和生态物质循环系统两个方面的用地，在剩余的空间内根据与上层规划的衔接，考虑区位、交通等条件，合理安排各种用地的布局和规模。❷

3.2.2 我国城市建设用地预测方法

在国内，城市土地利用规模的确定方法非常丰富，基本是围绕城市建设用地展开的。大致有如下几种：

（1）曲线拟合法

曲线拟合法即根据过去的发展趋势外推以预测未来。这种方法一般分为两步：首先，根据历史发展数据，进行统计回归分析，决定"最佳"或拟合最好的曲线（关键是各项参数的确定），然后根据曲线的参数外延式地预测未来。这种方法的自变量是时间，因变量是人口、经济及用地数据等。曲线可以是线性的，也可以是非线性的，常用的曲线有：1）直线函数；2）指数函数；3）对数函数；4）多项式函数；5）逻辑增长曲线等。

$$P_t = \alpha + \beta t$$

$$P_t = \alpha e^{\lambda t}$$

$$P_t = \alpha \log(\lambda t)$$

$$P_t = \alpha + \beta t + \gamma t^2$$

$$P_t = \frac{K}{1 + \alpha e^{\beta t}}$$

式中

P_t 为时间 t 的土地规模；

α，β，λ，γ 均为模型参数。

这些函数是最基本的形式，很多曲线拟和函数是从这些函数中演变而得。

曲线拟合法的优点是数据要求低，方法简单，对发展有规律、区域比较小、预测尺度小（短期预测）等的境况较为实用。其缺点表现在：1）时间不是决定就业的因素，因而曲线拟合不能揭示任何因果关系；2）没有考虑经济发展机制和动力因素，仅仅是曲线的数据拟合；3）不能表示（揭示）影响就业的复杂的因果关系。因而，对区域比较大（大中城市）、快速发展的地区和城市，曲线拟

---

❶ Knaap, G. J. 土地市场监控与城市理性发展 [M]. 北京：中国大地出版社，2003：1-20.
❷ 王万茂，韩桐魁. 土地利用规划学 [M]. 北京：中国农业出版社，2002：77-92.

合法一般不太实用,只在极个别的情况下有一定的使用价值。

(2) 定额指标法

定额指标法即按照国家规定的各类建设用地定额指标,以及对人口发展规模、建设投资规模的预测,测算未来一定时期建设用地发展规模。该方法是基于一个一般适用的标准,调整幅度比较小,灵活性不强。

按照该方法,整个预测体系可分为城市用地规模预测、村镇用地规模预测、公路用地规模预测、铁路用地规模预测、水库用地规模预测、渠道工程用地规模预测、独立工矿用地规模预测、特殊用地规模预测等。城市用地规模预测可依据《城市用地分类与规划建设用地标准》(GB J137—90)确定的人均城市建设用地指标;村镇用地规模预测可依据《镇规划标准》(GB 50188—2007)确定的人均村镇建设用地指标;公路用地规模应不超过《公路建设项目用地指标》(建标 [1999] 278 号)规定的公路建设项目用地规模;铁路用地规模也应符合新建铁路工程用地指标(国土资发 [2000] 186 号)和(铁路)区间正线用地指标;水库用地可依据水位、库容关系曲线和水位、面积关系曲线估算,水库库容估算方法有地形图法、断面法和系数法;渠道工程用地面积为其长度与宽度的乘积加渠道工程用地面积,渠道宽度按干渠和支渠的占地指标确定;独立工矿用地规模根据已列入建设计划的建设规模与相应的用地指标逐项演算求得,建设项目用地指标应采用行业用地定额指标或当地平均先进水平的土地产出率,各有关部门在预测时应注意区分居民点内的建设项目与居民点外的建设项目,只对居民点外的建设发展用地加以预测,特殊用地一般有特定的资源、环境、建设条件要求,可到实地调查、核定其用地范围和面积。❶

(3) 模型预测法

常用的模型主要有灰色模型(GM)、BP 神经网络模型、回归分析模型、Monte Carlo 模型等。

灰色系统是邓聚龙教授于 20 世纪 80 年代初提出的,此种理论认为一切随机量都是在一定范围内、一定时段上变化的灰色量及灰色过程。对于灰色量的处理,不是去寻求它的统计规律和概率分布,而是从无规律的原始数据中找出规律,即对数据通过一定方式处理后,使其成为较有规律的时间序列数据,再建立模型。它不仅适用样本数量少、波动较大的数列,而且淡化了误差积累影响,应用到土地规模预测上非常适合。毕竟建设用地需求预测本身是一个复杂的决策过程,有很多随机和无序的影响因素,用该模型预测较符合客观实际。灰色模型预测最大的优点是可以用较少的数据量进行预测,但是推测年限不宜过长,否则增长过快,也不符合实际发展情况。目前,这种方法已经得到广泛应用,典型的学

---

❶ 罗罡辉,吴次芳. 建设用地需求预测方法研究 [J]. 中国土地科学,2004,18 (6):14-17.

者如邱道持（1996）❶、陈国建（2002）❷、刘学伟和宋戈❸（2007）等，在此不做赘述。

人工神经网络具有高度的非线性映射能力，事先不需要假设输出变量与输入变量之间的关系，而是通过样本的学习，实现输入与输出之间的非线性映射。赖红松（2003）❹ 将灰色预测模型和神经网络预测模型相结合，以历年的建设用地统计数据为基础，建立了递归网络模型和 GM（1，1）模型，并分别进行了预测。在此基础上，作者将上述两个模型相结合，运用前馈神经网络 FNN（Feed-forward Neural Network）进行了组合预测。预测结果表明，组合预测 FNN❺ 的最大相对误差和最大平均相对误差最小，分别为 0.95% 和 0.92%，在三个预测模型中，具有较高的预测精度。

Monte Carlo 模型是慎勇杨和叶艳妹（2004）❻ 在弹性规划理论的指导下建立的基于 Crystal ball 软件的预测模型。该模型在定义符合实际情况的随机数值的基础上，建立了变量之间的函数关系，并运用 Crystal ball 软件得出目标函数值的概率分布集合，此即为预测值。与前馈神经网络模型相同，Monte Carlo 模型也利用了计算机的强大计算能力和成熟的软件技术，将计算机技术引入到建设用地预测中。此外，Monte Carlo 模型改变了传统的预测结果，其将单一的数值预测转变成数值集合的预测，通过各个数值的概率来判断预测数值的准确性。

（4）分解预测法

影响建设用地需求量的因素很多，也很复杂，目前国内外没有统一方法用来确定一定时期所需的建设用地量。把建设用地分解成各地类，再把各预测面积累加起来，这是目前建设用地量预测常用的思路和方法，地类分解预测法可以明晰建设用地面积变化的内部变动机制，更容易把握影响某种地类面积的相关因素，因此，预测较为可信和准确。

（5）逆向思维法

仔细观察，不难发现：上述四种方法都有一个共同点，即通过对建设用地规

---

❶ 邱道持. 重庆市建设用地预测模型探讨［J］. 经济地理，1996，(9)：10-15.

❷ 陈国建等. 重庆市区建设用地预测研究［J］. 长江流域资源与环境，2002，(9)：403-407.

❸ 刘学伟，宋戈. 城市建设用地规模预测方法与应用研究——以黑龙江省哈尔滨市为例［J］. 中国国土资源经济，2007，(12)：28-30.

❹ 赖红松，董品杰. 基于灰色预测和神经网络的城市建设用地量预测［J］. 测绘信息与工程，2003，(12)：36-39.

❺ 前馈神经网络模型充分运用了人工神经网络的高度非线性映射的特点，由于其能够以任意精度逼近任意非线性函数，所以在预测非线性增长的建设用地时具有较强的针对性。但是，由于该模型需要大量的数据支撑，所以在具体的应用上受到一定的限制。

❻ 慎勇杨，叶艳妹. Monte Carlo 模拟在建设用地需求预测中的应用［J］. 计算机应用与软件，2004，(11)：30-31.

模的多方法预测来确定未来的城市建设用地规模。但预测本身就是不确定的，一旦预测失误，必将会带来扩张的无序，难以保证区域生态格局的连续性和完整性。故从管理角度出发，把城市建设用地和城市非建设用地的关系比作图底关系，采用"逆向思维"的方法，通过控制城市非建设用地进而达到管理城市土地的目的。❶ 即通过对非城市建设用地的划分与"强制性控制"，合理控制规划期内的土地开发总量与质量❷❸，并建立区域生态基础设施，严格加以限制和保护。这样便可避免规划师的被动"找地"局面，实现真正的内部挖潜，遏制城市空间的无序扩展。

(6) 可能—满意度法

对将要决策的事物，一般都从"需要"和"可能"两方面来考虑。前者反映主观愿望，后者反映客观的容许条件和可行性。如果一件事物肯定能够做到，则定义其可能度为1；如果肯定做不到，则可能度为0。当对某一事物充分满意时，其满意度为1；如果完全不满意时，则满意度为0。可用三折曲线或S型曲线来描述可能度或满意度从0到1的变化情况。

再者，对某一件事物来说，其某一属性r具有可能度曲线$P(r)$，另一属性S具有满意度曲线$Q(s)$，而r,s和另一属性a满足某一关系式，即限制条件$f(r,s,a)=0$，那么就可以设法将$P(r)$和$Q(s)$并合成一条相对于属性a的可能—满意度曲线，它定量地描述了既可能又满意的程度，以记号W表示，$W\in[0,1]$。当$W=1$时，表示百分之百的既可能又满意；当$W=0$时，表示完全不可能或完全不满意。这种并合可用符号表示为：

$$W(a) = P(r) \cdot Q(s)$$
$$\text{s. t. } f(r,s,a) = 0$$
$$r\in R, s\in S, a\in A$$

R,S,A分别表示属性r,s,a的容许集合（域）。这种运算结果表示既有可能，又要满意。此方法称为"可能—满意度法"（简称PS法）。

对于某一多目标决策问题，其总目标受着众多影响因素的约束，这些因素有的是可能性因素，有的是满意性因素。调查这些因素的现状，预计它们的远景，归纳推理出这些因素相应的可能度或满意度。再经过并合计算，将这些因素的定量指标归结到总目标的合理程度上，由此可以得出相应的合理目标和实现目标所需的条件。此种方法在杭州市土地利用总体规划（1996~2010）中得到了较好

---

❶ 王琳. 小议管理城市非建设用地的重要性[J]. 规划师, 2005, (4): 60-61.

❷ 冯雨峰, 陈玮. 关于"非城市建设用地"强制性管理的思考[J]. 城市规划, 2003, 27 (8): 68-71.

❸ 张永刚. 浅议非城市建设用地的城市规划管理问题——以深圳市为例[J]. 规划师, 1999, 15 (2): 74-76.

的应用。❶

综上可知，国内的研究相对国外仍然有所欠缺，虽然预测方法非常丰富，但研究重点基本集中于城镇，而且局限于数量方面，没有体现出空间布局的思路，无法给人一种直观上的视觉感。所以，城市土地利用规模的确定方法需要改进，不仅要加强模型参数和因数权重的分析，而且要把数理模型空间化，使用地预测和用地布局有机联合起来，只有这样，才能够提高用地规模的合理性和实用性。

---

❶ 赵小敏，王人潮. 城市合理用地规模的系统分析 [J]. 地理学与国土研究，1997，（1）：18-21.

4 城市土地利用的类型结构、规划标准及合理性研究

4.1 国外城市土地利用的类型结构

国外的城市土地利用类型与中国目前的分类基本大同小异，没有质的差别。而对于土地利用结构的研究重点集中在空间结构上。随着18世纪之后工业革命的发展，引发了社会经济领域和城市空间组织方式的巨大变革，传统的以家庭经济为中心的空间格局和建筑尺度迅速瓦解，城市走向大规模集中发展阶段，城市环境日益恶化，迫使人们寻求新的社会良方以改变现状，城市空间结构的重组与更新被纳入研究视野。❶ 如欧文提出的"新协和村"，奥斯曼（Hanssmann）主持规划的巴黎改建方案及本汉姆（H. Bunham）关于旧金山、克利夫兰和芝加哥等城市的空间发展和治理规划都是对城市空间结构研究进行的可贵探索。

20世纪五六十年代，城市土地利用空间结构的变化使人们放弃传统的形态偏好，转向对城市功能结构的研究。最具代表性的有马塔的（Y. Mata）带型城市，霍华德（E. Howard）的田园城市，戛涅（T. Gamier）的工业城市以及柯布西耶（L. Corbusier）的光明城市。与此同时，城市土地利用空间结构出现了多种组合方式：同心圆模式、扇形模式、多核心模式以及三地带模式等。

20世纪60～90年代，城市土地利用空间结构更侧重于人文倾向的研究，从人文价值、人类体验等更深层次上关注城市文脉的连续及空间结构的梳理。其研究代表有凯文·林奇的城市形态，雅各布（V. Jacobs）的城市活力的交织功能分析，亚历山大（C. Alexander）的半网络城市等，均反映了人们对后现代社会及高科技发展对城市空间冲击可能造成不良后果的关注与忧虑。❷

20世纪90年代以后，知识经济和网络时代的到来，彻底改变了城市土

---

❶ 扬吾扬，梁进社. 高等经济地理学［M］. 北京：北京大学出版社，1997.
❷ 吴启焰. 城市空间结构研究的回顾与展望［J］. 地理学与国土研究，2001，17（2）：46-48.

地利用空间结构形态，城市土地利用空间结构的演化越来越能体现人类对自然资源最大限度集约化的使用要求，针对日益显著的大都市带现象，一些学者提出了世界连绵城市结构理论，代表人物有杜克西亚迪斯、戈特曼、费希曼等。❶

随着新经济环境评价研究的深入，西方国家对城市土地利用空间结构研究的重点已从归纳其空间演变模式转变到探究城市土地开发过程中的决策过程及其动力机制，从崇尚土地市场的自由运作转向对其进行精明管理。❷❸

总之，西方国家对城市土地利用空间结构的理论研究与实践大体遵循这样的思路：从城市土地利用形态偏好到功能分区研究，从单学科向多学科综合研究，从传统技术向结合高科技的研究，从一国一地向跨国跨区域的研究。西方学者从不同角度对城市土地利用空间结构进行的研究，将宏观与微观很好地结合起来，建立了较为成熟的城市土地利用空间结构理论体系，虽然西方城市土地利用理论研究已取得了长足的进步，但尚未形成一个综合协调的理论体系。有待于通过 GIS、RS 等新技术来加强历史形态方法的空间分析能力。

4.2 我国城市土地利用结构的现状与问题

2006 年中国城市土地利用结构现状为：居住用地占 30.76%，工业用地占 21.62%，公共设施用地占 13.31%，绿地占 9.93%，道路广场用地占 10.63%，对外交通用地占 4.43%，仓储用地占 3.56%，特殊用地占 2.23%，市政公用设施用地占 3.53%。具体如图 4-1 所示。

从总量上看（图 4-2），2006 年全国城市建设用地利用规模较大的区域为广东、山东、江苏、辽宁、天津、北京等，与中国的经济发展状况比较吻合。再从各省份及直辖市内部的结构比例（表 4-1）分析发现：由于区域职能定位和产业结构的差异，各类用地所占比重各不相同。居住用地比重最高的为青海（39.21%），最低为浙江（27.20%）；工业用地比重最高为浙江（27.78%），最低为海南（8.08%）；仓储用地比重最高为天津（5.82%），最低为海南（0.86%）；绿地比重最高为海南（17.62%），最低为青海（3.67%）；公共设施用地比重最高为海南（21.25%），最低为青海（4.93%）。

---

❶ 朱翔. 城市地理学［M］. 长沙：湖南教育出版社，2003.
❷ 刘盛和. 城市土地利用扩展的空间模式和动力机制［J］. 地理科学进展，2002，21（1）：43.
❸ 夏南凯等. 城市开发导论［M］. 上海：同济大学出版社，2003.

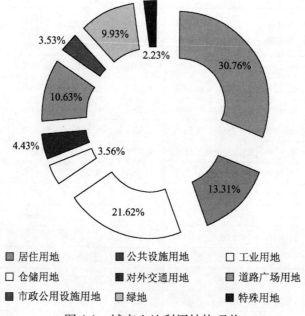

图 4-1 城市土地利用结构现状

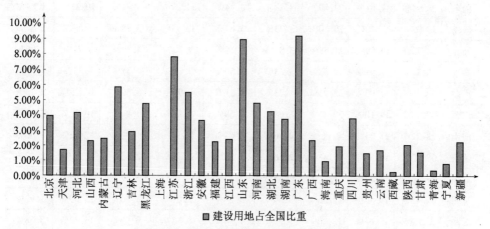

图 4-2 2006年城市建设用地比例图

2006年中国城市土地利用结构现状　　　　　表 4-1

城市	居住用地	公共设施用地	工业用地	仓储用地	对外交通用地	道路广场用地	市政公用设施用地	绿地	特殊用地
全国	30.76%	13.31%	21.62%	3.56%	4.43%	10.63%	3.53%	9.93%	2.23%
北京	29.00%	17.97%	22.49%	3.14%	2.92%	10.72%	2.99%	9.56%	1.22%

57

续表

城市	居住用地	公共设施用地	工业用地	仓储用地	对外交通用地	道路广场用地	市政公用设施用地	绿地	特殊用地
天津	31.20%	12.44%	22.05%	5.82%	3.43%	8.56%	3.78%	10.57%	2.15%
河北	30.88%	12.27%	21.30%	4.53%	4.75%	10.11%	3.30%	9.68%	3.18%
山西	30.51%	11.81%	22.01%	4.20%	6.03%	8.22%	5.51%	9.57%	2.14%
内蒙古	34.94%	12.15%	17.25%	4.54%	4.90%	8.11%	3.49%	12.23%	2.40%
辽宁	31.23%	10.13%	23.85%	3.56%	4.41%	10.15%	2.83%	10.36%	3.48%
吉林	34.81%	10.86%	22.89%	4.43%	4.64%	9.92%	3.40%	6.08%	2.96%
黑龙江	37.43%	10.00%	18.89%	4.72%	4.43%	8.77%	3.67%	9.54%	2.55%
上海	——	——	——	——	——	——	——	——	——
江苏	29.24%	11.91%	27.67%	3.11%	4.47%	10.39%	3.10%	8.61%	1.51%
浙江	27.20%	10.85%	27.78%	2.09%	4.51%	12.82%	3.34%	9.36%	2.05%
安徽	32.88%	12.12%	22.15%	2.51%	4.10%	10.72%	2.84%	11.48%	1.20%
福建	28.59%	15.33%	19.08%	2.18%	4.61%	10.98%	3.23%	13.83%	2.16%
江西	32.51%	15.20%	19.38%	2.58%	3.64%	12.57%	3.31%	9.90%	0.90%
山东	28.94%	14.61%	22.60%	3.48%	3.34%	11.57%	3.41%	10.21%	1.84%
河南	29.02%	14.20%	20.50%	3.73%	5.67%	12.11%	3.88%	8.57%	2.32%
湖北	28.72%	14.54%	21.89%	3.86%	5.16%	9.76%	4.39%	9.71%	1.96%
湖南	28.35%	17.91%	19.87%	3.33%	5.50%	9.72%	4.31%	9.11%	1.89%
广东	30.87%	11.92%	22.71%	4.23%	4.31%	9.96%	3.56%	10.25%	2.18%
广西	30.34%	14.10%	20.15%	3.68%	4.50%	9.81%	3.84%	10.22%	3.35%
海南	28.72%	21.25%	8.08%	0.86%	4.64%	14.92%	1.91%	17.62%	2.00%
重庆	37.60%	10.58%	19.88%	2.50%	3.35%	13.76%	2.65%	7.56%	2.12%
四川	31.44%	14.52%	21.11%	2.55%	3.73%	13.68%	3.17%	8.02%	1.79%
贵州	30.41%	14.56%	17.66%	3.54%	5.27%	9.02%	2.60%	15.00%	1.93%
云南	29.02%	15.05%	12.30%	3.33%	7.54%	8.86%	3.99%	16.34%	3.58%
西藏	34.19%	14.52%	9.10%	4.69%	5.36%	7.10%	6.00%	8.23%	10.81%
陕西	30.43%	19.13%	19.51%	3.43%	4.34%	10.80%	2.75%	7.75%	1.86%
甘肃	27.58%	14.16%	20.10%	5.51%	4.24%	10.39%	4.24%	11.36%	2.43%
青海	39.21%	4.93%	15.83%	4.78%	9.83%	4.03%	10.82%	3.67%	6.90%
宁夏	31.43%	14.92%	15.52%	3.82%	5.55%	13.45%	4.94%	8.99%	1.38%
新疆	34.49%	14.82%	14.26%	3.99%	2.76%	10.16%	4.77%	10.90%	3.85%

资料来源：《中国城市建设统计年鉴2006》，其中上海的资料缺失。

当然，仅仅靠 2006 一年的现状数据，是无法科学地总结出中国城市土地利用存在的问题。因为，快速城市化的进程必然伴随着城市用地结构的发展演变，城市各类用地占城市用地总面积的比重在城市规模扩大的同时不断发生变化，所以有必要借助纵向的时间序列数据，图 4-3 和表 4-2 就反映出了 1981～2006 年间中国城市土地利用结构的演变趋势和具体情况。

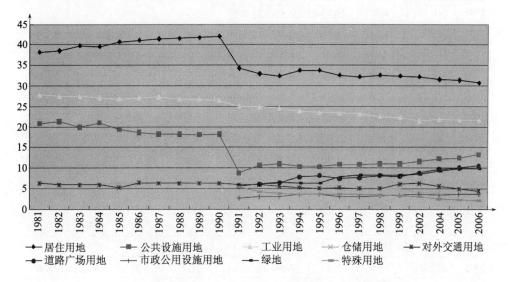

图 4-3　1981～2006 年城市建设用地比例变化图

由图 4-3 可以看出，居住用地在 1990 年后发生了比例的降低，这是由于统计口径不同，如果仍以原有统计口径计算即居住用地加上绿地面积则其变化趋势仍是上升的；公共设施用地以 1990 年为界，1990 年以前呈平缓的下降趋势，1990 年以后由于统计口径不同虽然数值变小，但其趋势则呈上升的态势；而工业用地、仓储用地、对外交通用地都是呈下降趋势的；1990 年以后由于统计口径发生变化，又分出 4 个新的用地分类，而这 4 个地类中除特殊用地外都是呈上升趋势的。

1981～2006 年中国城市土地利用结构　　　　表 4-2

年份	居住用地	公共设施用地	工业用地	仓储用地	对外交通用地	道路广场用地	市政公用设施用地	绿地	特殊用地
1981	38.21	20.76	27.71	6.25	6.25				
1982	38.44	21.27	27.5	6.03	6.03				
1983	39.73	19.94	27.5	5.96	5.9				

续表

年份	居住用地	公共设施用地	工业用地	仓储用地	对外交通用地	道路广场用地	市政公用设施用地	绿地	特殊用地
1984	39.61	21.04	27.05	5.91	5.91				
1985	40.75	19.47	26.84	6.27	5.27				
1986	41.11	18.59	27.09	6.44	6.44				
1987	41.47	18.24	27.23	6.36	6.36				
1988	41.65	18.29	26.81	6.38	6.38				
1989	41.69	18.14	26.76	6.39	6.39				
1990	42.08	18.26	26.45	6.28	6.28				
1991	34.27	8.86	25.13	5.97	5.97	5.64	2.8	5.62	5.49
1992	32.96	10.82	24.95	5.91	5.91	6.06	3.06	6.07	4.26
1993	32.47	11.11	24.48	5.7	5.7	6.46	3.13	6.7	3.99
1994	33.7	10.34	23.94	5.32	5.31	7.86	3.64	6.51	3.64
1995	33.76	10.42	23.58	5.14	5.14	8.16	3.52	6.54	3.67
1996	32.62	10.9	23.39	5.25	5.25	7.47	3.12	7.77	3.7
1997	32.25	10.9	23.14	5.14	5.14	7.72	3.14	8.32	3.52
1998	32.6	11.05	22.43	5.04	5.04	8.1	3.25	8.3	3.42
1999	32.42	11.09	22.29	4.97	6.22	8.06	3.33	8.30	3.32
2002	32.28	11.59	21.50	4.18	6.28	8.83	3.71	8.60	3.03
2004	31.61	12.25	21.79	3.87	5.58	9.71	3.42	9.28	2.49
2005	31.37	12.50	21.66	3.76	4.88	10.06	3.61	9.82	2.34
2006	30.76	13.31	21.62	3.56	4.43	10.63	3.53	9.93	2.23

注：1. 居住用地 1991 年后出现了下降是由于统计口径发生了变化，原来的统计口径是居住和生活用地，较之现在的居住用地要大；
2. 公共设施用地 1981～1991 年统计中包括道路广场用地、市政公用设施用地和特殊用地，故 1991 年较之 1990 年下降明显。

虽然从发展态势上看我国城市土地利用结构正逐步趋向合理，但仍存在诸多问题：如城市土地利用结构调整步伐缓慢，而在房地开发过程，高档宾馆、酒楼、大型商场、人造景点、高尔夫球场等设施又显得开发过热，城市居民迫切需要的经济适用房开发建设不足，与之相配套的绿地、体育场地、停车场等公共设施的建设更显不足，造成土地利用结构新的不平衡。❶ 在城市用地的空间布局中，许多城市党政机关用地占据了城市中心优越的地理位置，工业用地

---

❶ 王小鲁，夏小林. 优化城市规模推动经济增长 [J]. 经济研究，1999，(9).

面积过大且位于良好地段，使"土地是否被分配给利润最大化的使用方向"的资源高效配置机制扭曲，致使稀缺的城市土地严重浪费。❶城市内部工业、住宅、办公、商业用地混杂交错，相互包围，形成城市整体效益和环境质量低下的格局。

再者，我国城市用地中工业用地比例虽然从1981年的27.71%降到2006年的21.62%，但与国外同一城市化水平下的工业用地比例相比，其比例仍大1倍还多，1972年日本全国城市建设用地中工业用地占10.34%，1981年为10.52%。与此同时，1971年东京中心区的交通用地占23.59%，纽约曼哈顿为37.6%，纽约地区为30%，伦敦中心区为26.21%，中心加外围为20.63%，而我国城市交通道路用地占城市建设用地的比例1991年为11.61%左右❷，2006年也只有15.06%。与国际著名城市相比，我国的城市绿化水平也较差，1998年芝加哥城市绿化用地占城市总用地的29%，伦敦的比例为19.4%，巴黎为12%，而我国仅为9.93%，远远低于国际水平。

4.3 我国城市土地利用的规划标准

目前，我国城市土地利用的规划标准主要有两个。最为重要的是《城市用地分类与规划建设用地标准》(GB J137—90)，再者就是新修订的《工业项目建设用地控制指标》。

4.3.1 城市用地分类与规划建设用地标准

《城市用地分类与规划建设用地标准》(GB J137—90)是编制和修订城市总体规划的重要依据，它制定了城市建设用地的远期规划控制标准。在我国，城市土地利用主要指城市建设用地的利用，这里的建设用地应包括城市用地分类中的居住用地、公共设施用地、工业用地、仓储用地、对外交通用地、道路广场用地、市政公用设施用地、绿地和特殊用地九大类用地。

规划建设用地标准包括规划人均建设用地指标、规划人均单项建设用地指标和规划建设用地结构三部分。在计算建设用地标准时，人口计算范围必须与用地计算范围相一致，人口数宜以非农业人口数为准。

(1) 规划人均建设用地指标

规划人均建设用地指标主要分为四级，其中Ⅰ级规划用地指标为 $60.1 \sim 75.0 m^2/$人，Ⅱ级规划用地指标为 $75.1 \sim 90.0 m^2/$人，Ⅲ级规划用地指标为 $90.1 \sim 105.0 m^2/$人，Ⅳ级规划用地指标为 $105.1 \sim 120.0 m^2/$人，新建城市的规划人均建

---

❶ 陈为邦．制止盲目重复建设区域规划急待开展［N］．中国建设报，1996，6：26．
❷ 这里所指的"城市交通用地"＝对外交通用地＋道路广场用地。

设用地指标宜在第Ⅲ级内确定；当城市的发展用地偏紧时，可在第Ⅱ级内确定。

现有城市的规划人均建设用地指标，应根据现状人均建设用地水平，按表4-3的规定确定。所采用的规划人均建设用地指标应同时符合表中指标级别和允许调整幅度双因子的限制要求。首都和经济特区城市的规划人均建设用地指标宜在第Ⅳ级内确定；当经济特区城市的发展用地偏紧时，可在第Ⅲ级内确定。边远地区和少数民族地区中地多人少的城市，可根据实际情况确定规划人均建设用地指标，但不得大于150m²/人。

现有城市的规划人均建设用地指标 表4-3

现状人均建设用地水平（m²/人）	允许采用的规划指标		允许调整幅度（m²/人）
	指标级别	规划人均建设用地指标（m²/人）	
≤60.0	Ⅰ	60.1～75.0	+0.1～+25.0
60.1～75.0	Ⅰ	60.1～75.0	>0
	Ⅱ	75.1～90.0	+0.1～+20.0
75.1～90.0	Ⅱ	75.1～90.0	不限
	Ⅲ	90.1～105.0	+0.1～+15.0
90.1～105.0	Ⅱ	75.1～90.0	-15.0～0
	Ⅲ	90.1～105.0	不限
	Ⅳ	105.1～120.0	+0.1～+15.0
105.1～120.0	Ⅲ	90.1～105.0	-20.0～0
	Ⅳ	105.1～120.0	不限
>120.0	Ⅲ	90.1～105.0	<0
	Ⅳ	105.1～120.0	<0

注：调整幅度是指规划人均建设用地比现状人均建设用地增加或减少的数值。

（2）规划人均单项建设用地指标

在编制和修订城市总体规划时，居住、工业、道路广场和绿地四大类主要用地的规划人均单项用地指标应符合表4-4的规定。

规划人均单项建设用地指标 表4-4

类别名称	用地指标（m²/人）
居住用地	18～28.0
工业用地	10.0～25.0
道路广场用地	7.0～15.0
绿地	≥9.0
公共绿地	≥7.0

规划人均建设用地指标为第Ⅰ级，有条件建造部分中高层住宅的大中城市，其规划人均居住用地指标可适当降低，但不得少于16.0m²/人。

大城市的规划人均工业用地指标宜采用下限；设有大中型工业项目的中小工矿城市，其规划人均工业用地指标可适当提高，但不宜大于30.0m²/人。

规划人均建设用地指标为第Ⅰ级的城市，其规划人均公共绿地指标可适当降低，但不得小于5.0m²/人。

（3）规划建设用地结构

标准规定在编制和修订城市总体规划时，居住、工业、道路广场和绿地四大类主要用地占建设用地的比例为：居住用地20%~32%；工业用地15%~25%；道路广场用地8%~15%；绿地8%~15%，这四类用地总和占建设用地比例宜为60%~75%，大城市工业用地占建设用地的比例宜取规定的下限；设有大中型工业项目的中小工矿城市，其工业用地占建设用地的比例可大于25%，但不宜超过30%。风景旅游城市及绿化条件较好的城市，其绿地占建设用地的比例可大于15%。

4.3.2 工业项目建设用地控制指标

为落实《国务院关于促进节约集约用地的通知》（国发［2008］3号）精神，强化工业项目建设用地的管理和节约集约利用，国土资源部修订并发布了《工业项目建设用地控制指标》。

《控制指标》由投资强度、容积率、建筑系数、行政办公及生活服务设施用地所占比重、绿地率五项指标构成。指标规定，工业项目的建筑系数应不低于30%。工业项目所需行政办公及生活服务设施用地面积不得超过工业项目总用地面积的7%。严禁在工业项目用地范围内建造成套住宅、专家楼、宾馆、招待所和培训中心等非生产性配套设施。工业企业内部原则上不得安排绿地。但因生产工艺等有特殊要求需要安排一定比例绿地的，绿地率不得超过20%。与此同时，新修订的《工业项目建设用地控制指标》工业项目建设用地投资强度标准普遍提高了15%，容积率控制指标总体上调。工业用地准入门槛相应提高，目的是要提高投资强度和土地利用强度，走节地高效的工业化道路，促进产业结构调整和产业升级。

4.4 城市土地利用结构的效率及其合理性研究

城市土地利用结构是指城市中各类用地所占的比重。各种用地比例失衡，势必造成城市中各种机能失调，从而降低城市土地的整体功能并阻碍城市经济社会发展。[1] 当前城市土地利用结构研究主要集中在结构的时空变化及其机制研究；

---

[1] 汪群芳，李植斌. 杭州市土地利用结构与效率研究. 国土资源科技管理，2005，22（4）：5-9.

土地利用与城市（区域）空间结构演变的研究；以及结构性利用效率、合理利用度的论证三个领域。❶ 其中前两者在资料获取和方法革新方面取得了较大进步❷~❹，而土地利用的结构性效率和合理度的分析囿于研究方法尚未成熟，各类相关研究尚未进入实际应用的阶段。❺❻

怎样的城镇土地利用结构才算合理，或者说城镇土地利用结构怎样才是优化的、有序的？如何验证和刻画？原建设部1991年颁布实施的《城市用地分类与规划建设用地标准》，对中国的城镇建设用地标准进行了规定，该规定实施以来，大部分城镇的规划基本达到了标准的要求，但是，城镇土地利用结构还是觉得不尽合理。一些学者认为中国的城镇土地利用结构不合理，尤其是与世界发达国家相比，更显得不合理。❼ 国内学者如陈荣、陈彦光等人从不同的角度对城市土地利用的相对效率做了部分理论与实证研究❽~⓬，郑新奇等就城市土地利用优化问题进行了研究⓭，但这些研究基本上没有对概念性的城市土地利用结构效率及其相关规律进行概括，亦未形成一套完整的研究方法与思路。⓮ 在"相对效率评价"概念基础上发展起来的数据包络分析（Data Envelopment Analysis，DEA）⓯方法，为研究分析城镇土地利用结构的合理性及其效率问题提供了一种新的系统分析方法⓰。借助系统论中的信息论思想建立起来的城市土地利用结

---

❶ 陆大道. 地理学发展方略和理论建设：世纪之初的回顾与展望 [M]. 北京：商务印书馆，2004.
❷ 刘纪远，刘明亮，庄大方等. 中国土地利用变化的空间格局分析 [J]. 中国科学（D辑），2002，32（12）：1031-1045.
❸ 吴传钧，沈洪泉. 基于GIS的北京城市土地利用扩展模式 [J]. 地理学报，2000，5（54）：407-416.
❹ 陈佑启，Peter H Verbury，徐斌. 中国土地利用变化及其影响的空间建模分析 [J]. 地理科学进展，2000，1（92）：116-127.
❺ 王万茂. 规模的本质与土地利用规划多维思考 [J]. 中国土地科学，2002，1（61）：4-6.
❻ 陶志红. 城市土地集约利用几个基本问题的探讨 [J]. 中国土地科学，2000，1（45）：1-5.
❼ 黄广宇，陈勇. 生态城市理论与规划设计方法 [M]. 北京：科学出版社，2003.
❽ 陈荣. 城市土地利用效率论 [J]. 城市规划汇刊，1995，（4）：28-33.
9 刘彦随. 城市土地区位与土地收益相关分析 [J]. 陕西师大学报（自然科学版），1995，2（31）：95-100.
❿ 杨益明. 中国特大城市地域扩展与用地效益的初步研究 [J]. 人文地理，2001，1（62）：53-56.
⓫ 杜葵. 城市土地的空间利用及空间地价评估初探 [J]. 基建优化，2002，2（32）：34-35，49.
⓬ 陈彦光，刘继生. 城市土地利用结构和形态的定量描述：从信息熵到分数维 [J]. 人文地理，2001，20（2）：146-152.
⓭ 郑新奇，阎弘文，赵涛. RS和GIS支持的城市土地优化配置 [J]. 国土资源遥感，2001，（1）：15-18.
⓮ 宋吉涛，宋吉强，宋敦江. 城市土地利用结构相对效率的判别性分析. 中国土地科学，2006，20（6）：9-16.
⓯ 魏权龄. 数据包络分析（DEA）[J]. 科学通报，2000，45（17）：1793-1808.
⓰ 郑新奇，王筱明. 城镇土地利用结构效率的数据包络分析. 中国土地科学，2004，18（2）：34-39.

构信息熵理论，为刻画城市土地利用结构的有序度提供了一种新的思路和方法[1]~[3]。

4.4.1 DEA 模型的构建

DEA 模型是著名运筹学家 A. Chanres 和 W. W. Cooper 等在"相对效率评价"概念基础上发展起来的一种新的系统分析方法。1978 年第一个 DEA 模型——C^2R 模型建立以来，该模型最初主要用于对一些非盈利部门（如教育、卫生、政府机构）运转的有效性的评价。后来，DEA 被用于更广泛的领域，有关的理论研究不断深入，DEA 现已成为管理科学与系统工程领域一种重要而有效的分析工具。[4]

DEA 是以相对效率概念为基础的，根据多指标投入（输入）和多指标产出（输出），对同类型的部门或单位［称为决策单元（DMU）］进行相对有效性或效益评价的一种方法。DEA 方法的优点主要有：①DEA 是由决策单元的输入输出的权重作为变量，模型采用最优化方法来内定权重，从而避免了确定各指标的权重所带来的主观性；②假定每个输入都关联到一个或多个输出，而且输出输入之间确实存在某种关系，使用 DEA 方法不必确定这种关系的显示表达式；③在处理经济学生产函数与规模经济的问题上，DEA 具有独特的优势。

城镇土地利用效率评价属多投入多产出决策单元评价问题，仅用单一指标进行评价显然不够合理，应借助于多指标评价方法。DEA 可有效地对具有多投入产出指标的决策单元进行相对效率评价，因此，可以选择 DEA 来对城镇土地的用地结构效率进行综合评价。

设有 n 个城镇建成区，它们具有相同的 m 种投入要素和 s 种产出。我们称第 j 个城镇为决策单元 j，以 DMU_j 表示。其投入产出分别用向量 X_i 与 Y_i 表示，并称 x 为多指标输入矩阵，y 为多指标输出矩阵。[5]

$$x_i = (x1_j, x2_j, \cdots, xm_j)^T$$
$$y_i = (y1_j, y2_j, \cdots, ym_j)^T$$

设

$$u = (u1, u2, \cdots, us)^T$$
$$v = (v1, v2, \cdots, vm)^T$$

---

[1] 陈彦光. 分形城市系统：标度. 对称. 空间复杂性. 北京：科学出版社，2008.
[2] 陈彦光，刘明华. 城市土地利用结构的熵值定律. 人文地理，2001，16（4）：20-24.
[3] 陈彦光，刘继生. 城市土地利用结构和形态的定量描述：从信息熵到分数维. 地理研究，2001，20（2）：146-152.
[4] 吴文江. 数据包络分析及其应用［M］. 北京：中国统计出版社，2002.
[5] 杜栋，庞庆华，吴炎. 现代综合评价方法与案例精选. 北京：清华大学出版社，2008.

$$(u \geqslant 0, v \geqslant 0)$$

u, v 分别是加在 m 种输入和 s 种输出上的权重，用投入产出向量（xj, yj）表示城镇 DMU_j 的活动，则 DMU_j 的总输入 I_i 和总输出 O_i 分别为：

$$I_i = u1x1_i + u2x2_i + \cdots + umxm_i = x_i^T u$$
$$O_i = v1y1_i + v2y2_i + \cdots + vsys_i = y_i^T v$$

显然，总输入 I_i 越小，总输出 O_i 越大，则 DMU_j 的效率越高。为此，DEA 用总输出与总输入之比的大小来衡量 DMU_j 的有效性。令

$$E_{ij} = \frac{O_i}{I_i} = \frac{y_i^T v}{x_i^T u}$$

E_{ij} 称为 DMU_j 的效率评价指数。指标权重 u 和 v 都是待定的。对每一个 DMU_j，我们求使 E_{ij} 达到最大值的权向量，就得到 DEA 的 C^2R 模型($\overline{p}$)。对每一个 DMU_j，解以下极大化问题：

$$\begin{cases} \max \dfrac{y_i^T v}{x_i^T u} = E_{ij} \\ s.t. \ \dfrac{y_i^T v}{x_i^T u} \leqslant 1 \end{cases}$$

若令 $t = \dfrac{1}{x_i^T u}$

则上式可转化（即 Chames-Cooper 变换）为等价的线性规划问题：

$$\begin{cases} \max y_i^T tv = E_{ij} \\ s.t. \ y_i^T tv \leqslant 1 \end{cases}$$

该线性规划的解称为 DMU_j 的最佳权向量，它们是使 DMU_j 的效率值 E_{ij} 达到最大值的权向量。为了便于检验 DEA 的有效性，一般考虑该线性规划的对偶模型的等式形式为：

$$\begin{cases} \theta_j^* = \min \theta \\ s.t. \ \sum_{j=1}^n \lambda_j y_j + s^+ = \theta x_0 \\ \sum_{j=1}^n \lambda_j y_j - s^- = y_0 \\ \lambda_j \geqslant 0, s^+ \geqslant 0, s^- \geqslant 0, j = 1, 2, \cdots, n \end{cases}$$

式中

s^- 为未利用资源变量数值；

s^+ 为产出不足变量数值。

将有关数据代入上述线性规划的对偶模型，可得到一组（θ_j^*, λ_j, s^-, s^+），

其中，θ_j^* 为效率系数。其判定方法是：

若 $\theta_j^* = 1$，则称 DMU_j 为弱 DEA 有效；当 $\theta_j^* = 1$，且 $s^- = s^+ = 0$，则称 DMU_j 为 DEA 有效；若 $\theta_j^* < 1$，则称 DMU_j 为弱 DEA 无效。

为了更好地分析各用地类型组合的综合效率，我们引入规模指数。令规模指数为 S，则 $S = \dfrac{1}{\theta_j^*} \sum\limits_{j=1}^{n} \lambda_j^*$，其中 λ^* 是特征值。那么，若 $S = 1$，则称该单元为规模收益报酬不变；若 $S < 1$，则称该单元为规模收益递减；若 $S > 1$，则称该单元为规模收益递增。

当土地单元为非有效时，可以适当调整某些投入产出指标使 DEA 有效。即，假定在固定产出水平情况下，投入产出变量调整为：

$$\begin{cases} \bar{x}_k = \theta_j^* x_k - s^- \\ \bar{y}_k = y_k + s^+ \end{cases}$$

4.4.2 DEA 模型变量的经济学解释

单纯从技术手段看，所谓的效率是投入与产出变量之间发生作用后的一种外部表现，是多变量与权向量综合作用的结果；从城市经济学的角度看，所谓的结构效率与城市性质、职能、规模、城市设计的理念以及城市发展预期，甚至是国际产业发展形式都有关联，单变量无法进行解释。既然 DEA 模型能够模拟出每个决策单元的最佳土地利用结构，那么是否存在一致的衡量土地利用结构效率的标准呢？回答是否定的。首先，城市的各要素在不同的时期都有不同的表现形式和组合关系，总处在动态的变化过程中，因此所谓的最佳结构是相对的；其次，这种所谓的结构最佳效率不是单纯的土地利用类型之间的一种规模结构，而是受到环境要素制约的一种外部形态。如假设上海和北京被赋予相同的建设用地规模和结构，但外部环境不一样，随着生产要素构成的变化及其影响，这种所谓的最佳结构必然产生变异，产生适合各自外部环境的最佳土地利用结构。因此从城市经济学角度来看所谓的效率是指土地利用结构是否符合外部环境要求并使之发挥最大的经济与社会效益。❶

从模型的设计来看，规模指数表达各土地利用类型通过结构优化对产出所能发生作用的强度大小，越大表示土地利用结构的调整将对产出变量产生较大的影响。指数大小的优劣判断需要考虑两个方面：一是投入产出最大化是终端目标，并具有稳定性，规模指数必然越大越好；二是如果投入变量能够对产出变量发生强烈的正面作用，那么尚未达到投入-产出效益最大化的结构状态，虽然指数并

---

❶ 宋吉涛，宋吉强，宋敦江. 城市土地利用结构相对效率的判别性分析. 中国土地科学，2006，20 (6)：9-16.

不大，但可能代表一种调节性推动的潜力。因此，该判断要从动态和静态两个方面进行考虑，从动态的角度出发，基于我国城市发展的背景，认为该指数越大越好。

DEA 是管理科学与系统工程领域一种重要而有效的分析工具，其特点是：(1) 以相对概率的概念为基础，根据多指标投入（输入）和多指标产出（输出）对同类型的部门或单位［称为决策单元（DMU）］进行有效性或效益评价；(2) 从样本数据中分析出样本集合中处于相对有效的样本个体作为最优参照系，通过模型本身内定权重，通过优化的权重显示指标调整的方向与调整量；(3) 输入输出变量之间并不一定存在相对明确的显式关系，变量属性具有较大的随意性。DEA 研究的每个对象称为决策单元 DMU_j，是由多变量矩阵 x_i（输入变量）和 y_i（输出变量）构成。不同变量对城市活动的贡献不同，对每个变量进行权重赋值后便得到由（x_i, y_i）两个向量构成的城市整体活动的投入与产出总量，其中产出总量/投入总量即为表示 DMU_j 投入产出效益的评价指数。按照 DEA 模型的设计思路，对此指数求极大值并进行有效性检验，并由此产生三个变量，分别表示为 θ_j^*、s^- 与 s^+。其中 θ_j^* 定义为相对效率系数，s^- 与 s^+ 分别为松弛变量。

从有效性判断的角度看，如果 $\theta_j^* = 1$，且 $s^- = s^+ = 0$ 则表示 DMU_j 对 DEA 有效；如果仅 $\theta_j^* = 1$ 则为弱有效，$\theta_j^* < 1$ 则为无效。从指数的含义看，相对效率指数是一个表达土地的实际投入与最佳产出之间差距的参数，指数越高，表示投入产出越大，相反，指数越低，表示通过优化土地利用结构，能够有效促进产出调整，且调整的空间越大。松弛变量是指和某种"相对有效状态"之间的差距，其中 s^- 在本文中是指高于"最佳投入量"的变量，即土地资源的浪费量，或者说是土地资源需要节约的量；s^+ 是指低于"最佳产出量"的变量，即在投入一定的条件下其产出能够扩大的量。另外，结合 DEA 有效性检验过程产生的变量，另外构建了规模指数 K_j 来反映土地利用整体的规模收益报酬，得到各用地类型组合的综合效率，若 $K_j = 1$，则称该单元为规模收益报酬不变；若 $K_j < 1$，则称该单元为规模报酬递减；若 $K_j > 1$，则称该单元规模收益递增。在计算时为了挖掘更多的信息，可以按照有效程度进行分类，即对指数进行等级划分后再进行要素的关联分析。

4.4.3 DEA 模型的应用

基于以上理论与方法的分析，应用 DEA 模型，以全国 282 个地级及以上城市作为样本（截至 2005 年底，全国共有 284 个地级及以上城市，其中拉萨和日喀则数据无法获取，因此选择 282 个城市作为样本；此外，考虑地级及以上城市一般具有较长的城市发展历史，功能相对完整而稳定，并具有一个相对完整的土地利用结构演变过程),进行多样本多指标分析,探析反映城市土地利用结构效率的各指标及指标间相互关联的规律,挖掘影响城市土地利用结构效益的主要因素,并根据模型确定的不同土地利用类型所对应的权向量,探讨不同土地利用类型及结构对效率的影响力。❶

4.4.3.1 变量选取

研究城市土地利用的结构通常按其用途进行分类研究。关于城镇土地利用分类目前有两种版本,即住房和城乡建设部的标准和国土资源部的标准。前者在城市规划和城市建设部门使用,后者主要在土地管理部门使用。研究城镇土地利用结构的有效性,主要是为城市规划和建设部门服务,因此,城镇土地利用分类采用住房和城乡建设部的标准,即:居住用地、公共设施用地、工业用地、仓储用地、对外交通用地、道路广场用地、市政公用设施用地、绿地、特殊用地 9 类,同时,将这 9 种类型的土地作为输入变量。

城镇土地利用的产出是多方面的,包括社会、经济、生态等。由于生态效率可以综合到社会经济中进行间接反映,也就是说,生态环境优美,人们的社会经济生活更加舒适,社会经济发展指标相应就高。因此没有专门将生态指标列出。在生活经济指标中,由于城镇主要以第二、三产业为主,用地结构的合理与否,第二、三产业的产值是比较敏感的指标,另外,反映经济总量的国民生产总值是综合指标,必须考虑。城镇土地的承载量——人口规模也是用地效率的总量指标之一,结构是否合理有效与人口规模密切相关。因此,将城镇建成区国民生产总值、第二产业产值、第三产业产值、建成区人口规模 4 个指标作为模型的输出指标。

按照住房和城乡建设部城市等级划分标准,中国现有地级市以上城市 284 个,不包括拉萨与日喀则共有超大城市 18 个,特大城市 29 个,大城市 72 个,中等城市和小城市分别为 120 个和 43 个。在论述相对效率与城市规模之间的关系时,为了避免单纯从绝对数量与单一的比例关系进行分析,依据概率论相关思想,构造了另外两个参数,暂命名为完全参考系数(Crc)和半完全参考系数(rc):$Crc = xyz$,$rc = xy$,其中 x 表示处于"类"(两指数对应的某一区间)的不同等级城市占所属等级内所有城市的比重×102,y 表示不同等级的城市占所有某"类"城市总数的比重×102,z 表示处于"亚类"(变量组合时产生的新的变量隶属关系,即亚类,如标准差 SD≥1,2,3)的不同等级城市占"某类"城市总数的比重×102。通过"概率"(出现频率)的比较能更有效地捕捉相关信息。

---

❶ 宋吉涛,宋吉强,宋敦江. 城市土地利用结构相对效率的判别性分析. 中国土地科学,2006,20(6):9-16.

4.4.3.2 研究结果及其分析

(1) 城市土地利用结构的相对效率与城市规模之间的关系分析

① 城市土地利用结构效率整体偏低

城市土地利用结构相对效率系数可划分为 6 个层次，相对效率系数 $\theta_j^* = 1$ 的城市只有 28 个，对 DEA 有效的城市为 27 个，占城市总数的比例不足 10%。其中占主体地位的是 $\theta_j^* \in (0.2, 0.4)$ 的 122 个城市，约占城市总数的 43.3%，其次是 $\theta_j^* \in (0.4, 0.6)$，两者约占 70%，而 $\theta_j^* \in (0.6, 1.0)$ 的城市只占 14.5%。即在既定的投入前提下，产出距离潜在的最优值（绩效最好的产出）❶ 还有较大的距离。

② 不同等级的城市其土地利用结构表现出完全不同的相对效率

不同的相对效率系数对应不同的城市出现概率，单纯从概率的分布很难反映相对效率与城市规模之间的关系，如表 4-5。从经济理论来讲，达到相对效率最高是城市发展追求的终极目标，为此，对相对效率指数分布区间由高到低分别赋权 6~1，分别计算每个等级的城市所对应的加权相对效率指数。经计算，该指数大中城市最高，其次是小城市，超大城市和特大城市最低。由此得到两个结论：一是城市等级越高，通过调整土地利用结构提高投入 - 产出效益的经济空间越大；二是从发展的角度看，高等级城市土地利用结构的产出效益已突破大中城市的结构状态，进入新的、更高级的增长阶段。

城市土地利用结构的相对效率与城市规模之间的关系　　表 4-5

相对效率系数	数量结构		按规模等级的城市个数与半完全参考系数 rc				
	个数	比重	超大城市	特大城市	大城市	中等城市	小城市
1	28	9.93	0 <0>	1 <12>	11 <600>	8 <190>	8 <532>
0.8~1.0	11	3.9	1 <51>	1 <31>	1 <13>	5 <189>	4 <338>
0.6~0.8	30	10.64	4 <296>	2 <46>	6 <167>	14 <544>	6 <279>
0.4~0.6	70	24.82	6 <286>	8 <315>	20 <794>	24 <686>	10 <332>
0.2~0.4	122	43.26	7 <223>	16 <724>	33 <1240>	55 <2066>	11 <231>
<0.2	21	7.45	0 <0>	1 <16>	5 <165>	11 <480>	3 <100>
加权相对效率指数			2743	2820	9360	10931	7556

注：< > 内为完全参考系数与半完全参考系数，下同。

(2) 城市土地利用结构的规模收益报酬与城市规模之间的关系（表 4-6）

① 城市土地利用结构的规模收益报酬整体处于递减状态

---

❶ 李斌. 基于投入产出表对技术进步的测算方法研究 [J]. 数量经济技术经济研究, 2003 (2): 86-89.

DEA 模拟所得规模指数在 0~30 之间不等,按大小划分 6 个层次。其中规模指数 $K_j=1$,即规模收益报酬处于不变状态的城市有 28 个,占城市总数的比例约为 10%;$K_j>1$,即规模收益报酬处于递增状态的城市总计 81 个,占 28.7%;$K_j \in (0,1)$ 范围的城市占总数的 61.3%,其中属于 $K_j \in (0.5,1)$ 和 $K_j \in (0,0.5)$ 范围的城市分别占 30.1% 和 31.2%。由此可见,中国城市整体土地利用结构的规模收益报酬处于递减状态。

城市土地利用结构的规模指数与城市规模之间的关系　　表 4-6

规模指数	数量结构		按规模等级的城市个数与半完全参考系数 rc				
	个数	比重	超大城市	特大城市	大城市	中等城市	小城市
5~30	9	3.19	8 <33631>	1 <39>	0 <0>	0 <0>	0 <0>
2~5	22	7.8	8 <1616>	10 <1567>	3 <57>	1 <4>	0 <0>
1~2	50	17.73	6 <400>	16 <1766>	19 <1003>	12 <240>	1 <5>
1	28	9.93	2 <79>	2 <49>	11 <600>	8 <190>	7 <407>
0.5-1	85	30.14	1 <7>	1 <4>	33 <1779>	43 <1813>	8 <175>
0-0.5	88	31.21	0 <0>	0 <0>	7 <77>	53 <2660>	28 <2072>
加权规模指数			33631	15282	9732	7836	3663

② 不同等级的城市表现出不同的规模收益报酬消长规律

不论土地利用结构的相对效率是否较高,单纯从规模收益报酬的增减角度看,收益报酬递增仍然是判定城市是否处于良性发展的一个标志。由此本文也对规模指数的分布区间由高到低分别赋权 6~1,得到各等级城市加权规模指数。经计算,该指数高等级城市明显高于低等级城市,呈指数(-0.5102)下降趋势,且高等级城市主要分布在高报酬递增区间,如超大城市主要分布在 [5,30] 范围内,特大城市为 [1,2],大中城市为 [0.5,1],即按等级呈现收益报酬递减态势。

由此可见,相对效率系数和规模系数与城市等级之间的关系并不吻合,实际上,这两者并不矛盾,反而符合中国城市发展的基本规律。原因在于:中国长期实行了大城市发展战略,超大城市和特大城市得到了最大程度的发展,并正处在产业结构调整的转型期。当前这两类城市在科学发展观和可持续发展思想的指导下,开始兼顾生态和社会效益,并逐渐转化为经济效益,因此短期内投入与产出之间的溢出效益可能无法最大程度地发挥与显现出来,但已经表现出通过土地利用结构的微观调整便能使产出达到最大化的潜力。大中城市尚不具备促使大规模产业结构升级的能力,仍然表现为一种长期形成的传统职能结构、就业结构与土地利用结构体系,但这种结构体系仍具有一定的发展能力。小城市整体上表现为规模收益报酬递减状态，为了探讨小城市地域分布与两个系数之间的关系，对相对效率系数和规模指数较高的小城市进行专门统计，发现中西部地区的小城市前者具有较强的优势，而东部地区的小城市则在后者表现出较强的优势，表明东部地区的小城市在高等级城市（如大都市区）产业大规模转移的经济背景条件下，土地利用结构和经济结构正在快速做出反映，并表现出较强的经济推动能力。

(3) 城市土地利用类型与结构效率之间的相关关系

对多样本多指标内"目标信息"的挖掘通常选用标准差的形式，如城市职能的判定。这里选择平均值、标准差和总体标准差三种形式来探讨不同土地利用类型与结构效率及城市等级间的关系。其中标准差表示相同土地利用类型在不同等级的所有城市之间的离散程度，总体标准差反映不同土地利用类型之间相互作用的结果在整体上对相对效率指数影响的异质程度。

$$SD = \sqrt{\sum_{n=1}^{n}(x-\bar{x})^2/n-1}, PSD = \frac{SD}{\bar{x}}$$

式中 x 表示 9 类土地利用类型的某一类；

$\bar{x}$ 表示某类土地利用类型在 282 个城市中的平均值；

$n = 282$；

SD 为标准差；

PSD 为总体标准差。

1) 不同土地利用类型对相对效率的影响力差异较大

从平均值看，居住用地、工业用地和仓储用地三类土地利用方式对城市整体相对效率贡献率最大，三者均为 0.09，其他 6 种土地利用类型其作用力基本相似，介于 0.02~0.04。在标准差统计过程中发现仓储用地与工业用地基本配套，即工业主导型城市其仓储面积也占有突出地位。由此判定，城市建成区主要功能区对城市整体相对效率产生着最强烈的作用。

从标准差看，主要的土地利用类型对城市整体相对效率的影响在全国整体城市体系内相差不明显。如差异最大的是对外交通用地和仓储用地，SD 分别为 0.15 和 0.19。居住、公共设施和工业用地三大面积比最大的用地类型在城市间的离散度基本相同，介于 0.12~0.14，相互之间表现出比较明显的协同性。

总体标准差特点非常明显，即居住、工业和仓储用地三大效益贡献率最大的土地利用类型比其他类型表现出更加明显的稳定性、协同性和自组织特点[1]，而其他的几种用地类型在不同等级的城市之间表现出更加明显的个性，如市政设施、对外交通、绿地、道路广场四种用地类型其建设发展水平在城市之间存在

---

[1] 黎夏，叶嘉安. 约束性单元自动演化 CA 模型及可持续城市发展形态的模拟[J]. 地理学报，1999，5（44）：289-298.

较为明显的差异。

2）不同土地利用类型在不同等级的城市内对相对效率的影响存在较大的差异

在研究不同等级不同土地利用类型对城市整体相对效率影响时，将计算所得的权向量进行转换，采用平均值+标准差的形式分为三个层次分别进行完全参考系数（Crc）的统计。按照统计方法规定，层次越高城市个性越强。结果显示：

① 在 $SD \geq 1$ 范围内，各用地类型与城市等级相互关联的规律性非常明显。

一是居住、对外交通和绿地三大用地类型随着城市等级的下降（后两类小城市除外）其概率呈现出扩大趋势；二是市政设施和特殊用地两大类型整体表现为缩小的趋势，尤其是特殊用地缩小幅度很大；三是另外4种用地类型与城市等级关联度不明显，如对于公共设施用地，大城市表现为绝对的高概率；对于工业用地而言，特大城市和大城市表现出绝对的高概率；对于仓储用地则是超大城市和大城市表现出绝对的高概率；对于道路广场用地而言，高等级城市均表现出相对较高的概率，而中小城市处于绝对的弱势地位。

结合土地科学和城市经济学、城市社会学等学科的基本知识，可得出4个结论：

一是某些低等级的城市在城市用地扩展方面更偏向于一种"经济人"的行为结果❶，高等级的城市其居住用地和绿地更多考虑不同层次人群的经济承受能力、城市生态环境与人文环境的塑造等经济与社会因素。

二是对外交通的制约瓶颈在超大和特大城市基本消除，并保持着相对稳定的投入-产出关系，而大中城市正处于对外交通的大发展时期，因此该类型用地在大中城市表现出特别突出的经济贡献率。

三是基于"中心地"消费层次与服务半径理论，高等级城市为外部地区提供生产和生活服务的"非基本部分"比重突出❷，因此市政设施用地表现为明显的经济贡献能力。

四是随着城市规模的扩大以及产业的扩散，建成区内工业比重下降，其外部反映表现为在超大城市与特大城市工业用地经济贡献率较低，大城市最高。

② 在 $SD \geq 2 \sim 3$ 范围内，城市个性突出，用地类型间耦合程度很高。

假设第二、三层次的城市属于个性化城市，临近层次内的城市其用地类型的经济贡献率相似程度较高。经统计，第一层次内有188个城市，9大用地类型中与二、三层所含城市共重复计算80个，占总量的42.6%；第二层次内有97个城市，重复计算46个，占47.4%；第三层次83个，重复计算57个，占68.7%，即随着城市个性化的加强，用地类型所含城市其重复率提高，表明同类

---

❶ 张文忠. 经济区位论 [M]. 北京：科学出版社，2000.
❷ 周一星. 城市地理学 [M]. 北京：商务印书馆，1995.

城市内土地利用类型之间存在相对稳定的耦合关系。

(4) 最佳城市土地利用结构及其效率分析

① 不同等级的城市各用地类型的节约规模分析

除去27个DEA有效的城市,其他城市共可节省建成区用地(即$\sum S^-$) 2764.3km²。除去上文统计的43个小城市所节约用地55.3km²,仅中等城市以上城市节省用地2709km²,占其建成区现状面积的15.9%。不同等级的城市其土地节约的规模不同,越高等级的城市节约的土地面积越大。如超大城市节约用地规模占总节约规模的52.3%,其他各级城市分别占17.3%、14.5%、13.9%和2.0%,平均每个超大城市需节约土地72.3km²,而其他各级城市平均为16.5km²、5.7km²、3.2km²和1.3km²。

② 不同等级的城市输出变量新增规模(S^+)分析

从计算的结果来看,城市等级越高其第二产业与人口的增长容量越大(小城市除外),第三产业的增长容量越小。如超大城市能够增加的第二产业产值和人口总量占所有新增规模的55.5%和57.8%,第三产业仅为5.3%,中等城市新增第三产业产值占42.4%(表4-7)。这一方面说明中国产业仍处于集聚增长的发展阶段,高等级城市良好的经济基础、发达的工业体系以及强大的科技力量等仍然是国家实现工业快速发展的主要区域,并开始注重工业发展的质量;另一方面表明中国超大城市第三产业的增长存在增长瓶颈,就全国而言,低城镇化水平和质量是其主要的制约因素。

2003年中国不同规模等级的城市节约用地规模及新增经济与人口规模　表4-7

理论节约与增加的变量	未利用资源变量(S^-)(km²)								产出不足变量(S^+)(亿元,万人)		
	居住用地	公共设施用地	工业用地	仓储用地	对外交通用地	道路广场用地	市政设施用地	绿地	特殊用地	第二产业产值	第三产业产值	建成区人口规模
超大城市	583	61	398	83.9	167.5	53	9	34	56.7	5814.1	156	2337.9
特大城市	120.3	27	196.5	29.3	25.3	41.7	2.5	15	19.5	1283.6	449.5	1196.9
大城市	141.3	16	130.3	30.9	19.2	18.9	7.6	28	9.7	1040.7	858.7	369.2
中等城市	153.6	32	106.3	20	16.7	14.8	6	25	9.1	1862.2	1238.1	138
小城市	29.3	3	6.6	2	3.1	5	0.3	4	2	466	219	0.1
合计	1027.5	139	837.7	166.4	231.8	133.4	25.4	106	97	10466.6	2921.3	4042.1

③ 基于效率最大化的不同等级城市土地利用结构建议

由于国标没有规范每一用地类型,经过近20年的城市建设后在某种程度上已不完善,重新对国标进行修订是大势所趋。将基于DEA有效的样本作为优化的样本,对于弱有效和非有效的样本在原结构的基础上加上未利用资源变量

(S^-)进行修正,得出5个等级的城市每一种土地利用类型所占比重。由于城市个性的存在,在计算的时候去掉一个最高比重和最低比重,按比重大小进行排序后取第二个和倒数第二个城市作为浮动区间,但仍然能够看出明显的个性化问题,如公共设施用地比重在5~20之间变动,其实际意义并不大❶,为此计算了不同等级不同类型用地的平均比重,并作为国标进行修订完善的参考(表4-8)。

不同规模等级的城市其相对效率最高时对应的土地利用结构(%)　　表4-8

城市规模	居住用地	公共设施用地	工业用地	仓储用地	对外交通用地	道路广场用地	市政设施用地	绿地	特殊用地
超大城市	29	14	21	3	6	10	4	10	3
特大城市	29	13	23	3	6	10	3	9	3
大城市	32	12	21	4	6	9	4	9	2
中等城市	32	13	20	4	5	10	4	10	2
小城市	32	15	17	4	6	10	4	10	3

4.4.4 城市土地利用结构信息熵的基本原理

城市是个开放的、复杂的、高度人工化的巨系统。信息是系统组织程度的度量。❷ 土地利用系统具有结构和功能的动态性、有序性特征,土地利用系统有序程度可以用信息熵来描述和刻画,因此,信息熵是刻画城市空间规律的重要特征量。系统结构决定系统的功能,不同的土地利用方式即不同的土地利用结构,其土地利用的信息熵是不同的,其有序程度也不同,信息熵的大小可以反映出土地利用系统的有序程度。❸

土地利用系统作为人与自然物质交换的重要环节,它依赖于人地关系系统,即通过人地相互作用、相互依存,产生了自然、经济和社会三个子系统。根据耗散结构理论,人地系统的组成及其间不断的物质、能量与信息流的传递,人地系统与外部其他系统之间流的转换与传递以及其中所存在的非线性相关关系,维持着其耗散结构,同时各个子系统之间通过正反馈和负反馈,或呈相互加强状态,或呈相互抑制状态,对整个系统的结构和功能产生影响,特别是随着科学技术的进步,人类对系统中各种流的认识和改变它们的能力也随之提高,人类可以按照特定的目的改变系统中各子系统或各组成要素的状态,即改变土地利用方式,来

---

❶ 宋吉涛,宋吉强,宋敦江. 城市土地利用结构相对效率的判别性分析. 中国土地科学, 2006, 20 (6): 9-16.

❷ 马建华,管华等. 系统科学及其在地理学中的应用 [M]. 北京: 科学出版社, 2003.

❸ 耿红,唐旭,马玲. 基于信息熵的城市土地利用结构合理性分析. 国土资源科技管理, 2006, 23 (1): 84-87.

促使土地自然、经济和社会三个子系统之间的协调。❶

信息系统中的信息熵是信息无序度的度量,信息熵越大,信息的无序度越高,其信息的效用值越小;反之,信息熵越小,信息的无序度越低,其信息的效用值越大。按照耗散结构理论,开放是系统有序化的前提,是耗散结构得以形成、维护和发展的首要条件,通过开放,从外界引入负熵流,抵消内部熵增,使系统完成从低级有序向高级有序的转变。任何系统都有其特定的环境,超脱环境的系统是不存在的,而且系统之间是互为环境的。环境向系统输入各种物质、能量与信息。有的有利于系统运行,系统输入后能通过它与系统内部要素的相互作用,降低系统熵值,从而增强系统的有序性;而有的则会使系统熵值升高,不利于系统地有序运行。前者使系统的熵值降低,故称其为负熵。如果外界环境给系统输入的负熵流较大、较强,那么,具有良好结构的系统将会得到快速而有序地发展。❷

4.4.5 城市土地利用结构信息熵及其相关指数的计算

4.4.5.1 城市土地利用结构的信息熵

假定一个城市的建设用地面积总量为 A,该市的土地可根据职能分成 n 种类型,每个职能类型的面积为 $A_i(i=1,2,\ldots,n)$,则有:

$$\sum_{i=1}^{n} A_i = A$$

据此可得各类土地面积的百分比为:

$$P_i = A_i/A = A_i/\sum_{i=1}^{n} A_i$$

显然 P_i 具有归一性质:

$$\sum_{i=1}^{n} P_i = 1$$

因此 P_i 相当于事件的概率,从而可以依照 shannon 熵公式,定义土地利用结构信息熵为❸:

$$H = -\sum_{i=1}^{n} P_i \ln P_i = -\sum_{i=1}^{n} (A_i/\sum_{i=1}^{n} A_i) \ln(A_i/\sum_{i=1}^{n} A_i)$$

土地利用结构的信息熵值可以用来反映城市土地利用结构系统的有序程度。一般说来。信息熵值愈大,土地利用系统的有序程度愈低,反之亦然。土地利用结构信息熵可综合反映某城市在一定时段内各种土地利用类型的动态变化及其转换程度,对于城市土地利用结构调整具有指导意义。

---

❶ 吴次芳,叶艳妹. 土地科学导论 [M]. 北京:中国建材工业出版社,1995.
❷ 陈彦光. 分形城市系统:标度. 对称. 空间复杂性. 北京:科学出版社,2008.
❸ 李江,郭庆胜. 基于信息熵的城市用地结构动态演变分析 [J]. 长江流域资源与环境,2002,11 (5):393-397.

4.4.5.2 城市土地利用均衡度

基于信息熵公式,容易定义城市土地利用构成的均衡度公式:

$$J = H/H_m = - \sum_{i=1}^{n} P_i \ln P_i / \ln n$$

式中　J 为均衡度;
　　　H 为信息熵;
　　　H_m 为信息熵的最大值。

显然,J 为实际熵值与最大熵值之比。由于 $H \leq H_m$,J 值变化介于 0~1 之间,J 值越大,表明城市土地利用的均衡性越强。

由于上式引入 $\ln n$,城市职能类数得到了考虑,从而使职能数量不同的城市其均质程度具有可比性。

4.4.5.3 城市土地利用集中度

根据均衡度的取值范围和地理意义,可以定义城市土地利用结构的集中度如下:

$$I = 1 - J = 1 - \sum_{i=1}^{n} P_i \ln(P_i/P_e) / \ln n$$

式中　I 为集中度;
　　　$P_e = 1/N$ 为均衡"概率"。

由于 $H \leq H_m$,易知 $0 \leq J \leq 1$,$0 \leq I \leq 1$。

借助信息熵值和均衡度值,可以探索城市土地利用结构的某些规律。与信息熵相比,均衡度以及与此相关的集中度增强了数值的可比性和指征性。由于它们的数值变化介于 0~1 之间,其显示的结果一目了然。计算简捷、数值直观和可比性强是均衡度(或集中度)作为一种指数的优越性所在。集中度的表达为:$I = 1 - J$,它反映了区域内一种或几种土地类型支配该区域土地的程度,与多样性成反比。

4.4.6 城市土地利用结构信息熵的时空分异规律

4.4.6.1 城市土地利用结构信息熵的时间演变规律

城市土地利用结构信息熵,在城市的扩展过程中表现出一定规律性,反映了城市成长过程中城市土地利用功能的分化及其土地利用结构的演变。根据张占仓和贾晶的郑州市建设用地构成资料[1],可以算出 1985~1994 年间历年的 H 值和 J 值(表 4-9)。从表中可以看出,郑州市土地利用结构信息熵十年之间变化相当稳定,只是稍呈波动下降之势。由于时间序列不够长,没能全面反映郑州市成长过程中信息熵的变化曲线,但将表 4-9 与表 4-10 对比,可以发现城市土地利用

---

[1] 姚士谋. 中国大城市的空间扩展 [Z]. 合肥:中国科学技术大学出版社,1997.

结构的 H 值变动规律（表 4-9 与表 4-10 的建设用地分类相同，故具有可比性）。首先可以看出，郑州市十年之间的 H 值与表 4-10 中的大、中城市的 H 值大体相当。如果展开"其他用地"类型，不同规模级别城市的 H 值将拉开距离，则郑州市肯定与表 4-10 中的大城市情况一致。然后设想郑州从一个县城发展成为新工业城市，从一般中小城市成长为大规模城市，则从表 4-10 中可以看到该市演化过程的"缩影"：H 值由低波动升高，然后逐步收敛、渐趋稳定，其数值的变化曲线可能类似于 Logistic 过程的定态图式。

郑州市城市建设用地构成（%）及其信息熵与均衡度的变化情况　　表 4-9

年份	面积（km²）	工业用地	生活居住用地	对外交通用地	仓库用地	其他用地	合计	信息熵（H）	均衡度（J）
1985	70.2	19.37	41.17	9.12	7.41	22.93	100	1.432	0.890
1986	72.2	20.08	44.18	10.25	7.35	18.14	100	1.418	0.881
1987	74.2	20.08	44.47	10.11	7.28	18.06	100	1.414	0.879
1988	76.0	19.95	44.81	10.25	7.24	17.75	100	1.412	0.877
1989	78.9	19.90	44.36	11.15	7.10	17.49	100	1.419	0.881
1990	80.7	20.32	44.11	10.91	7.06	17.60	100	1.419	0.881
1991	87.4	21.97	43.94	8.70	6.28	19.11	100	1.397	0.868
1992	90.4	21.68	43.47	9.96	6.08	18.81	100	1.408	0.875
1993	96.4	21.68	43.46	10.17	5.91	18.78	100	1.407	0.874
1994	98.8	22.17	43.42	9.92	5.77	18.72	100	1.404	0.872

我国一些市镇主要用地构成（%）及其信息熵和均衡度　　表 4-10

城市类型	数目	工业用地	生活居住用地	对外交通用地	仓库用地	其他用地	合计	信息熵（H）	均衡度（J）
大城市	5	24.68	37.02	6.90	5.60	25.80	100	1.409	0.875
一般中小城市	21	29.07	40.90	7.70	8.87	13.46	100	1.407	0.874
县城	10	23.06	47.76	5.56	8.08	15.54	100	1.344	0.835
新工业城市	6	43.95	37.22	3.90	6.11	8.82	100	1.241	0.771
大城市郊区的工业城镇	6	48.33	13.13	8.37	8.37	21.80	100	1.336	0.830

作为参照，根据杭州市规划设计院的有关资料算出若干年份的信息熵和均衡度：

1980 年：$N=10$，　　$H=2.033$，　　$J=0.883$

1992 年：$N=9$，　　$H=1.957$，　　$J=0.891$

1995年：$N=9$， $H=1.973$， $J=0.898$

杭州市土地利用结构的 H 值变化亦为渐趋稳定图式，由于土地分类不同，职能数目有别，杭州市的 H 值与表4-9、表4-10中的有关数值不可比，但 J 值是可比的，杭州市的 J 值总体上呈上升趋势。

如果一个城市在成长过程中其土地职能数不断增多，则其 H 值先持续上升，然后渐趋稳定；如果一个城市一开始职能就比较齐全，则其发展过程中 H 值先降后升，再趋稳定。对于后一种情况，成长早期单项职能一般会暂时突出，导致 H 值的下降，待到各职能类协调、成熟、稳定之后，其熵值自然升高、收敛、稳定。总体看来，城市土地利用的动态演化过程，是伴随着信息熵和均衡度的上升过程。❶

城市土地利用结构演化的动态分析。借助一个城市土地利用结构的信息熵和均衡度，可以分析其演化趋势。现以杭州市为例说明这个问题。借助土地分类数据，易于算出不同年份的信息熵和均衡度（表4-11）。结果表明，杭州市由于土地利用职能收缩，信息熵的变化升中有降，但均衡度却持续上升，且有加速上升的迹象（从1980~1992年这12年中上升了0.008，但从1992~1995年这3年上升了0.007），这表明杭州市的土地利用结构在迅速趋近于均衡状态。❷

杭州市不同年份土地利用结构的信息熵和均衡度　　　表4-11

年　份	1980	1992	1995
居住用地	0.2117	0.2198	0.2256
公共设施	0.1787	0.1958	0.2031
工业用地	0.2511	0.2403	0.2139
仓储用地	0.0451	0.0521	0.0508
对外交通	0.0711	0.0972	0.1025
道路广场	0.0517	0.0692	0.0732
市政设施	0.0434	0.0396	0.0508
绿　地	0.0248	0.0506	0.0469
特殊用地	0.0540	0.0354	0.0332
其他用地	0.0684	0	0
功能数	10	9	9
信息熵	2.033	1.957	1.973
均衡度	0.883	0.891	0.898

---

❶ 陈彦光，刘明华. 城市土地利用结构的熵值定律. 人文地理，2001，16（4）：20-24.
❷ 陈彦光，刘继生. 城市土地利用结构和形态的定量描述：从信息熵到分数维. 地理研究，2001，20（2）：146-152.

4.4.6.2 城市土地利用结构信息熵的空间分异规律

城市用地的空间结构具有一定程度的自相似性,不论怎样对城市进行分区,在一个功能区中总可以找到其他功能区的某种"缩影"。因此,比较一个城市各子区以及各功能区的土地结构熵可能会发现一些更为重要的规律。根据胡华颖的一项研究,广州市城区按照发展历史被分成老城区和新城区两个子区,按照功能则又分出工业区、文体区、宾馆区等。另一方面,广州市的土地职能可被分成住宅用地,文、教用地、工业用地、商业用地等六种类型(表 4-12)。❶ 可见土地职能的划分与城市功能区的划分具有某种程度的对应性。

基于 1985 年的数据资料,容易算出广州市建成区及其子区以及各功能区土地利用的 H 值和 J 值(表 4-12)。可以看出,城区的 H 值和 J 值均大于子区,子区的 H 值和 J 值一般大于功能区。对比表 4-10 和表 4-12 还可以发现,大城市各功能区的土地构成图式与城市体系中相近功能的专业化城市(镇)的土地构成图式相似。从这个意义上讲,城市恰是城市体系空间图式的一种缩影。

广州市土地利用构成的分区数据(%)以及信息熵和均衡度(1985)　　表 4-12

城市分区	建城区	老城区	新城区	工业区	文体区	宾馆区
住宅用地	50.0	67.9	55.1	25.8	77.0	0
工业、交通、仓库用地	26.0	12.4	21.0	59.9	0	0
商业、服务业用地	10.0	8.9	8.6	7.2	3.0	92.2
文化、体育、娱乐用地	4.0	1.4	0.8	0.5	12.0	3.5
教学、医疗、科研用地	6.0	4.6	10.3	5.2	0	0
办公用地	4.0	4.8	4.2	1.4	8.0	4.3
合　计	100	100	100	100	100	100
功能类别数	6	6	6	6	4	3
信息熵(H)	1.343	1.084	1.267	1.086	0.673	0.328
均衡度(J)	0.750	0.605	0.707	0.606	0.485	0.299

对于一个没有功能分异的城市,任何一个子区(小区)的 H 值都大致接近于城区整体的 H 值;而对于一个功能区绝然分开的城市,任何一个功能区的 H 值都近乎为零。前者的 J 值等于城区的 J 值,后者的 J 值可视为零。对于前一种情况,城市土地利用功能紊乱,系统处于无组织状态;对于后者,城市分区太过有序,牺牲了城市的有机结构和多方面的联系,实践证明是行不通的。绝对理想的状态不可能实现,一个良好的城市结构,其土地分异应处于混沌与有序之间:

---

❶ 胡华颖. 城市·空间·发展——广州城市内部空间分析[M]. 广州:中山大学出版社,1993.

既有功能分区，又不绝然分异，每一个功能区都有一种主导职能，在每一个功能区中又能找到其他相关的职能类。对于这样一种结构，各功能区的土地分异的 H 值和 J 值肯定小于城区（作为整体）的 H 值和 J 值。

这个结论的推广与发展便是城市结构的分形包容原理。分形是出现在混沌边缘（the edge of chaos）"地带"的一种优化结构，而城市用地功能分异的结果恰恰是混沌的边缘状态，因此必然形成分形几何结构。考虑到 Shannon 熵与 Hausdorff 维数的等价性，可由上述结论得到如下推论：

第一，城市各功能区土地构成等级序列（位序—规模分布）的分维数小于城区土地构成等级分布的分维数；

第二，城区各土地类型空间分布的信息维小于城区土地（作为整体）空间分布的信息维。

由此推广到城市结构的包容原理：视城市为一个系统（a city as a system），则其子系统的信息熵不大于母系统的信息熵，子系统的分数维不大于母系统的分数维。❶

4.4.7 信息熵在城市土地利用结构分析中的应用

4.4.7.1 上海城市土地利用结构信息熵的演变

（1）上海中心城区土地利用结构信息熵的演变

采用原建设部 1991 年颁布的《城市用地分类与规划建设用地标准》中的"城市用地分类"体系，将上海市中心城区各时期的土地利用类型均划分成 10 大类，包括居住、工业、仓储、交通、道路广场、公共设施、市政、绿地、水域和农业、特殊用地，在此基础上，考虑上海的实际情况，又增加了"待建用地"这一大类，由此上海城市土地利用共分为 11 大类，即 11 种职能类型。

根据信息熵和均衡度的数学定义，分别计算上海市中心城区 1947~1996 年不同时期的土地利用构成及其信息熵和均衡度，得到如下结果❷（表 4-13）。

上海市中心城区土地利用构成（%）及其信息熵和均衡度的变化情况　　表4-13

年　份	1947	1958	1964	1979	1984	1988	1993	1996
居住用地	11.66	16.54	17.5	17.63	20.39	23.51	28.43	30.55
工业用地	4.12	6.11	10.41	14.44	16.57	19.14	19.79	18.29
仓储用地	1.66	0.73	1.43	1.86	2.01	2.56	2.82	3.15

---

❶ 陈彦光，刘明华．城市土地利用结构的熵值定律．人文地理，2001，16（4）：20-24．
❷ 赵晶，徐建华，梅安新．城市土地利用结构与形态的分形研究——以上海市中心城区为例．华东师范大学学报（自然科学版），2005，（1）：78-84．

续表

年 份	1947	1958	1964	1979	1984	1988	1993	1996
对外交通	3.37	4.50	4.4	4.37	4.51	4.91	4.8	4.2
道路广场	6.89	9.93	10.06	10.25	10.29	10.38	10.8	10.77
公共设施	2.94	4.34	4.86	6.31	7.36	8.43	8.78	8.79
市政用地	0.46	0.91	0.91	0.93	1.15	1.64	1.55	1.75
绿地	0.51	1.66	1.62	2.14	2.2	2.4	72.45	2.8
特殊用地	0.27	0.49	1.01	1.01	1.03	1.06	1.08	4.41
待建用地	0.78	0.21	1.31	1.51	1.67	2.81	5.32	4.65
水域和农业	67.34	54.58	46.49	39.54	32.82	23.09	14.18	10.63
合计	100	100	100	100	100	100	100	100
信息熵	1.224	1.489	1.685	1.807	1.883	1.988	2.016	2.058
均衡度	0.51	0.621	0.703	0.753	0.785	0.829	0.841	0.858

注：该表是在假设中心城区面积不变（均为280.45km^2）的前提下计算的，不同年份各用地类型数据来自上海市中心城区土地利用电子地图数据库；信息熵是基于自然对数计算的，单位为奈特（Nat）。

由表4-13可见，近50多年来上海市中心城区土地利用结构逐渐向均衡状态发展，各职能类型的面积差别逐渐减小，城市土地结构的均质性逐渐增强。中心城区土地利用结构的信息熵从1947年的1.224增长到1996年的2.058，年增长幅度达1.36，其中1979年以前增长幅度较高，年均增长1.44，1984~1996年增长幅度低于前期，年平均只有0.71%。均衡度的变化与信息熵相似，也以1979年为分界，1979年以前均衡度增长较快，即用地结构趋向合理、均衡化的发展速度较快，1979年以来用地结构调整即趋向均衡的速度逐渐变缓。由此表明，在上海城市发展过程中，研究区内土地利用的信息熵和均衡度是先逐渐上升然后渐趋稳定的，这是近50年来研究区内水体和农业用地大幅度缩减、其他各职能用地均有不同程度增长的结果。至1996年，研究区土地利用的均衡度已达0.858，与国内其他大城市的平均值0.875相接近。❶

（2）上海城市化区域土地利用结构信息熵的演变

从上述各时期用地结构中扣除水域和农业用地，将其他各用地类型统称为城市化区域❷（表4-14）。

---

❶ 陈彦光，刘明华．城市土地利用结构的熵值定律．人文地理，2001，16（4）：20~24.
❷ 赵晶，徐建华，梅安新．上海市土地利用结构和形态演变的信息熵与分维分析．地理研究，2004，23（2）：137-146.

上海城市化区域土地利用构成（%）及其信息熵和均衡度的变化　　表4-14

年　份	1947	1958	1964	1979	1984	1988	1993	1996
居住用地	35.72	36.41	32.71	29.17	30.34	30.56	33.13	34.18
工业用地	12.61	13.43	19.45	23.88	24.66	24.89	23.08	20.47
仓储用地	5.08	1.61	2.67	3.08	2.99	3.33	3.28	3.52
对外交通	10.33	9.89	8.22	7.23	6.72	6.38	5.59	4.7
道路广场	21.1	21.87	18.81	16.96	15.32	13.50	12.58	12.05
公共设施	8.99	9.56	9.08	10.45	10.95	10.96	10.23	9.84
市政用地	1.4	2.01	1.69	1.54	1.71	2.14	1.81	1.96
绿地	1.55	3.66	3.03	3.54	3.28	3.21	2.85	3.13
特殊用地	0.83	1.09	1.89	1.67	1.54	1.38	1.25	4.94
待建和其他用地	2.39	0.47	2.45	2.48	2.49	3.65	6.2	5.21
合计	100	100	100	100	100	100	100	100
信息熵	1.813	1.763	1.859	1.878	1.861	1.883	1.873	1.924
均衡度	0.787	0.766	0.807	0.816	0.808	0.818	0.813	0.836

从表4-14可知，城市化区域土地利用结构的信息熵和均衡度，除了在解放前后的1947~1958年有所下降外，1958年以来信息熵和均衡度均呈波动上升趋势，这与国内其他城市发展过程中信息熵先降后升、再趋稳定的变动规律相一致。❶ 与中心城区用地结构的计算结果（表4-13）相比，1947~1979年，城市化区域的信息熵和均衡度高于中心城区，其中均衡度的变化较缓慢，至1984年城市化区域仍比中心城区高，此后中心城区信息熵和均衡度的上升幅度超过城市化区域，城市化区域的信息熵和均衡度反比中心城区要小。至1996年，城市化区域的信息熵和均衡度仍小于中心城区。这种以1979年为界限，不同阶段信息熵和均衡度的变化，一方面是改革开放前农业用地在中心城区比重过大、中心城区各职能用地面积差异较城市化区域过大所致，另一方面则可能是改革开放以来上海城市快速发展，中心城区的水域及农业用地大幅度缩减的结果。同时，解放初期由于国家政策的宏观调

---

❶ 陈彦光，刘明华. 城市土地利用结构的熵值定律. 人文地理，2001，16（4）：20-24.

控，城市产业结构趋向于单一化，城市的工业职能被大大突出，导致城市化区域土地利用结构的均衡度有所减小，信息熵出现下降的现象，此后随着社会发展转入正轨，城市中单一职能突出的现象逐步缓解，城市化区域土地利用的信息熵呈现波动上升的趋势。

4.4.7.2 武汉城市土地利用结构信息熵的变化分析

（1）武汉城市土地利用结构信息熵

采用原建设部颁布的《城市用地分类与规划建设用地标准》中的"城市用地分类"体系，将武汉市各时期的土地利用类型划分成9大职能，包括居住、工业、仓储、交通、道路广场、公共设施、市政、绿地和其他用地。借助土地分类数据，根据上述的信息熵和均衡度公式，计算14年来武汉城市建成区土地利用空间结构变化的信息熵、均衡度和集中度值（表4-15），土地利用结构信息熵变化情况见图4-4和图4-5。

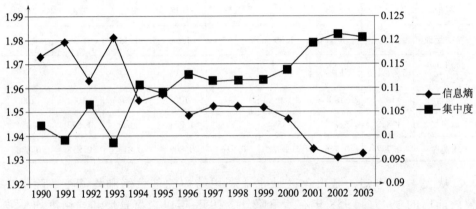

图4-4 武汉市土地利用结构的信息熵与集中度演变

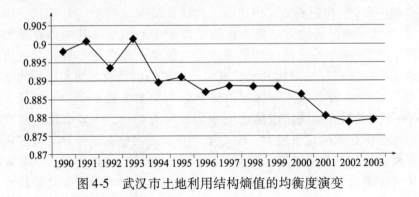

图4-5 武汉市土地利用结构熵值的均衡度演变

1990—2003年武汉市土地利用结构信息熵的演变　　　表4-15

年份	总面积(km^2)	公共设施(%)	工业用地(%)	道路广场(%)	仓储用地(%)	公用设施(%)	对外交通(%)	绿地(%)	居住用地(%)	其他(%)	合计(%)	职能数(N)	信息熵H	均衡度J	集中度I
1990	189	10.58	24.34	4.23	6.35	5.29	8.47	5.29	26.98	8.47	100	9	1.9730	0.8979	0.1021
1991	193	10.36	23.83	4.16	6.22	5.18	8.29	5.69	26.94	9.33	100	9	1.9793	0.9008	0.0992
1992	194	10.82	24.22	4.12	6.19	4.13	8.25	5.67	27.32	9.28	100	9	1.9629	0.8934	0.1066
1993	211	13.27	23.22	4.27	6.16	5.69	7.58	5.22	26.54	8.05	100	9	1.9810	0.9016	0.0984
1994	231	17.75	23.38	8.66	5.19	4.76	5.63	5.63	25.11	3.89	100	9	1.9544	0.8895	0.1105
1995	233	17.60	23.61	8.58	5.15	4.72	5.58	5.58	24.89	4.29	100	9	1.9575	0.8909	0.1091
1996	233	17.59	23.61	8.58	5.15	5.58	5.58	5.58	25.32	3.44	100	9	1.9485	0.8868	0.1132
1997	236	18.22	23.31	8.48	5.09	5.09	5.51	5.51	24.97	3.82	100	9	1.9524	0.8886	0.1114
1998	239	17.98	23.43	8.37	5.44	5.02	5.44	5.44	25.11	3.77	100	9	1.9520	0.8884	0.1116
1999	239	17.98	23.43	8.37	5.44	5.02	5.44	5.44	25.11	3.77	100	9	1.9520	0.8884	0.1116
2000	241	17.84	23.24	8.30	5.39	4.98	5.39	5.39	25.74	3.73	100	9	1.9471	0.8862	0.1138
2001	247	17.81	23.08	8.10	5.26	4.86	5.26	5.26	26.72	3.65	100	9	1.9345	0.8804	0.1196
2002	249.22	17.86	23.20	8.03	5.22	4.82	5.22	5.22	26.81	3.62	100	9	1.9308	0.8788	0.1212
2003	251.74	17.90	22.87	8.25	5.17	4.77	5.16	5.39	26.91	3.58	100	9	1.9323	0.8794	0.1206

注：数据来源根据《武汉市统计年鉴（1990~2003）》整理；信息熵是基于自然对数计算的，单位为奈特（Nat）。

（2）武汉城市土地利用结构信息熵的演变分析

1）武汉城市土地利用结构变化特征（图4-6、图4-7）

① 作为老工业城市，武汉市14年工业用地比重平均值为23.5%，接近了国家规定的城市工业用地适宜比例（15%~25%）的上限，近年来在工业用地面积总量上控制得当，增加得比较缓慢。

② 1990~1993年道路、广场用地未达到国家规定的城市道路广场用地适宜比例（8%~15%），从1994年开始武汉的道路广场用地比例逐渐增加，达到该标准的下限要求，说明武汉城市道路系统等基础设施不够完善，制约了全市经济建设的发展，应该加强。

③ 居住用地平均比重为26.0%，符合国家规定的城市居住用地适宜比例（20%~32%）的标准，但是城市布局上存在着部分工业用地与商业、办公、居住相混杂的现象，既不利于土地效益的充分发挥，又干扰城市环境。

④ 绿地平均比重5.45%，距国家规定的城市绿地用地适宜比例（8%~15%）的下限还有一定差距。公共绿地面积少，难以满足居民生活和改善生态环境的要求。

⑤公共设施用地逐年增加,增长幅度较大,并能够保持平稳状态,这对于城市的生活环境来说是良好的改善。

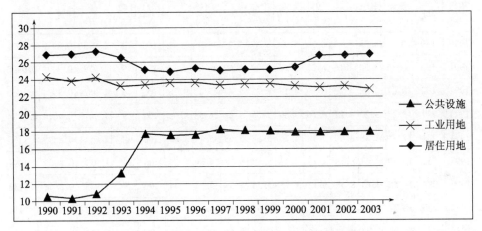

图4-6 武汉市三类主要建设用地结构变化

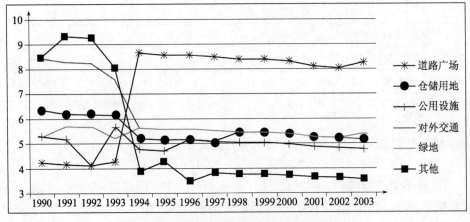

图4-7 武汉市其他建设用地结构变化

2) 武汉城市土地利用结构信息熵的演变

1990~2003年,武汉市土地利用结构信息熵先增后减,总体趋势是逐渐降低,H值平均为1.953,从1990年的1.9730降低到2003年的1.9323,年均降低幅度是0.29%,与全国大城市H值的平均值1.409相比[1],仍然偏高;均衡度尽管有波动,但总体上呈下降趋势。这是由于20世纪90年代以来,武汉市大力进行城市建设与改造,土地利用结构表现出不均衡态势。

---

[1] 许学强,朱剑如. 现代城市地理学[M]. 北京:中国建筑工业出版社,1988.

根据城市土地利用结构变动的均衡度波动幅度的大小，可以看出武汉城市土地利用结构变化经历了三个明显的阶段：第一阶段1990～1993年，是武汉城市土地开发利用的剧变阶段：城市建设与开发的各职能类型的土地增长明显不同。变动最显著的是公共设施、工业和住房用地，而交通、广场与绿化用地变动最小；第二阶段为1994～2000年，是武汉城市土地开发利用的平稳增长期。这个阶段土地利用趋于稳定增长，其中居住用地和仓储用地变动相对较明显，其他增长差异不大；第三阶段为2001～2003年，相对于第二阶段，信息熵有所下降，均衡度基本保持不变。这是武汉城市土地开发利用日趋合理有效的时期，城市用地结构没有发生明显的变化。❶

武汉市土地利用结构信息熵处于不断变化中，表现为"调整—平稳—再调整"的动态过程，在这个过程之中，熵值有所下降，均衡度变化不大，说明武汉市的土地利用结构处于调整变化的过程中，且表现出逐渐趋于稳定的态势。❷

4.4.7.3　徐州市城市土地利用结构信息熵的变化

根据前文公式计算出1994～2005年徐州城市土地利用信息熵、均衡度和集中度，见表4-16。可以看出，徐州城市土地利用信息熵是先增后减，总体略有上升，H值平均为1.995，年增幅为0.12%。信息熵的变化表明城市土地利用系统经历了"有序—无序—有序"的逐步调整过程。1994～1996年，随着我国改革开放政策的推进，徐州市社会经济和各项建设迅速发展，城市土地利用结构无序度加大；1996年，新《土地法》颁布和实施，土地管理措施得到重视和加强，土地利用结构趋向有序；1997年后，"开发区热"和"房地产热"导致城市土地利用结构的无序度再次升高，2000年达到最大；2000年后，随着违法用地查处力度的加大和土地用途管制的加强，城市土地利用结构变化趋缓，信息熵收敛，有序度有所提高。❸

根据城市土地利用结构的均衡度波动幅度大小（表4-16），可以看出徐州城市土地利用结构的变动经历了两个明显阶段：1994～2000年是剧变阶段，城市建设与开发的各职能类型的土地增长明显不同，变动最为显著的是工业用地、公共设施用地、绿地、交通用地、仓储用地变动最小；2001～2005年，是平稳增长阶段，其中工业用地、公共设施用地、居住用地增长非常明显，其他变化不大。

---

❶ 陈志.武汉市土地利用结构信息熵演变及动力分析.湖北大学学报（自然科学版），2006，28（3）：317-320.

❷ 耿红，唐旭，马玲.基于信息熵的城市土地利用结构合理性分析.国土资源科技管理，2006，23（1）：84-87.

❸ 钱小龙，管华，张国成.徐州城市土地利用结构信息熵变化及驱动力分析.徐州师范大学学报（自然科学版），2008，26（1）：60-63.

徐州市区城市建设用地构成及其信息熵、均衡度和集中度的变化情况　　表 4-16

年份	总面积（km²）	各类用地构成比例（%）									信息熵	均衡度	集中度
		居住用地	公共设施	工业用地	仓储用地	交通用地	道路广场	市政用地	绿地	特殊用地			
1994	66.9	21.52	8.52	24.66	4.19	10.46	4.93	2.09	5.69	17.94	1.955	0.889	0.110
1995	56.9	19.76	8.26	22.32	4.75	11.95	4.75	1.93	6.12	20.16	1.977	0.899	0.100
1996	58.0	19.48	8.62	22.07	4.66	11.72	5.17	1.90	6.21	20.17	1.981	0.902	0.098
1997	59.2	20.44	8.78	21.96	4.56	11.47	5.07	1.88	6.08	19.76	1.976	0.899	0.101
1998	62.4	20.19	9.78	21.15	4.33	11.06	5.45	3.37	5.76	18.91	2.011	0.915	0.085
1999	65.3	20.06	11.33	20.67	4.13	10.72	6.13	3.38	5.51	18.07	2.020	0.919	0.081
2000	69.43	19.42	12.60	21.14	3.93	10.27	6.58	3.66	5.39	17.01	2.027	0.923	0.077
2001	75.65	23.36	12.60	19.97	3.61	9.42	6.62	3.25	5.12	15.61	2.011	0.915	0.085
2002	79.62	23.66	12.60	20.50	3.47	8.96	7.03	3.62	5.31	14.85	2.006	0.913	0.087
2003	86.77	22.98	14.09	21.10	3.48	8.22	8.25	3.33	4.93	13.62	2.004	0.912	0.088
2004	94.5	23.50	15.99	20.39	3.20	7.56	9.26	3.07	4.52	12.51	1.990	0.906	0.094
2005	104.45	23.21	15.73	20.07	2.92	6.83	12.82	2.87	4.17	11.38	1.984	0.903	0.097

资料来源：《徐州市统计年鉴》1995～2006 年。

4.4.7.4　东京城市土地利用结构信息熵的分析

（1）东京城市土地利用结构特征

东京是世界上人口最多、最大的现代化国际城市之一，面积 2187km²，人口 1258 万。东京都区部（相当于我们的市区）包括 23 个区，面积 621.97km²，人口 856.8 万（2007 年）。表 4-17 是东京千代田区、中央区和港区等 23 个区部，以及区部以外的相对不是非常繁华的市部和岛部的平均土地利用情况。东京的土地利用结构表现出以下主要特征：

1）教育文化设施占地比例突出

教育文化设施用地在东京区部平均比重为 10.1%，市部和岛部的平均值分别为 12.0% 和 11.1%，其中文京区达到了 23.2%，体现了教育文化在东京经济中的重要地位。文化产业在日本称为余暇产业，东京人以工作繁忙紧张而著称，同时也很注重娱乐。作为日本的政治中心和经济中心，东京同时也是日本娱乐业最为发达的城市，其娱乐业不仅仅满足东京城市居民的消费需求，更多的是辐射日本全国的展览、剧院等大型娱乐项目，其产值和从业人数在日本全国占据重要地位。

东京也是日本教育最发达的城市。东京居民每年用于教育的消费总额折算成人民币为 1382.5 亿元，每年约有 10 万名东京以外的高中生到东京接受高等教育，另外，每年还接纳 2 万余名外国留学生。

2）商业楼占地比例非常高

都心三区的商业楼占地比重都超过了23%。中央区最高为43.1%，千代田区为35.5%，港区23.6%。这只是商业楼一项占地比重，如果计算商业楼、专用商业设施、商住楼三项合计，东京23区部的平均值为14.7%。

东京都土地利用结构（2007年）(%) 表4-17

地域	合计	公共用地				商业用地					住宅用地		工业用地			农业用地
		公共设施	教育文化设施	卫生医疗设施	供给处理设施	事务所建筑物	专用商业设施	住商并用设施	住宿娱乐设施	体育工业设施	独立住宅	集合住宅	专用厂房	住宅厂房并用	仓储设施	农林渔业设施
区部	100.0	1.7	10.1	1.6	2.0	6.0	2.3	6.4	0.8	0.8	33.1	25.1	3.2	1.8	4.9	0.0
千代田区	100.0	30.1	12.3	1.1	0.2	35.5	2.5	3.8	3.7	0.6	1.8	5.7	0.1	0.2	2.4	0.0
中央区	100.0	3.2	4.9	1.7	4.4	43.1	4.9	8.3	2.3	0.3	4.3	15.6	0.6	0.8	5.8	0.0
港区	100.0	8.8	12.7	1.6	2.2	23.6	2.6	4.8	5.6	2.0	8.9	22.3	0.9	0.6	4.7	0.0
新宿区	100.0	3.5	12.8	2.7	0.8	11.6	2.3	7.0	2.4	1.8	22.4	29.3	1.1	0.9	1.4	0.0
文京区	100.0	1.0	23.2	2.3	0.3	7.6	0.5	6.9	1.6	1.5	29.6	21.7	0.8	1.7	1.4	0.0
台东区	100.0	1.2	18.1	1.2	0.8	14.5	3.7	15.7	2.8	0.5	18.9	13.5	0.8	4.5	3.9	0.0
墨田区	100.0	0.8	8.8	1.1	1.2	6.3	2.5	13.4	0.9	1.0	22.6	20.9	6.6	10.0	3.6	0.0
江东区	100.0	1.4	7.8	1.2	5.7	8.0	4.7	4.5	0.7	0.9	10.1	22.6	6.3	1.9	24.2	0.0
品川区	100.0	1.3	8.9	1.3	2.9	7.7	2.0	6.2	0.7	2.9	25.2	25.9	4.1	2.3	8.5	0.0
目黑区	100.0	1.1	13.4	1.9	0.3	3.6	1.6	6.7	0.8	0.5	38.3	29.2	0.7	1.1	0.6	0.0
大田区	100.0	0.7	7.0	1.3	4.3	3.2	1.4	5.7	0.4	0.6	32.4	22.0	6.5	3.2	11.2	0.0
世田谷区	100.0	0.6	10.4	1.9	1.1	2.7	1.7	5.1	0.1	0.6	45.3	28.2	0.5	0.4	1.2	0.1
涉谷区	100.0	1.0	17.8	1.8	0.4	13.4	3.5	10.9	1.0	2.2	22.2	24.1	0.4	0.3	1.2	0.0
中野区	100.0	0.5	8.9	1.3	0.6	2.6	1.1	7.6	0.3	0.2	38.1	36.7	0.4	0.6	1.1	0.0

续表

地域	合计	公共用地				商业用地					住宅用地		工业用地			农业用地
		公共设施	教育文化设施	卫生医疗设施	供给处理设施	事务所建筑物	专用商业设施	住商并用设施	住宿娱乐设施	体育工业设施	独立住宅	集合住宅	专用厂房	住宅厂房并用	仓储设施	农林渔业设施
杉并区	100.0	0.4	9.0	1.4	0.5	1.9	1.4	4.7	0.1	0.5	49.8	28.5	0.5	0.4	1.0	0.0
丰岛区	100.0	1.2	11.9	1.4	0.5	6.8	2.8	8.3	1.2	0.8	31.2	30.5	0.7	0.8	1.9	0.0
北区	100.0	1.3	11.6	1.7	1.2	3.5	1.8	6.0	0.2	1.0	32.7	28.3	6.3	1.4	3.1	0.0
荒川区	100.0	0.8	9.0	1.5	5.1	4.2	1.6	10.5	0.6	0.3	28.2	22.0	3.9	7.5	4.8	0.0
板桥区	100.0	0.4	8.9	2.2	2.7	2.5	2.3	6.2	0.4	0.4	31.3	29.1	6.5	2.3	4.8	0.0
练马区	100.0	0.5	9.2	1.4	0.4	2.0	2.2	4.9	0.2	0.8	49.5	25.3	1.0	0.6	1.7	0.2
足立区	100.0	0.6	7.9	1.6	2.2	2.5	2.2	6.8	0.5	0.7	36.5	22.7	5.7	2.6	6.4	0.0
葛饰区	100.0	1.4	8.5	1.7	3.4	2.1	2.5	6.8	0.3	0.5	38.7	22.9	4.7	3.2	3.1	0.0
江户川区	100.0	0.5	8.7	1.2	2.4	2.6	3.2	5.7	0.4	0.8	35.3	25.5	6.4	2.4	4.8	0.2
市部	100.0	1.0	12.0	2.1	1.7	2.1	2.7	3.4	0.5	1.0	45.8	17.9	5.6	0.6	2.5	1.1
岛部	100.0	3.6	11.1	2.1	2.7	1.2	1.8	3.6	7.5	0.3	49.2	4.1	3.1	0.6	3.8	5.3

数据来源：根据东京都政府统计网站 http：//www.metro.tokyo.jp/发布数据计算．

3）制造业占地比例非常低

东京 23 区部专用厂房、住宅厂房并用两项合计为 5.0%，其中千代田区两项合计只有 0.3%，中央区 1.4%，港区 1.5%，这与 20 世纪 70 年代以来日本产业升级、制造业区位转移相对应。自 1970 年代以来，日本第二产业增长处于停滞状态，以就业人数来衡量，就业人口由农业大量转移到第三产业，尤其是企业服务业，增长速度最快。1975～1981 年企业服务业就业人数增长速度达到 6.27%，1981～1986 年达 5.32%，远超过其他部门增长。这里没有东京企业服务业就业人数的增长数据，但我们可以看看东京圈的数据：东京圈企业服务业就业人数的增长速度 1975～1981 年为 7.28%，1981～1986 年为 6.70%（企业关联服务业主要包括信息关联服务业、广告业、物品租赁、建筑服务业、展览业等）。东京 23 区企业服务 1994 年销售额折算成人民币：信息服务业为 3863.6 亿元人民币，广告业为 3916.9 亿元人民币，此二项收入为 7780.5 亿元人民币。这是一个不小的数字，相比较而言，1994年上海的工业总产值只有4464亿元。

（2）东京城市土地利用结构的信息熵

根据东京都土地利用结构数据，计算出东京各区部、市部和岛部的信息熵、均衡度和集中度（表4-18）。可以看出：①区部信息熵H值平均为2.04，市部平均1.837，岛部平均1.902。区部相当于东京市区，其经济发达程度要高于市部和岛部，因而区部的信息熵高于市部和岛部。②区部均衡度的平均值为0.753，市部0.678，岛部0.702，根据均衡度定义，越接近于0时，土地利用处于最不均衡状态；越接近于1，土地利用达到理想的平衡状态。23区所构成的区部是东京市的核心部分，因而从土地均衡度上同样可以看到区部的均衡度高于郊区的市部和岛部。[1]

东京各区部、市部和岛部的信息熵、均衡度和集中度计算　　表4-18

编 号	区部	信息熵（H）	均衡度（J）	集中度（D）
	区部平均	2.0404	0.7535	0.2465
1	千代田区	1.8165	0.6708	0.3292
2	中央区	1.9908	0.7351	0.2649
3	港区	2.2554	0.8329	0.1671
4	新宿区	2.0302	0.7497	0.2503
5	文京区	1.8992	0.7013	0.2987
6	台东区	2.1384	0.7896	0.2104
7	墨田区	2.2076	0.8152	0.1848
8	江东区	2.1976	0.8115	0.1885
9	品川区	2.2001	0.8124	0.1876
10	目黑区	1.6756	0.6188	0.3812
11	大田区	2.0401	0.7533	0.2467
12	世田谷区	1.6018	0.5915	0.4085
13	涉谷区	1.9329	0.7137	0.2863
14	中野区	1.5576	0.5752	0.4248
15	杉并区	1.4585	0.5386	0.4614
16	丰岛区	1.8572	0.6858	0.3142
17	北区	1.9236	0.7103	0.2897
18	荒川区	2.1592	0.7973	0.2027
19	板桥区	1.9848	0.7329	0.2671
20	练马区	1.5658	0.5782	0.4218
21	足立区	1.9787	0.7307	0.2693

---

[1] 张洁. 东京城市土地利用结构分析及其对中国大城市的启示. 经济地理，2004，24（6）：812-815.

续表

编 号	区部	信息熵（H）	均衡度（J）	集中度（D）
	区部平均	2.0404	0.7535	0.2465
22	葛饰区	1.9840	0.7326	0.2674
23	江户川区	2.0203	0.7460	0.2540
	市部	1.8369	0.6783	0.3217
	岛部	1.9021	0.7024	0.2976

4.4.7.5 中国部分特大城市与东京的土地利用结构信息熵的比较

许学强、朱剑如计算了不同规模、不同性质城市的信息熵 H 和均衡度 J。计算结果显示：①大城市的信息熵 H 值高于小城市。城市规模越大，其土地利用程度越高，土地功能越完善；城市社会和经济发展越成熟，其土地构成差别越小，均衡度 J 也高于中小城市。②综合性城市的信息熵 H 高于专业化城市。综合性城市土地构成种类齐全，城市功能完善，各类土地面积相差较小，因而 H 值较高；专业化城市土地功能单项突出，种类差别较大，其信息熵 H 值低。综合性城市的均衡度也高于专业化城市。

中国 10 大城市土地利用结构及其信息熵和均衡度（1995）（%）　　表 4-19

城市	北京	天津	上海	哈尔滨	长春	沈阳	大连	武汉	重庆	广州
城市建设用地面积（km²）	476.8	370.35	861.1	191.07	135.88	193.5	183.2	233.11	184.01	261.75
居住用地	0.2659	0.2623	0.4357	0.2767	0.222	0.2904	0.3472	0.2502	0.3444	0.3237
公共设施	0.1508	0.0949	0.0732	0.1118	0.1627	0.1023	0.0688	0.1758	0.1175	0.074
工业用地	0.176	0.2636	0.2609	0.2592	0.2161	0.2362	0.2516	0.235	0.2781	0.2471
仓储用地	0.0526	0.0802	0.0416	0.0464	0.0334	0.0532	0.0731	0.0512	0.027	0.0851
对外交通	0.048	0.0495	0.0966	0.0569	0.0196	0.0377	0.0639	0.0569	0.0199	0.0551
道路广场	0.0749	0.0795	0.0415	0.0835	0.2248	0.0801	0.0677	0.0867	0.0935	0.067
市政设施	0.0422	0.0205	0.0099	0.0165	0.0107	0.0202	0.0169	0.0492	0.0175	0.0354
绿地	0.0931	0.0472	0.0124	0.0793	0.0677	0.0667	0.0721	0.0562	0.0421	0.0933
特殊用地	0.0965	0.1023	0.0282	0.0697	0.0248	0.1132	0.0388	0.0387	0.0599	0.0189
信息熵	2.018	1.935	1.595	1.918	1.852	1.921	1.833	1.956	1.744	1.869
均衡度	0.918	0.881	0.726	0.873	0.843	0.874	0.834	0.890	0.794	0.851

10 个城市中，北京土地利用信息熵 2.018，接近极值 $H\max = 2.197$，因而均衡度也接近最大值 1。这与北京作为首都，产业发展样样争第一有关，土地职能发展均衡，因而熵值非常高。上海的土地利用信息熵最低，为 1.595，均衡度只

有0.726，同样与1990年代中期上海人口众多、居住用地所占比重大、产业发展方面重视制造业而第三产业相对滞后的城市经济特性有关。❶ 广州、大连、天津等城市各有其经济特点，从信息熵和均衡度中可以一定程度地反映出其土地结构和城市功能的分化。

表4-19数据所取我国10大城市的面积，基本上是市区面积，而东京23个区部的总面积为622km^2，因而本文以东京区部的各项作为比较参照。另外，由于东京和我国城市所取土地利用统计指标不同，信息熵 H 在此作为参考，不具有可比性，均衡度 J，具有可比性。

比较可以看到：我国城市的土地利用均衡度除了上海为0.726，重庆0.794，其余都在0.8以上，北京更高达0.918。而东京区部的均衡度为0.753。分析造成这一现象的原因，发现中国大城市的用地平均程度过高，城市发展中第二产业、第三产业都抓住不放。而城市作为某些特定功能的载体，其产业发展是有倾向性的，除了一般的服务城市居民的产业之外，城市经济中起到主导地位的主要是集聚和辐射能力比较强、占用土地资源水资源比较少、附加价值比较高的产业，即都市型产业，这一特点体现在土地利用上即是商业用地的比重很高，东京区部商业用地占地比例达到16.3%。另外，城市往往也是政府部门、教育文化等设施比较集中的地方，因此这些公共设施的占地比重也比较高，东京区部的公共设施占地比重为15.4%。因此，城市的土地利用不应当非常均匀。这也反映了用信息熵和均衡度这一方法衡量城市土地利用情况的局限性。

其次，分析原因发现，我国大城市土地利用分布过于均匀的主要原因是不应该在大城市占据重要地位的工业用地比重普遍偏高，除了北京工业用地比重比较低（17.6%）以外，其余各大城市都在20%以上。例如重庆27.81%，上海26.09%，广州24.71%，而东京23区部的制造业厂房以及厂房住宅两用土地占地之和只有6.8%，即使在市部和岛部也分别只有6.2%和3.7%。可见在整个东京市制造业的用地比例已经非常低。

当然，信息熵和均衡度的分析方法本身是有局限性的，这一方法强调的是城市用地的均质性和多样性，着重点在于城市地域职能的分工和细化，无法体现城市的产业特点以及发展趋势。用地多样化虽然是城市发展不断成熟的标志之一，但并不能反映城市的专业化分工、产业高度化以及服务经济化等其他特点，因此，信息熵和均衡度的分析方法仅仅从一个方面反映了土地的利用情况。❷

---

❶ 陈彦光，刘继生．城市土地利用结构和形态的定量描述：从信息熵到分数维．地理研究，2001，20（2）：146-152.

❷ 张洁．东京城市土地利用结构分析及其对中国大城市的启示．经济地理，2004，24（6）：812-815.

5 城市土地集约利用的动力机制及其水平测度

5.1 城市土地集约利用的动力机制

城市土地集约利用的动力机制主要包括聚集效应机制、要素替代机制、市场驱动机制以及政府监管机制等。❶

5.1.1 聚集效应机制

聚集效应是由社会经济活动的空间集中所形成的聚集经济和聚集不经济综合作用的结果。❷ 从土地资源利用的角度看，城市聚集效应是城市土地资源的聚集利用，是劳动力、资本、技术等各种力量在一定面积的城市土地上的聚集。其中，合理适度的聚集便是城市土地集约利用。❸

（1）聚集经济与城市土地集约利用

聚集经济效应是城市土地集约利用的直接动因之一，它使城市土地集约利用成为可能。聚集经济可以分为内部规模经济、地方化经济和城市化经济。❹❺ 内部规模经济、地方化经济、城市化经济对城市土地集约利用程度有着非常重要的影响。在它们三者的共同作用下，城市将形成一定的土地集约利用形态和格局。

① 内部规模经济与城市单一地块的集约利用

城市单一地块的集约利用是内部规模经济的表现。随着城市某单一地块上投入的规模化，内部规模效益不断增加，土地收益也就不断增加，土地竞标租金支付能力增强，土地价格就越高，对特定地块产业用途的选择要求也相应提高。总之，城市单一地块的规模经济直接导致土地投入以及投入产出比增大，城市土地集约利用强度增大。

---

❶ 王家庭，张换兆，季凯文．中国城市土地集约利用——理论分析与实证研究．天津：南开大学出版社，2008．
❷ 江曼琦．城市空间结构优化的经济分析．北京：人民出版社，2001．
❸ 何芳．城市土地集约利用及其潜力评价．上海：同济大学出版社，2003．
❹ 安虎森．区域经济学通论．北京：经济科学出版社，2003．
❺ 魏后凯．现代区域经济学．北京：经济管理出版社，2006．

② 地方化经济与城市特定用途区域的土地集约利用

相互关联、紧密联系的同一类产业通常会自然而然地聚集在一起，形成城市特定地域内或功能区域内的产业聚集综合体，带来企业单位成本的下降和劳动生产率的提高，形成地方化经济。❶ 由于不同功能区产业的聚集特点不同，因此，构成不同产业的地区化效果也就不同。同时，地方化经济规模的大小，决定了城市特定用途区域的土地利用强度的大小。地方化经济规模越大，城市土地集约利用强度越大。例如，工业区、住宅区、商业区等，不仅它们之间具有不同的土地利用特征，而且同一种用途不同区位也具有不同强度特征（图5-1）。

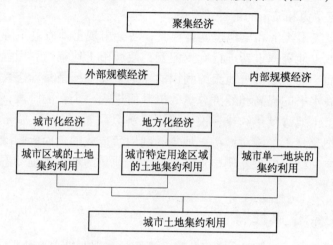

图5-1 聚集经济与城市土地集约利用

③ 城市化经济与城市区域的土地集约利用

当单个企业的生产成本随着城市地区总产量的上升而下降时，就出现了城市化经济。❷ 城市土地集约利用直接表现为一定城市区域范围内的土地上凝结的劳动、资本、技术等投入要素和水平不断提高，土地利用密度和强度不断增强，城市土地收益也不断增加。城市土地集约利用同时还可以使城市土地投入和土地收益达到最佳点，并促进资源的节约、低耗费和可持续利用。城市土地的集约利用首先出现在聚集经济最高的区域。因此，规模越大的城市，其土地集约利用程度就越高；城市经济发展程度越高、经济结构层次越高、产业结构越先进的城市，其土地集约利用程度就越高。

（2）聚集不经济与城市土地集约利用

当聚集程度过大时，便会出现聚集不经济或者负外部性。由于聚集不经济的

---

❶ Arthur O'Sullivan. Urban Economics. The McGraw—Hill Companies, Inc., 2000.
❷ Arthur O'Sullivan. Urban Economics. The McGraw—Hill Companies, Inc., 2000.

存在，使得城市土地集约利用不会呈现无限扩张的趋势。聚集不经济的表现主要是城市基础设施供给不足、生态环境恶化、生活质量下降、土地价格上涨过大、道路拥挤等。导致这些现象出现的原因，归根结底在于城市土地资源的利用问题。聚集直接导致对土地需求的增加、人口、产业密度的增大，最终产生土地利用空间的不足，土地利用效益的下降，土地资源被过度利用，城市土地出现过度集约。按照传统经济学的观点就是城市土地利用的边际成本超过了边际收益。在这种情况下，对土地资源的开发利用已经超出了城市土地在当时经济发展水平可允许的程度，对城市土地造成了较大的破坏，从而不利于它的可持续发展，进而影响到城市竞争力和城市的可持续发展。

当出现聚集不经济和土地过度集约时，便会出现土地效益下降，这时就应该考虑对区域土地资源重新进行有效配置，使城市土地集约利用程度再上升一个台阶。然而，由于城市土地集约利用的一个重要特征是其动态性，即它随着城市经济发展水平的提高和经济总量的提升而进入一个新的阶段，因此，某一个阶段的城市土地过度集约或者说聚集不经济只是暂时的。❶ 城市管理层面需要做的是，把聚集不经济对城市土地集约利用所造成的负面影响减至最低，并通过对城市空间结构的重新调整来促进城市土地集约利用程度动态螺旋上升发展趋势的实现。

5.1.2 要素替代机制

按照经济学的一般原理，任何一种经济活动都需要投入多种要素，而每一种要素的投入量与其价格紧密相关。一般来说，当一种要素的价格相对较高时，其投入量就较小。我们可以把要素投入分为土地投入和非土地投入两种。当土地价格较高时，其他要素的价格就相对较低，从而其他要素投入对土地就有较高的替代率，即对土地的投入将减少，而对其他要素的投入将增加。所以，随着土地价格的升高，人们会用其他非土地投入来替代土地的投入，从而减少城市土地的使用量，提高城市土地集约利用程度。

（1）居民要素替代与城市土地集约利用

居民关于土地的行为对城市土地集约利用与否起着十分重要的作用。根据经济学基本原理，一种商品价格变动所引起的该商品需求量变动的总效应可以被分解为替代效应和收入效应两个部分，即价格变动的总效应 = 替代效应 + 收入效应。❷ 因此，当土地的价格上升时，就会产生价格效应，即在非土地消费价格不变的情况下，由于土地价格的变化而引起居民消费均衡的变化。此价格效应又可以分解

---

❶ 江曼琦．聚集效应与城市空间结构的形成与演变．天津社会科学，2001，(4)：69-71．
❷ 范里安．微观经济学：现代观点．上海：上海三联书店、上海人民出版社，1994．

为替代效应和收入效应。由于两种消费品之间交换比率的变化所引起的需求变化为替代效应，由具有更高的购买力而引起的需求变化为收入效应（图5-2）。

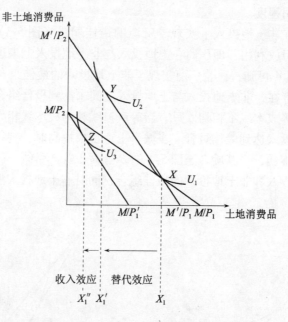

图5-2 居民要素替代与城市土地集约利用（考虑土地价格上涨）

对图5-2的分析结果表明，通过居民的要素替代可以大大节约城市土地使用量，提高土地的集约利用水平。如果没有要素替代，则居民在城市的任何地方均可以使用同样的土地量，从而造成各个地方的人口分布呈现一种均质性。而一旦发生要素替代，当距离市中心越近时，土地价格越高。在一定的收入约束下，居民总是会减少土地消费量，增加非土地消费量。由于要素替代，越接近市中心，单位面积土地上的非土地消费越多，居住面积越高，单位土地利用强度越大。总之，要素替代可以大大促进城市土地的集约利用。

（2）厂商要素替代与城市土地集约利用

厂商作为现代经济活动的主体之一，在城市经济中起着十分重要的作用。为了进行正常的生产经营活动，厂商必须投入包括土地在内的多种生产要素。为了便于分析，我们将厂商的所有投入划分为土地投入和非土地投入，其中非土地投入包括劳动、资本、技术等。当城市土地价格较高时，其他要素的价格就相对较低，从而其他要素投入对土地就有较高的替代率，即土地投入将减少，而非土地投入将增加。根据替代原理，不同要素之间的替代受它们价格的影响。因此，不同价格条件下，土地投入与非土地投入之间的替代关系是不同的。为了简单起见，我们假设非土地投入的价格不变，同时假设等成本线为直线。当土地价格升高时，其他要素对土地的替代率就会增加。所以，随着城市土地价格的升高，厂商会用其他非土地投入来替代土地的投入，从而减少城市土地的使用量，提高城市土地集约利用程度。

假设厂商在非土地投入上实现了资源的最佳配置（图5-3），并且厂商在土地使用上存在粗放利用，即厂商在土地投入与非土地投入上未达到最佳配置。结合图5-3和图5-4可知，尽管厂商实现了非土地投入的最佳组合，但是，由于土地粗放利用的存在，非土地投入与土地投入之间未达到最佳组合，在图形上表现为等产量线与等成本线不相切。只有当等产量线和等成本线相切时，才表明土地投入与非土地投入达到最佳组合。当城市土地价格提高时，则等成本线会绕着其纵轴截距向内旋转，当其旋转至图5-4中B点时，等产量线与等成本线相切，此时实现了土地投入和非土地投入的最佳组合，同时非土地投入的数量也提高了。

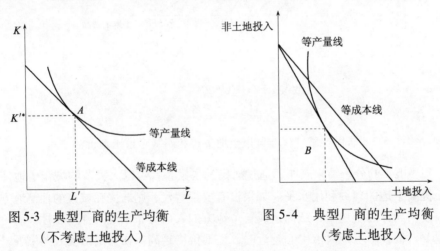

图5-3 典型厂商的生产均衡
（不考虑土地投入）

图5-4 典型厂商的生产均衡
（考虑土地投入）

因此，随着城市经济的发展，城市土地资源的价值不断提升，同时，土地上的资本、劳动和技术等投入的数量也不断增加，厂商用非土地投入替代土地投入的现象不断增多，城市土地集约利用的空间日益扩大，城市土地集约利用的潜力不断提高。

5.1.3 市场驱动机制

在传统的计划经济条件下，政府的行政指令完全替代市场来配置资源，也就是说在土地资源配置过程中，市场机制是完全失效的。此时，即使政府通过强制性行政命令可以使地均产出效率提高到一定程度，但却不同程度地存在土地利用结构和空间布局不合理的问题，因此，可以认为，这种均衡状态下的城市土地利用仍然是粗放或者不集约的。随着市场体系的不断健全，市场发育日趋成熟和完善，市场对资源配置的基础性作用日益发挥，但仍然存在产权模糊，价格、供求、竞争和利益分配等机制受到较大程度扭曲，土地利用粗放无序等问题，市场机制的作用不能得到充分发挥。其中，土地收益分配机制的不合理是引致城市土地粗放利用的根本原因，而正是收益分配机制的不合理决定了土地价格的非市场化形成，导致土地供求关系混乱，并严重扭曲了土地市场的竞争机制。按照新古典经济学理论，政府的适度干预可以弥补市场失灵，实现资源的优化配置和集约利用。但是，事实上转型期政府的干预行为存在着"越位"或"缺位"等问题，并非总是适度的，即同时存在"政府失灵"。在这种双重失灵状态下，土地资源的配置并非是处处最优的，土地的利用在商业服务业、工业、住宅等不同土地类型和用途上普遍存在着粗放利用、过度利用和部分用地集约利用并存的现象，因此在整体上土地的利用也是不集约的。❶

在完善的市场经济条件下，市场规律充分发挥作用，价格、供求和利率机制是土地集约利用的信号机制，利益机制是土地集约利用的动力机制，而竞争和风险机制则是土地集约利用的压力机制。各个机制的充分作用有利于提高土地资源的利用和配置效率。❷ 但由于市场机制的内在缺陷，市场机制在提供"供给品"（如绿地、公共设施用地）等方面存在不足，不能解决公共品的提供问题。此时，政府也将完成由"运动员"向"裁判员"的角色转化，适度介入土地市场并发挥其干预作用，以有效弥补市场机制的内在缺陷。此时土地资源利用达到最佳集约状态，土地利用结构合理并兼顾社会、经济、生态三效益，最终实现资源配置的帕累托最优（图5-5）。

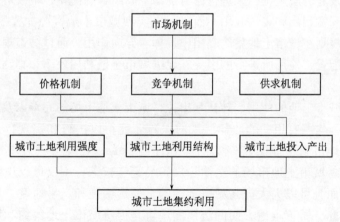

图5-5 市场机制与城市土地集约利用

---

❶ 范里安. 微观经济学：现代观点. 上海：上海三联书店、上海人民出版社，1994.
❷ 曲福田，吴郁玲. 土地市场发育与土地利用集约度的理论与实证研究——以江苏省开发区为例. 自然资源学报，2007，22（3）：446-447.

5.1.4 政府监管机制

由于外部性、信息不对称以及自然垄断等因素的存在使得城市土地市场发生失灵，其配置城市土地资源的基础性作用会受到阻碍。这些土地市场失灵的现象都是现实中亟待解决的问题，而仅仅依靠土地市场机制自身是无法解决的，政府监管机制可以弥补市场机制的不足，城市土地的集约利用还需借助于政府的监管机制的建立。❶❷

城市土地产权制度是城市土地市场运作、土地资源优化配置和集约利用的基础。❸ 城市土地市场上交易的并不是土地实体本身，而是交易利用土地的相关权利。因此，对于城市土地产权的界定是顺利进行和完成城市土地集约利用的前提条件。明晰的产权界定是双方交易的前提。我国土地产权制度的改革与中国其他经济领域中的改革一样，也实行渐进的和局部性改革。一方面，在某些土地用途中仍保持行政性分配土地资源的方式；另一方面，对城市土地产权进行市场化改革，将土地所有权和使用权的市场化分离，在市场上能进行交易的权利是土地使用权，这样既使国家保持了对土地的最终所有权，又通过土地使用权提高了土地利用效率。这一土地产权制度有力地推动着市场配置土地资源机制的建立和完善，并且极大地促进着我国城市土地的集约利用。同时，城市规划在城市土地集约利用中也起着重要作用。它作为一种人为主动的干预方式，一个十分重要的作用就是通过政府的宏观调控来进行城市资源空间组合的优化，不仅可以保障城市土地的合理开发利用和集约利用，而且可以实现城市土地资源配置的动态平衡。因此，城市规划在城市土地集约利用中发挥着导向作用，通过城市规划对城市空间和土地的配置、使用所进行的引导，促进城市土地利用效率和集约利用水平的提高。

此外，城市土地的使用、转让和出让，城市土地市场的完善以及城市土地产权的界定等，均需要相关的法律法规的保障才能得以进行和实现，否则，将会导致各级土地市场主体实施一定的非理性的行为，表现为城市土地的粗放利用。通过完善城市土地市场的法律法规、界定产权等，不仅可以规范城市土地市场秩序，而且可以大大提高城市土地的交易透明度和交易速度，从而降低交易成本。因此，城市土地方面的法律法规也是促进城市土地集约利用的一个重要机制。

---

❶ 曲福田，吴郁玲．土地市场发育与土地利用集约度的理论与实证研究——以江苏省开发区为例．自然资源学报，2007，22（3）：446-447.

❷ 魏允哲，宋延军．我国城市土地市场浅论．经济纵横，1996，(1)：42-44.

❸ 徐汉明．论中国农业发展的土地持有产权机制创新．经济评论，2001，(6)：48-49.

5.2 城市土地集约利用水平测度

城市土地集约利用目标应该是综合效益最大化，既包括资源效益（物尽其用、用尽其利）、经济效益（投入产出效率高），也包括社会效益（资源利用公平公正）和生态效益（即生态破坏小且污染少），而且，城市土地集约利用是基于城市发展的自然生态和社会经济现状基础，促使土地价值逐渐上涨、不断挖掘土地利用潜力的动态过程。当然，城市土地集约利用有个合理限度问题，并非投入越多就越集约、效果越好，也即当前所用衡量土地与资本、劳动的结合程度的单位面积土地上资本和劳动投入量（集约度）指标并非越大越好。就经济效益而言，由于受报酬递减规律作用，当对土地连续投入达到一定程度以后，继续投入不仅不能增加产出反而导致产出下降，这一点通常被称为报酬递减点，即边际收益等于边际产出，此时达到经济学上集约利用的理想状态；但综合考虑土地利用的其他效益，集约利用的报酬递减点往往低于经济学上的报酬递减点，也即综合效益最佳时的产出数量往往少于单纯考虑经济效益最大化时的数量。因此，城市土地集约利用的前提和必要条件是城市土地布局合理和结构优化；途径是对存量土地增加投入和改善经营管理；目标是使城市土地资源利用达到良好的经济、社会和资源、生态效益；指导思想是城市土地资源的可持续利用；从时序特征上看，城市土地集约利用是一个动态过程。❶

5.2.1 评价指标体系的构建

城市土地集约利用是一个动态的发展过程，它涉及众多的领域。为了全面准确地界定城市土地是否集约利用，有必要设计一套指标体系，从定量评价和定性描述两方面反映评价对象的系统特征。在具体操作中，不仅要对指标体系中的要素进行静态评价，而且还需要对目前这种城市土地利用方式所导致的资源和生态变化、经济效益等方面的动态变化进行预测评价。❷ 另外，城市土地集约利用水平测度的指标是以城市土地集约利用内涵为基础，一方面要反映城市土地集约利用的共性，另一方面也要体现不同城市土地利用的特性。该部分内容根据2005年中国统计年鉴和各省的统计年鉴数据，选取了我国29个直辖市和省会城市（未包括海口和拉萨）为样本，从经济、社会、生态环境各方面建立测度的指标体系，对我国典型城市土地的集约利用水平进行测度，具体测度指标体系见表5-1。

---

❶ 王家庭，张换兆，季凯文. 中国城市土地集约利用——理论分析与实证研究，天津：南开大学出版社，2008.

❷ 张丽琴. 城市土地利用评价指标体系构建. 资源开发与市场，2003，19（5）：278-280.

城市土地集约利用水平测度的指标体系　　　　　　　　表 5-1

目标层 A	准则层 B	指标层 C	指标的含义
城市土地集约利用水平 A	经济指标 B_1	地均 GDP C_1	反映城市土地利用的产出强度
		地均固定资产投资 C_2	反映城市土地利用的投入强度
		GDP 增长与建设用地增长弹性 C_3	反映城市土地集约利用的发展趋势
	社会指标 B_2	地均从业人员数 C_4	反映城市吸纳就业人员的能力
		人口密度 C_5	反映城市土地人口承载能力
		人口增长与建设用地增长弹性 C_6	反映城市土地的人口承载能力的变化趋势
	生态指标 B_3	城市空气质量≥二级天数 C_7	反映城市污染状况
		建成区绿化覆盖率 C_8	反映城市绿化水平

5.2.2　评价指标与数据的处理

为统一各指标量纲与缩小指标之间的数量级差异，需要对原始数据进行无量纲化处理。目前最普遍使用的无量纲化方法是标准化法。❶ 令：

$$y_{ij} = \frac{x_{ij} - \overline{x_j}}{\sigma_j}$$

其中 $\overline{x_j}$ 和 σ_j 分别是指标 X_i 的均值和标准差。经标准化后，指标 y_i 的均值为 0，方差为 1，消除了量纲和数量级的影响，但是标准化法也消除了各指标变异程度上的差异，因此经标准化后的数据不能准确反映原始数据所包含的信息，导致综合评价的结果不准确。相比之下，均值化法可以弥补标准化法的不足。令：

$$y_{ij} = \frac{x_{ij}}{\overline{x_j}}$$

均值化后各指标的均值都为 1，其方差为：

$$var(y_{ij}) = E[(y_i-1)^2] = \frac{E(x_i - \overline{x_j})^2}{\overline{x_j}^2} = \frac{var(x_j)}{\overline{x_j}^2} = \left(\frac{\sigma_j}{\overline{x_j}}\right)^2$$

即均值化后各指标的方差是各指标变异系数 $\overline{x_j}$ 的平方，它保留了各指标变异程度的信息。因此这里采用均值化法对原始数据进行无量纲化处理。运用均值化方法对 2005 年我国城市土地集约利用水平测度的各个指标值进行无量纲化处理，结果如表 5-2 所示。

---

❶ 叶宗裕. 关于多指标综合评价中指标正向化和无量纲化方法的选择. 浙江统计, 2003, (4): 24-25.

原始指标数据的无量纲化处理结果　　　　　表 5-2

城市	C_1	C_2	C_3	C_4	C_5	C_6	C_7	C_8
北京	0.8364	0.7049	0.644	1.0227	0.589	0.6709	0.7685	1.0885
天津	0.6912	0.6063	0.6776	1.626	0.6706	0.6622	0.9787	1.0312
石家庄	0.4063	0.616	0.2506	0.6073	0.6773	0.6244	0.9294	0.9452
太原	0.6032	0.6013	0.4181	0.7887	1.1645	0.6011	0.8046	1.0312
呼和浩特	0.3894	0.4313	1.4045	0.295	0.345	0.0324	1.0246	0.7447
沈阳	0.7835	1.0894	0.3709	0.6668	0.9171	0.1904	1.0411	1.1744
长春	0.5019	0.4662	0.1329	0.8492	0.605	0.761	1.1166	1.1744
哈尔滨	0.4282	0.3855	0.4227	0.73	0.6032	0.2765	0.9885	0.7734
上海	2.0861	1.6627	0.4386	1.6664	1.2745	0.28	1.0575	1.0598
南京	0.7131	0.8572	1.0915	0.4727	0.7026	0.54	0.9984	1.289
杭州	1.1502	1.0923	0.4037	0.7066	0.8628	0.1585	0.9885	1.0598
合肥	0.7044	0.689	0.2792	0.3667	0.7013	0.3053	1.0805	0.8593
福州	1.0331	1.093	0.3724	1.1929	1.0914	0.7359	1.1461	0.9166
南昌	0.6918	0.5713	0.2321	0.8932	0.7258	0.4263	1.1133	1.3749
济南	0.7656	0.7438	0.4338	0.6065	0.6904	0.2932	0.8604	1.1171
郑州	0.718	0.731	0.2104	0.6808	0.6355	0.1974	0.9852	1.0025
武汉	0.397	0.3859	0.3005	0.4422	0.6098	0.3202	0.8900	1.0885
长沙	0.7478	0.72	0.8807	0.4161	0.4242	0.4523	0.8046	1.0312
广州	1.8791	1.1472	0.7313	1.2322	1.0382	0.2467	1.0903	1.0312
南宁	0.1201	0.1391	0.353	0.1848	0.2491	0.3542	1.1626	0.9166
重庆	0.6367	0.5355	0.2453	0.4811	0.9307	0.6546	0.8768	0.6302
成都	0.8509	0.7653	0.5618	0.8105	0.7432	0.6149	0.9622	1.0312
贵阳	0.2601	0.3496	0.8727	0.5564	0.5549	0.2985	1.1264	1.1744
昆明	0.3075	0.2669	0.616	0.3649	0.3766	0.4698	1.1921	0.7447
西安	0.4825	0.6054	1.3525	0.8072	0.9622	0.5772	0.9557	0.8593
兰州	0.4645	0.4421	0.3509	0.8014	0.8015	0.3554	0.7816	1.0025
西宁	0.7086	0.635	0.1486	0.4423	0.6048	0.4973	1.0049	0.8593
银川	0.1929	0.21	1.8931	0.367	0.3064	0.4226	1.0608	0.6874
乌鲁木齐	0.1259	0.0911	2.5124	0.1701	0.1807	0.4801	0.8407	0.7161

5.2.3　评价指标权重的确定

选择层次分析法 AHP（Analytic Hierarchy Process）对我国城市土地集约利用水平进行测算。根据层次分析法，所要测算的城市土地集约利用水平为递阶层次结构中的目标层，设其为 A，它所对应的下一层为准则层 B，$B_1 \sim B_3$ 分别对应了方案层 C。根据各个城市土地利用的现状及经济、社会等各方面发展的特点，经征得国土资源管理部门、城市规划部门、建设部门、环境保护部门等职能部门专家的意见，综合考虑各个指标间的相对重要性，对同一层次的指标采用两两比较，构造两两判断矩阵如表 5-3～表 5-7 所示。

A—B 的比较判断矩阵与指标权重　　　　　　　　　表 5-3

A	B_1	B_2	B_3	权重
B_1	1	8/3	8/5	0.4956
B_2	3/8	1	3/5	0.1751
B_3	5/8	5/3	1	0.3293

其中，$\lambda_{max}=3$，$CI=0.000$，$RI=0.52$，$CR=0.000<0.1$，说明比较判断矩阵具有满意的一致性。

B1—C 的比较判断矩阵与指标权重　　　　　　　　　表 5-4

B_1	C_1	C_2	C_3	权重
C_1	1	3/2	3/2	0.4206
C_2	2/3	1	2	0.3545
C_3	2/3	1/2	1	0.2249

其中，$\lambda_{max}=3.054$，$CI=0.0268$，$RI=0.52$，$CR=0.0516<0.1$，说明比较判断矩阵具有满意的一致性。

B2—C 的比较判断矩阵与指标权重　　　　　　　　　表 5-5

B_2	C_4	C_5	C_6	权重
C_4	1	5/4	3/2	0.3978
C_5	4/5	1	2	0.3775
C_6	2/3	1/2	1	0.2248

其中，$\lambda_{max}=3.029$，$CI=0.0145$，$RI=0.52$，$CR=0.028<0.1$，说明比较判断矩阵具有满意的一致性。

B2—C 的比较判断矩阵与指标权重　　　　　　　　　表 5-6

B_2	C_7	C_8	权重
C_7	1	5/4	0.3978
C_8	4/5	1	0.3775

其中，$\lambda_{max}=2$，$CI=0.0000$，$RI=0.52$，$CR=0.0000<0.1$，说明比较判断矩阵具有满意的一致性。

A—C 的层次总排序与指标权重　　　　　　　　　表 5-7

准则层 B	层次单排序权	指标层 C	层次单排序权	层次总排序权
B_1	0.4956	C_1	0.4206	0.2085
		C_2	0.3545	0.1757
		C_3	0.2249	0.1114
B_2	0.1751	C_4	0.3978	0.0696
		C_5	0.3775	0.0661
		C_6	0.2248	0.0394
B_3	0.3293	C_7	0.6000	0.1976
		C_8	0.4000	0.1317

5.2.4 城市土地集约利用水平的计算结果

城市土地利用集约水平的计算是一个多目标、多指标的系统，这里采用多目标综合评价法来计算城市土地集约利用水平。[1] 设 X_1，X_2，…，X_8，为 B 层指标各因素的决策变量，$C_1 \sim C_8$ 指标的权重分别由 $W_1 \sim W_8$ 表示，则城市土地集约利用水平得分 F 为：

$$F = \sum_{i=1}^{8} W_i X_i = W_1 X_1 + W_2 X_2 + \cdots + W_8 X_8$$

因此，根据以上模型，分别计算出我国 29 个样本城市的土地集约利用水平得分值，计算结果如表 5-8 所示。

城市土地集约利用水平计算结果　　　　　表 5-8

城市	C_1 W_1X_1	C_2 W_2X_2	C_3 W_3X_3	C_4 W_4X_4	C_5 W_5X_5	C_6 W_6X_6	C_7 W_7X_7	C_8 W_8X_8	总分
北京	0.1744	0.1239	0.0717	0.0712	0.0389	0.0264	0.1519	0.1434	0.802
天津	0.1441	0.1065	0.0755	0.1132	0.0443	0.0261	0.1934	0.1358	0.839
石家庄	0.0847	0.1082	0.0279	0.0423	0.0448	0.0246	0.1836	0.1245	0.641
太原	0.1258	0.1056	0.0466	0.0549	0.0770	0.0237	0.1590	0.1358	0.728
呼和浩特	0.0812	0.0758	0.1565	0.0205	0.0228	0.0013	0.2025	0.0981	0.659
沈阳	0.1634	0.1914	0.0413	0.0464	0.0606	0.0075	0.2057	0.1547	0.871
长春	0.1046	0.0819	0.0148	0.0591	0.0400	0.0300	0.2206	0.1547	0.706
哈尔滨	0.0893	0.0677	0.0471	0.0508	0.0399	0.0109	0.1953	0.1019	0.603
上海	0.4350	0.2921	0.0489	0.1160	0.0842	0.0110	0.2090	0.1396	1.336
南京	0.1487	0.1506	0.1216	0.0329	0.0464	0.0213	0.1973	0.1698	0.889
杭州	0.2398	0.1919	0.0450	0.0492	0.0570	0.0062	0.1953	0.1396	0.924
合肥	0.1469	0.1211	0.0311	0.0255	0.0464	0.0120	0.2135	0.1132	0.710
福州	0.2154	0.1920	0.0415	0.0830	0.0721	0.0290	0.2265	0.1207	0.980
南昌	0.1442	0.1004	0.0259	0.0622	0.0480	0.0168	0.2200	0.1811	0.798
济南	0.1596	0.1307	0.0483	0.0422	0.0456	0.0116	0.1700	0.1471	0.755
郑州	0.1497	0.1284	0.0234	0.0474	0.0420	0.0078	0.1947	0.1320	0.725
武汉	0.0828	0.0678	0.0335	0.0308	0.0403	0.0126	0.1759	0.1434	0.587
长沙	0.1559	0.1265	0.0981	0.0290	0.0280	0.0178	0.1590	0.1358	0.750
广州	0.3918	0.2016	0.0815	0.0858	0.0686	0.0097	0.2154	0.1358	1.190
南宁	0.0250	0.0244	0.0393	0.0129	0.0165	0.0140	0.2297	0.1207	0.483

---

[1] 贾雪芹. 城市土地集约利用评价研究. 天津：天津大学硕士学位论文，2005.

续表

城市	C_1 W_1X_1	C_2 W_2X_2	C_3 W_3X_3	C_4 W_4X_4	C_5 W_5X_5	C_6 W_6X_6	C_7 W_7X_7	C_8 W_8X_8	总分
重庆	0.1328	0.0941	0.0273	0.0335	0.0615	0.0258	0.1733	0.0830	0.631
成都	0.1774	0.1345	0.0626	0.0564	0.0491	0.0242	0.1901	0.1358	0.830
贵阳	0.0542	0.0614	0.0972	0.0387	0.0367	0.0118	0.2226	0.1547	0.677
昆明	0.0641	0.0469	0.0686	0.0254	0.0249	0.0185	0.2356	0.0981	0.582
西安	0.1006	0.1064	0.1507	0.0562	0.0636	0.0227	0.1888	0.1132	0.802
兰州	0.0968	0.0777	0.0391	0.0558	0.0530	0.0140	0.1544	0.1320	0.623
西宁	0.1477	0.1116	0.0166	0.0308	0.0400	0.0196	0.1986	0.1132	0.678
银川	0.0402	0.0369	0.2109	0.0255	0.0203	0.0167	0.2096	0.0905	0.651
乌鲁木齐	0.0263	0.0160	0.2799	0.0118	0.0119	0.0189	0.1661	0.0943	0.625

5.2.5 评价结果的分析

根据上文的城市土地集约利用水平计算结果，城市土地集约利用水平分值最高的城市为上海市（1.336），分值最低的城市为南宁市（0.483），两者分值之差高达0.853，表明城市土地之间集约利用水平差异明显。另外，29个样本城市土地集约利用平均水平得分为0.761，反映了中国城市土地的整体集约利用水平还有待于进一步提高。其中高于均值的城市为上海、北京、广州、沈阳、天津、南京、杭州、福州、成都、南昌、西安，这些城市经济、社会、环境等发展比较协调，城市土地集约利用水平相对较高。而石家庄、呼和浩特、哈尔滨、武汉、南宁、重庆、昆明、兰州、银川、乌鲁木齐等城市土地集约利用水平得分相对较低，尤其是南宁市，水平得分仅为0.483，说明这些城市土地集约利用水平较低，用地"粗放"较为严重，今后应该借鉴土地集约水平较高城市的经验，加快经济发展步伐，从各个方面提高城市土地集约利用水平。

城市发展多目标性导致城市土地集约利用也不能是单目标的，因此，为了进一步分析导致城市土地集约利用水平差异的原因，分别求出经济、社会和生态环境集约指标的最大值、最小值、极差、平均值以及标准差，列于表5-9。由表5-9可以看出，经济集约指标方差贡献率最大，权重最大，所以该指标分值的高低是决定城市集约利用水平高低的直接原因。由该指标得分可以看出上海、北京、深圳、广州、沈阳、大连、天津、南京、杭州、宁波、青岛、福州、厦门、成都得分较高，即经济发展水平较快，城市土地集约利用水平相对较高，这与实际基本吻合；而石家庄、呼和浩特、长春、哈尔滨、合肥、武汉、南宁、重庆、贵阳、昆明、兰州、西宁、银川得分偏低，说明其城市土地集约水平提高的潜力较大，应该挖掘城市土地经济价值。第2个指标是社会集约指标，福州分值最高

(0.1842)，其次是上海、北京、青岛、天津、深圳、广州等城市，由此可以看出这些城市土地承载能力较高，解决就业人口数也较大，城市土地集约利用水平相对较高。因此，提高城市土地承载能力以及吸纳就业人员数也是提高城市土地集约水平的重要途径。第 3 个指标即生态环境集约指标，它反映出居民的生活环境质量，人居环境的好坏也制约着城市土地集约利用水平。在这个指标方面，得分最高的城市为南昌市（0.401），得分最低的城市为重庆市（0.256），最大值与最小值之间差额仅为 0.145，并且平均值仅为 0.324，标准差也仅为 0.0419，这说明我国城市土地生态环境集约水平还有待于进一步提高，并且各个城市生态集约水平的内部差异也较小。❶

经济、社会和生态环境集约指标得分的统计值　　　表 5-9

指标	经济集约指标得分	社会集约指标得分	生态环境集约指标得分
最大值	1.1822	0.2113	0.401
最小值	0.0888	0.0427	0.256
极差	1.0934	0.1686	0.145
平均值	0.3631	0.1135	0.324
标准差	0.1984	0.0415	0.0419

为进一步分析各城市土地集约利用水平的分类情况，利用 SPSS13.0 统计软件，将 29 个样本城市按照层次分析法的得分以及各个评价指标进行聚类分析，从而将城市集约水平相近的城市归为一类。这里采用分层聚类分析（Hierachical cluster）的方法，其中聚类方法选择的是组间连接（Between—groups linkage）方法。对距离的测度方法选择的是欧式距离平方（Squared Euclidean Distance）的方法，同时对数据进行标准化，采用 Z scores 方法，把数值标准化到 Z 分数。结果输出如表 5-10 所示。

城市土地集约利用水平聚类分析结果　　　表 5-10

类别	城市
Ⅰ类	上海、广州
Ⅱ类	北京、天津、沈阳、南京、杭州、福州、南昌、济南、长沙、成都、西安
Ⅲ类	石家庄、太原、呼和浩特、长春、哈尔滨、合肥、郑州、武汉、南宁、重庆、贵阳、昆明、兰州、西宁、银川、乌鲁木齐

---

❶ 季凯文．中国城市土地集约利用水平的测度及影响因素的实证研究．天津：南开大学硕士学位论文，2008．

由聚类结果可以看出，以上 29 个样本城市基本上可以分为三类地区：第一类地区包括上海、广州，城市土地集约利用综合指数得分在 1.2 以上；第二类地区包括北京、天津、沈阳、南京、杭州、福州、南昌、济南、长沙、成都、西安，城市土地集约利用综合指数得分在 0.8～1.0 之间；第三类地区包括石家庄、太原、呼和浩特、长春、哈尔滨、合肥、郑州、武汉、南宁、重庆、贵阳、昆明、兰州、西宁、银川、乌鲁木齐，城市土地集约利用综合指数得分在 0.5～0.8 之间。

5.3 国家级开发区土地集约利用评价

开发区是区域产业发展和城市化的有效方式，各类开发区作为现代工业的集聚地，应该体现土地利用的集约效应，单位面积的资金集聚度和产出率应大大高于其他地区。❶❷但是中国开发区建设在取得不俗成绩的同时，开发区土地利用中，重扩张轻挖潜、重规模轻效率、重引资轻规划等问题仍未得到有效解决。❸❹特别是一些较早建设的开发区，随着中国城市化进程的推进，已经由原来土地利用类型相对简单的"工业集中区"演变为"城市新区"，成为城市空间结构调整的主要内容和载体。❺❻因此如何实现城市开发区土地资源集约利用，关系到城市土地利用扩展程度和扩展方式，很大程度上影响着城市规划的发展方向和格局。❼为全面落实科学发展观，促进开发区土地节约集约利用，提高开发区土地管理水平，实施开发区土地集约利用状况动态监控，为开发区扩区升级审核、建立相关评价考核制度提供依据，根据《中华人民共和国土地管理法》等法律、法规，国土资源部制定了《开发区土地集约利用评价规程》，并于 2008 年 7 月发布了开展开发区土地集约利用评价工作的通知，要求对全国各级各类开发区（包括经济技术开发区、高新技术产业开发区和海关特殊监管区域等）进行土地集约利用评价。

---

❶ 龙花楼, 蔡运龙, 万军, 等. 开发区土地利用的可持续性评价, 地理学报, 2000, 55 (6): 719-728.

❷ 何书金, 苏光全. 开发区闲置土地成因机制及类型划分, 资源科学, 2001, 23 (5): 17-22.

❸ 吴郁玲, 曲福田, 冯忠垒. 我国开发区土地资源配置的区域差异研究, 中国人口、资源与环境, 2006, 16 (5): 112-116.

❹ 王梅, 曲福田. 昆山开发区企业土地集约利用评价指标构建与应用研究. 中国土地科学, 2004, 18 (6): 22-27.

❺ 张晓平. 我国经济技术开发区的发展特征及动力机制, 地理研究, 2002, 21 (5): 656-666.

❻ 张弘. 开发区带动区域整体发展的城市化模式——以长江三角洲地区为例, 城市规划汇刊, 2001, (6): 65-69.

❼ 翟文侠, 黄贤金, 张强等. 城市开发区土地集约利用潜力研究, 资源科学, 2006, 28 (2): 54-60.

城市土地集约利用潜力分宏观、中观、微观三个层次，宏观层次是对一个城市整体的土地集约利用，中观层次是针对城市内部区域，微观层次则是对具体地块。❶❷ 开发区作为城市的一个组成部分，其土地集约利用属于中观层次，主要包括以下几个方面：（1）土地投入产出效率的不断提高。实现较高的土地资源利用率，包括土地及附属物，即各项基础设施，单位面积土地的投资强度和产出量呈现上升趋势，在经济增长的同时，对土地的占用量逐步减少。（2）土地资源的优化配置。一方面包括宏观方面数量与空间结构的优化，开发区土地利用要融入整个城市甚至更大的区域，结合自身的基础条件和发展目标，在整个区域实现资源共享，成为区域产业结构用地的重要组成部分；另一方面包括微观尺度的生产要素的合理分配，主要是指开发区内部用地结构的优化，有利于形成较为完整的产业链，同时要在有关行业规定允许的范围内，尽可能地提高建筑强度等，提高土地的利用率。（3）最优综合效益的实现。土地集约利用的最终目标要以最少的投入获取最大的效益。土地是多种功能的综合体，土地利用效益指的是经济、社会和生态效益的最优组合。同时，土地集约利用是一个动态持续的过程，随着社会经济的发展和科学技术的进步，土地的利用环境和利用效率将发生变化，土地的集约利用要充分考虑土地功能的扩张和利用的可持续性。因此，开发区的土地利用结构、比例、空间分布与区域自然特征、经济发展之间要协调。本部分内容以苏州高新技术产业开发区为例，研究探讨国家级开发区土地集约利用的评价。❸❹

5.3.1 评价区概况

苏州高新区是苏州市委、市政府按照国务院"保护古城风貌，加快新区建设"的批复精神于1990年11月开发建设的，1992年11月被国务院批准为国家高新技术产业开发区。已形成以电子通信、信息技术、生物医药、机电一体化、精细化工、汽车零配件、新型家电、新材料和基础原材料为主导的高新技术产业体系，成为全国重要的高新技术生产基地。多年来，苏州高新区以仅占苏州全市2.5%的土地和4%的人口，创造出占苏州全市10%左右的经济总量。本研究评价范围经国务院审核通过并予以公告（国家发展和改革委员会2005年第

---

❶ 陈莹，刘康，郑伟元等. 城市土地集约利用潜力评价的应用研究. 中国土地科学，2002，16（4）：26-29.

❷ 陶志红. 城市土地集约利用几个基本问题的探讨. 中国土地科学，2000，14（5）：1-5.

❸ 陈逸，黄贤金，陈志刚，等. 城市化进程中的开发区土地集约利用研究——以苏州高新区为例. 中国土地科学，2008，22（6）：11-16.

❹ 周钧，周伟茛. 开发区土地集约利用潜力评价研究——以苏州国家高新技术产业开发区为例. 现代经济探讨，2008，（9）：35-38.

30号公告）的开发区界线范围内的全部土地，总面积6.8km²。截止到2006年底，苏州高新区的土地开发率已经达到97.66%。评价区域内土地利用结构见表5-11。

苏州高新区评价区域土地利用结构　　　　　　　表5-11

用地类型	面积（hm²）	比重（%）
建设用地	664.10	100
居住用地	246.14	37.06
工业仓储用地	182.52	27.48
其中：高新技术产业用地	122.88	18.50
道路广场用地	77.49	11.67
绿地	11.60	1.75
商服用地	32.91	4.96
公共建筑用地	67.88	10.22
其他城镇用地	45.55	6.86

5.3.2　土地集约利用程度评价指标体系的构建

在国土资源部《开发区土地集约利用评价技术方案（2006年度）》（试行）规定的技术章程基础上，综合考虑下列原则，构建了苏州高新区土地集约利用指标体系：（1）综合性原则。评价指标尽可能全面反映开发区土地集约利用状况，根据上述对土地集约利用内涵的探讨，从经济、社会和生态等多方面考察和评价开发区土地集约利用的情况。（2）主导性原则，评价指标选取主要体现开发区土地集约利用的主导影响因素。土地集约利用具有复杂的内涵，评价指标也多种多样，在对开发区土地利用现状充分了解的基础上，选取最能反映开发区土地集约利用水平和问题的指标。（3）政策导向性原则。评价要能够充分反映开发区的定位、发展方向及其在区域经济中发挥的作用，体现国家相关政策导向。（4）可操作性原则。评价技术路线和指标体系应简单明了，基础数据口径一致，可获得性强。构建指标体系应突出应用，没有可操作性的指标体系难以用于土地集约利用的评价。根据上述指标体系的构建原则，结合苏州高新区土地实际情况，从土地投入产出、土地承载状况、土地利用生态效应3个方面来评价苏州高新区土地集约利用现状和潜力，选取了具有代表性的11项指标建立评价体系。

5.3.3　土地集约利用程度评价方法

5.3.3.1　理想值的选取

开发区土地集约利用水平是在某一个特定时期内动态、相对的概念，在不同的地区、不同的经济发展阶段，土地集约利用的边界也不尽相同。为了科学衡量开发区各评价指标的合理度和实现程度，在选取理想值的时候，遵循以下原则：
(1)以开发现状为基础，在定性分析指标理想值的选取时，主要依据开发区土地利用现状数据同时结合有关行业或其他开发区的经验。特别是为了使理想值更加合理、具有可操作性，对于目前处于较低水平的指标采用行业规定最低标准，对于目前处于较高水平的指标，则做进一步要求。(2)以先进地区为导向，对于在上述公认的规划目标和有关规定中无法找到理想值的指标，考虑高新区发展定位和所处的经济发展阶段，参考《江苏省2005年开发区建设用地集约利用评价报告》中土地集约利用水平位于前4名的苏州工业园区、江苏南通崇川经济开发区、江苏昆山高新技术产业园区以及江苏常熟经济开发区的平均值。在该报告中，苏州高新区位列第5名，跟同在江苏省的其他开发区对比，可以更加清楚地认识苏州高新区土地集约利用水平与潜力。(3)以规划目标为指导，规划都是在对现状充分分析基础上的科学预测，主要参考了《苏州高新区循环经济试点实施规划》中的数据。(4)以行业标准为准则，对于容积率、建筑密度和建筑系数等，选取了苏州市《关于贯彻国务院深化改革严格土地管理的决定的实施意见》（苏府［2005］63号）中对开发区土地利用强度的相关规定。

5.3.3.2 标准值计算

标准值按以下公式计算：对于正向指标，$S_i = X_i / T_i \times 100$，若$X_i > T_i$，则取值100；对于负向指标，$S_i = T_i / X_i \times 100$，若$X_i < T_i$，则取值100。其中：$S_i$为$i$指标的实现度；$X_i$为$i$指标的实际值；$T_i$为$i$指标的理想值。

5.3.3.3 权重确定和评价值计算

本次评价采用AHP层次分析法确定权重。各目标层因素分值的计算公式为：$F_i = \sum(S_{ij} \times W_{ij})$，其中：$F_i$为目标$i$的评价分值；$S_{ij}$为$i$目标$j$指标的分值；$W_{ij}$为$i$目标$j$指标的权重值。开发区土地利用集约度综合分值的计算公式为：$F = \sum(F_i \times W_i)$，其中：F为开发区土地利用集约度综合分值；F_i为i目标的分值；W_i为i目标的权重值。

5.3.4 土地集约利用程度评价结果及分析

采用上述方法，对苏州高新区2006年土地集约利用进行了评价（表5-12）。其中数据来源于国土资源部试点项目"开发区土地集约利用潜力评价"中苏州高新区国土资源局提供的调查数据。苏州高新区土地集约利用综合得分为96.17，跟理想值相比差距不大。其中，高新区土地承载情况相对得分最高，为97.25；其次是土地利用生态效应，得分是96.64；土地投入产出状况得分为95.09。土地利用生态效应和土地承载状况得分都大于综合得分，而土地投入产出状况则是影响综合得分的主要原因。

2006年苏州高新区土地集约利用评价指标体系及评价结果　　表 5-12

目标层	准则层	指标层	标准化值	内权重	总权重	准则层得分
开发区土地集约利用	土地投入产出状况（A）	单位土地面积投资强度（A_1）	94.54	0.24	0.108	95.09
		单位面积土地产出（A_2）	90.29	0.28	0.126	
		工业用地效益（A_3）	100	0.26	0.117	
		开发区土地对城市的贡献（A_4）	96	0.22	0.099	
	土地承载状况（B）	综合容积率（B_1）	100	0.25	0.093	97.25
		建筑密度（B_2）	95	0.25	0.093	
		工业用地综合容积率（B_3）	100	0.25	0.093	
		工业用地建筑系数（B_4）	94	0.25	0.093	
	土地利用生态效应（C）	万元 GDP 能耗（C_1）	95.38	0.40	0.072	96.64
		单位土地面积 CO_D 排放量（C_2）	96.60	0.30	0.054	
		单位土地面积 SO_2 排放量（C_3）	98.34	0.30	0.054	
综合得分			96.17			

注："开发区土地对城市的贡献"计算公式为"开发区 GDP 占城市 GDP 比重/开发区土地面积占全市面积比重"；"单位土地面积 COD 排放量"计算公式为"开发区年 COD 排放量/开发区土地总面积"；"单位土地面积 SO_2 排放量"计算公式为"开发区年 SO_2 排放量/开发区土地总面积。"

（1）土地投入产出水平较高

从苏州高新区的评价结果来看，土地投入产出水平较高，但跟 2005 年江苏省开发区评价报告中的前四名相比还有一定的差距，这与目前苏州高新区的功能定位的转型有相当大的关系。目前苏州高新区的职能已经由最初的"开发区""工业集中区"转变为"中心城区"，作为"中心城区"的功能定位必然使得高新区土地的产出水平随着居住用地、基础设施用地的不断增加而降低。

（2）土地承载相对合理

苏州高新区评价区域的土地综合容积率达到了 1.09，已经超过了其他对比的 4 个开发区的平均水平，建筑密度跟理想值的差距不大。由于苏州高新区的职能已经由最初的"开发区"、"工业集中区"转变为"中心城区"，在今后的发展中，要提高土地的综合容积率和建筑密度也具有一定的难度。

苏州高新区工业用地的承载力水平有待提高，工业建筑系数还没有达到《关于贯彻国务院深化改革严格土地管理的决定的实施意见》（苏府［2005］63号）规定的最低水平。这是由于早期入驻苏州高新区的企业部分按"花园式工厂"的模式建设，公共绿地面积偏大、建筑系数偏低，影响了全区工业用地的承载水平。目前，开发区正在努力采取各种措施来提高这些企业的集约利用程度。如通过增加厂房的面积，提高建筑容积率的做法等措施来提高企业用地的集约度。

（3）土地利用生态效应良好

苏州高新区土地利用生态效应的几个指标良好。2006 年苏州高新区单位

GDP能耗仅为0.65t标准煤/万元，比2005年下降了8%，低于江苏省平均水平（0.88t标准煤/万元），更是低于苏州市平均水平（1t标准煤/万元）。单位土地面积的COD和SO_2排放量也在逐年减少，2006年比2005年分别下降了12%和4%。这主要得益于苏州高新区开发伊始，始终坚持环境保护与开发建设同步发展的原则。在开发过程中以环保规划为龙头，以优化产业结构为导向，以改善和提高新区环境质量为目标。

（4）城市化的土地利用结构是影响高新区土地集约利用水平的主要原因

仅就工业用地效益而言，苏州高新区已经超过了理想值，但是全部土地的产出率则比理想值低了6.46%。表5-13和表5-14反映了苏州高新区与其他开发区建设用地结构的差别以及苏州高新区已建成建设用地的土地利用结构。可以看出，苏州高新区的生产性用地比例远低于其他高新区。对于开发区这样的生产集中区，工业用地比重应该相对较高，但是对于城市用地，在《城市用地分类与规划建设用地标准》（GB J137—90）中规定，工业用地比重应该是15%~25%，苏州高新区正好符合这个要求。苏州高新区建设用地土地利用结构中的居住用地高达36.20%。正因为这个原因，导致苏州高新区的总体投入产出水平比较低。

（5）工业用地如何定位是关键

从工业用地内部来看，工业用地效益与其他开发区相比已经达到了理想值。但是高新区工业用地的承载力水平有待提高，工业用地建筑系数还没有达到《关于贯彻国务院深化改革严格土地管理的决定的实施意见》（苏府［2005］63号）规定的最低水平。这是由于早期入驻高新区的企业部分按"花园式工厂"的模式建设，公共绿地面积偏大、建筑系数偏低，影响了全区工业用地的承载水平。同时，由于大多数企业目前的规模已经无法满足其发展的需要，已经在$6.8km^2$以外寻找新的发展空间。而高新区因为城市化的发展鼓励"退二进三"以及居住用地跟工业用地的混合布局，也在一定程度上限制了工业用地的建设强度。但是，大部分企业仍然不愿意完全搬出高新区是因为城市化导致地价飞速增长，政府要想置换出这些土地势必要付出更高的代价。

苏州高新区与其他开发区土地利用结构比较　　　　表5-13

开发区	生产性用地	第三产业用地	基础设施用地
苏州高新技术开发区	27.48	59.12	13.40
苏州工业园区	60.01	22.85	17.14
江苏南通崇川经济开发区	89.07	0.00	10.93
江苏昆山高新技术产业园区	66.00	16.00	18.00

注：1. 资料来源：其他开发区的数据来自江苏省国土资源厅《江苏省2005年开发区建设用地集约利用评价报告》；
　　2. 表中生产性用地包括工业用地和仓储用地，生产性用地和基础设施用地以外的均算作第三产业用地。

2006年苏州高新区已建成建设用地土地利用结构　　　表5-14

用地类型	居住用地	高新技术产业用地	非高新技术产业工业用地	仓储用地	道路广场用地	绿地	商业金融设施用地	行政办公用地	体育设施用地	教育设施用地	医疗设施用地	其他城镇用地
%	36.20	18.07	7.69	1.08	11.40	1.71	4.84	1.91	0.00	8.02	0.05	6.70

5.4　小城镇开发区土地集约利用评价

受工业化发展和现行财税体制等的影响，各地、各级政府纷纷设立名目繁多的开发区、园区，导致开发区过度扩张，用地迅猛增长。截止到2004年8月底，全国共清理出各类开发区6866个，规划面积3.86万km^2，已建成面积1.03万km^2。其中，国务院批准设立的开发区171个，规划用地面积3091km^2。省级政府批准设立的开发区1094个，规划用地面积1.45万km^2。其余的5601个开发区都是省以下批准设立的，规划用地面积2.1万km^2（表5-15）。

我国各级开发区的数量和面积　　　表5-15

开发区类型	数量（个）	占所有开发区数量的比重（%）	面积（km^2）	占所有开发区面积的比重（%）
国务院批准设立	171	2.49	3091	8.03
省级政府批准设立	1094	15.93	14500	37.56
省以下政府批准设立	5601	81.58	21000	54.41
合计	6866	100	38591	100

由于开发区过多、过滥，省级以下开发区发展过快，审批设立不规范，利用效率低下。例如，在广东省已批地开发区用地中，除国家级开发区已建成面积将近占到了原批地面积的80%，省级开发区和市级开发区已建成面积均不足原规划面积的20%。❶以河北省为例，在2004年开发区清理整顿之前，河北省各类开发区、园区有151个，批准规划面积91100.78hm^2，已建成面积20197.38hm^2，已建成面积占规划面积的22.17%。其中，国务院批准的4个，规划面积3740hm^2，已建成面积3060.94hm^2，已建成面积占规划面积的81.84%；省政府批准的51个，规划面积48609.93hm^2，已建成面积14007.4hm^2，已建成面积占规划面积的28.82%；而省级以下开发区已建成面积仅占规划面积的8.1%。❷

---

❶ 引自广东省土地利用总体规划前期研究的相关专题报告。
❷ 引自河北省土地利用总体规划前期研究的相关专题报告。

由此可知，主要分布在小城市或小城镇的省级以下开发区，数量多，面积大，开发程度较低，土地集约利用整体水平不高，因此，开展小城镇开发区土地集约利用综合评价，可为中国小城镇土地持续利用管理以及解决中国农村土地城市化、城市土地管理中出现的一些土地利用问题提供科学依据。该部分以浙江省慈溪市小城镇开发区、工业区块实地调查数据为基础，分析评价其集约利用水平。[1]

5.4.1 评价区概况

慈溪市位于杭州湾南岸，浙东宁绍平原北部。地处沪、杭、甬金三角的中心地带，是国务院批准的沿海经济开放区之一。位于121°02′~121°42′E，30°02′~30°24′N之间，总土地面积1154km^2（不含海域面积），以平原为主，约"二山一水七分地"。2004年底总人口为101万人，人口密度为875人/km^2。慈溪市经济总量名列浙江省前茅，经济基本竞争力和综合实力目前分别在全国百强县（市）中排名第7位和第17位，是全国经济发展速度最快的地区之一，是长江三角洲南翼的工商名城，是具有国际影响、国内一流的生产和制造基地，诸多行业已经形成产业集群。以家电、轴承、轻纺、欧式插座等特色块状经济集聚优势日益凸现，特别是迅速崛起的家电行业，目前已与北青岛、南顺德形成国内家电行业的三足鼎立之势，开放型经济取得新突破。在行政区划上，全市现有17个镇、3个街道和1个开发区。

5.4.2 土地集约利用水平评价指标体系构建

慈溪市2005年以单个开发区、工业区块为单位进行了土地开发利用情况的调查，根据上述数据从投入强度、利用程度、利用效率和持续状况4个方面，建立慈溪市小城镇开发区、工业区块土地集约利用评价指标体系（表5-16）。开发区、工业区块级别分为国家级、省级、市级、县级、乡（镇）级或特色工业区。表5-16中地均投资强度、企业平均投资强度、企业用地率、地均生产总值、地均上缴利税等指标属性值越大，表明开发区或工业区块内土地集约化利用程度越高；容积率和建筑密度等指标介于一定限度内时，属性值越大，开发区或工业区块内土地集约利用水平越高；绿化覆盖率属性值越大，表明开发区或工业区块内用于非生产性用地量越大，开发区或工业区块持续发展状况越低。用地保障率属性值越大，表明开发区或工业区块未来通过扩大规模进一步发展的空间越大，持续发展状况越好。

---

[1] 邵晓梅，王静. 小城镇开发区土地集约利用评价研究——以浙江省慈溪市为例. 地理科学进展，2008，27（1）：75-82.

小城镇开发区土地集约利用评价指标体系　　　表 5-16

目标层	准则层	指标层	表达式	单位
开发区、工业区块土地集约利用水平	投入强度	地均投资强度	累计固定资产投资/实际用地面积	万元/m²
		企业平均投资强度	累计固定资产投资/企业个数	万元/个
	利用程度	容积率	建筑总面积/实际用地面积	
		建筑密度	建筑占地面积/实际用地面积×100	%
		企业用地率	企业占地总面积/实际用地面积×100	%
	利用效率	地均生产总值	生产总值/实际用地面积	万元/m²
		地均上缴利税	上缴利税总额/实际用地面积	万元/m²
	持续状况	绿化覆盖率	区内已建绿化总面积/实际用地面积×100	%
		用地保障率	实际用地面积/规划用地面积×100	%

5.4.3 土地集约利用水平评价方法

本部分内容采用多因素综合评价法中的综合评分法进行小城镇土地集约利用评价。综合评分法就是在确定各参评因子权重的基础上,将各评价单元的每一参评因子得分与其权重相乘,之后再进行累加,得出各评价单元的总得分,其表达式为:

$$f(W) = \sum_{i=1}^{n} \left[W_i \times \sum_{j=1}^{m} \left(W_j \times A_j \right) \right]$$

式中　$f(W)$ 表示土地集约利用综合评价指数;

W_i 为准则层的权重;

n 为评价准则层的数量;

W_j 为指标层各指标的权重;

m 为评价指标的数量;

A_j 表示各评价指标的分级评分。

采用熵值法确定评价指标权重,并建立隶属函数确定各评价指标隶属度。

(1) 熵值法确定评价指标权重

熵值法是利用评价指标的固有信息来判别指标的效用价值,从而在一定程度上避免了主观因素带来的偏差。其基本步骤为:

① 对评价指标进行综合标准化,即计算第 i 个镇(街道)第 j 项指标值的比重:

$$P_{ij} = \frac{X_{ij}}{\sum_{i=1}^{n} X_{ij}}$$

式中　P_{ij} 为标准化后所得值;

x_{ij} 为评价指标实际值,$i = 1, 2, \cdots, n$;$j = 1, 2, \cdots, m$。

② 计算第 j 项指标的熵值 $e_j = -k \sum_{i=1}^{n} P_{ij}$,令 $k = 1/\ln n$,则 $0 \leq e_j \leq 1$;

③ 计算第 j 项指标的差异性系数 $g_j = 1 - e_j$;

④ 计算第 j 项指标的权重 $W_j = \dfrac{g_j}{\sum\limits_{i=1}^{n} g_j}$。

按照上述方法分别计算指标层和准则层的权重值,并将二者相乘得到组合权重。

(2) 隶属函数的选择和评价标准的确定

由于各个评价指标对土地集约利用评价这一目标的影响方式、影响程度都有所不同,因此依据各具体指标对于土地集约利用评价这一总目标的隶属情况选择隶属函数,在运用隶属函数的过程中,最小值 a 和最大值 b 是衡量指标值的两个样板值,a、b 两值的选取对于隶属度确定的准确性有着非常重要的意义。针对不同的评价指标,不同的隶属函数、最大值和最小值的选取形式也有所不同。运用隶属度函数,计算隶属度。主要有以下几种隶属函数:

函数1:

半梯形分布①:$U_A(x) = \begin{cases} 1, x < a \\ \dfrac{b-x}{b-a}, a \leq x < b \\ 0, x \geq b \end{cases}$

半梯形分布②:$U_A(x) = \begin{cases} 0, x < a \\ \dfrac{x-a}{b-a}, a \leq x < b \\ 1, x \geq b \end{cases}$

函数2:

矩形分布:$U_A(x) = \begin{cases} 0, x < a \\ 1, a \leq x \leq b \\ 0, x > b \end{cases}$

在构造隶属函数时,根据小城镇开发区土地利用特点及其数据处理情况,从现有的隶属函数中选取符合实际意义的函数。并根据实际情况,对原有的隶属函数进行修正,对于正向型隶属函数,适用于属性值越大越好的指标,如地均投资强度、容积率、企业用地率、地均生产总值、地均上缴利税等指标。对于逆向型隶属函数,适用于属性值越小越好的指标,如开发区绿化覆盖率等。针对不同指标特征和城镇自身特征,可采用不同方法进行评价标准值的确定。可将已有的科学合理的研究标准(国家标准或地方标准的合理规定)作为参照;或通过单项指标的域内、域外比较确定一个合理的目标值;或者是按照城镇自身发展状况确定一个标准。

根据慈溪市制定的《工业用地集约利用控制指标》及浙江省相关文件,慈溪市为浙江省二类地区,区域修正系数为0.9。所以,对于国家有严格控制的指标，如地均投资强度和容积率，采用《浙江省工业建设项目控制指标》中各行业分类指标控制标准，将各开发区、工业区块按照不同类别控制指标进行区域修正。如纺织业为主的地均投资强度不得低于 0.45 万元/m^2，因此，慈溪市工业用地地均投资强度不得低于 0.1 万元/m^2，绿地率一般不得超过20%。慈溪市小城镇开发区土地集约利用评价指标样板值确定依据见表5-17。

小城镇开发区土地集约利用评价指标样板值确定依据　　　表 5-17

目标层	准则层	指标层	隶属函数样板值确定依据	a（平均值）	b（最高值）
开发区、工业区块土地集约利用水平	投入强度	地均投资强度	工业建设项目各行业省级标准修正和最高标准	/	/
		企业平均投资强度	同规模城镇最小和最高标准	/	/
	利用程度	容积率	工业建设项目各行业省级标准修正和最高标准	/	/
		建筑密度	同规模城镇最小和最高标准	/	/
		企业用地率	同规模城镇最小和最高标准	/	/
	利用效率	地均生产总值	同规模城镇最小和最高标准	/	/
		地均上缴利税	同规模城镇最小和最高标准	/	/
	持续状况	绿化覆盖率	同规模城镇最小和规划控制标准	/	20
		用地保障率	同规模城镇最小和最高标准	/	100

（3）土地集约利用评价等级标准的确定

在土地集约利用评价的等级标准选择上，通过对当前不同评价标准的比较分析，结合浙江省慈溪市小城镇开发区、工业区块土地利用现状及特点，采用4级评价标准：Ⅰ级：当集约度 $C \geq 0.75$ 时，小城镇开发区、工业区块土地利用高度集约；Ⅱ级：当 $0.5 \leq C < 0.75$ 时，小城镇开发区、工业区块土地利用较集约；Ⅲ级：当 $0.25 \leq C < 0.5$ 时，小城镇开发区、工业区块土地利用基本集约；Ⅳ级：当 $C < 0.25$ 时，小城镇开发区、工业区块土地利用不集约。

5.4.4　土地集约利用水平评价结果分析

参与此次土地集约利用水平评价的开发区、工业区块共21个，其中，省级开发区1个，县级开发区17个，镇（街道）级开发区3个。总的来看，浙江省慈溪市小城镇开发区、工业区块土地利用集约水平较低，各分级情况及评价结果如下：

Ⅰ级：当集约度 $C \geq 0.75$ 时，小城镇开发区、工业区块土地利用高度集约。慈溪市小城镇开发区、工业区块土地利用集约水平均未达到此水平。

Ⅱ级：当 $0.5 \leq C < 0.75$ 时，小城镇开发区、工业区块土地利用较集约。此类城镇开发区仅有土地利用集约程度最高的慈溪市家电园区西区，为0.55。

Ⅲ级：当 $0.25 \leq C < 0.5$ 时，小城镇开发区、工业区块土地利用基本集约。此类城镇开发区有三北工业区块、慈东工业区块、崇寿镇工业园区、新浦镇工业

东西区块、慈溪经济开发区、横河工业区块、胜山工业区块、掌起工业区块、观海卫工业区块东西区、逍林工业区，占参评开发区、工业区块总数的48%。

Ⅳ级：当 $C<0.25$ 时，小城镇开发区、工业区块土地利用不集约。此类城镇开发区有慈溪市华东轻纺针织工业区、范市模具工业区块、宗汉兴园路工业区、庵东工业区块、附海家电科技园区、长河镇工业区、桥头工业西区、桥头工业东区、宗汉潮塘工业区、坎墩工业区，占参评开发区、工业区块总数的48%。

慈溪市小城镇开发区、工业区块土地集约利用水平评价结果　　表5-18

名　　称	级别	主导产业	投入强度	利用程度	利用效率	持续状况	综合得分
慈溪市家电园区西区	县级	家电	0.12	0.12	0.25	0.06	0.55
三北工业区块	镇级	毛皮、灯具	0.02	0.07	0.30	0.00	0.39
慈东工业区块	县级	化纤	0.27	0.03	0.07	0.01	0.38
崇寿镇工业园区	镇级	化纤、轻钢	0.03	0.13	0.18	0.02	0.36
新浦镇工业东西区块	县级	家电	0.12	0.00	0.15	0.06	0.34
慈溪经济开发区	省级	轻纺、化纤	0.23	0.03	0.04	0.04	0.34
横河工业区块	县级	家电、轴承	0.01	0.08	0.21	0.03	0.32
胜山工业区块	县级	车业、化纤	0.06	0.04	0.18	0.03	0.31
掌起工业区块	县级	家电、轴承	0.10	0.08	0.11	0.02	0.31
观海卫工业区块东西区	县级	家电、插座、打火机	0.06	0.05	0.13	0.06	0.30
逍林工业区	县级	化纤、电子	0.04	0.07	0.12	0.02	0.25
慈溪市华东轻纺针织工业区	县级	轻纺针织	0.01	0.08	0.07	0.08	0.24
范市模具工业区块	县级	家电模具	0.00	0.05	0.13	0.04	0.21
宗汉兴园路工业区	街道级	五金化纤	0.00	0.10	0.05	0.04	0.19
长河镇工业区	县级	浴具、阀门	0.05	0.03	0.07	0.02	0.17
庵东工业区块	县级	综合	0.05	0.01	0.05	0.07	0.17
附海家电科技园区	县级	电器	0.04	0.02	0.04	0.07	0.17
桥头工业西区	县级	化纤、毛绒	0.03	0.04	0.00	0.08	0.16
桥头工业东区	县级	纸箱、电器、塑料制品	0.03	0.02	0.01	0.07	0.14
宗汉潮塘工业区	县级	机械纺织	0.01	0.06	0.02	0.05	0.13
坎墩工业区	县级	服装、五金	0.02	0.02	0.01	0.04	0.10

6 城市土地整理：内涵、程序与模式

6.1 城市土地整理的内涵

当城市经济和城市化发展到一定阶段时，源于城市内生的和外生的成本之和开始逐渐超过城市综合效益，[1] 从而引起了关注城市未来发展趋势的城市政府与公众对城市走过的历程进行检讨性的反思。为了减少在城市发展过程中一些低效行为造成的成本损失，并不断恢复城市的生机与活力，城市政府往往将政策手段和市场机制结合并用来达到推动内城的改造与再开发活动的目的。土地整理便成为了实现这一目的的重要手段。土地整理项目最初于 19 世纪末发起于德国。后来许多国家或地区，如法国、瑞典、芬兰、日本、韩国、澳大利亚、土耳其等，相继采用和发展了各自的城市土地整理技术。[2] 土地整理在不同的国家或地区有不同的名称：德国、土耳其、日本和韩国为土地整理（land readjustment）；印尼和中国台湾为土地整合（land consolidation）；澳大利亚和尼泊尔为土地联营（land pooling）；加拿大为土地重置（land replotting）。[3~8]

---

[1] 城市综合效益包括城市化效益（urbanization effect）、聚集经济效益（agglomeration effect）、区位经济效益（location effect）和扩散效益（spillover effect）。

[2] 谈明洪，吕昌河. 国外城市土地整理及对中国合理用地的启示 [J]. 农业工程学报，2005，21 (s1)：154-158.

[3] Ray W. Archer. Urban land consolidation for metropolitan Jakarta expansion：1990~2010 [J]. HabitatInternational，1994，18（4）：51-73.

[4] Yomralioglut T, Tudes T, Uzun B, et al. Land readjustment implementations in Turkey [J]. International HousingCongress，1996，XX IVth：150-161.

[5] Rainer M J. German land readjustment：ecological，economic and social land management [EB/OL]. http：//www. ddl. org/figtree/pub/proceedings/korea/fullpapers/pdf/session20/2003-8-19.

[6] André S. Land readjustment and metropolitan growth：an examination of suburban land development and urban sprawl in the Tokyo metropolitan area [J]. Progress in Planning，2000，53：217-330.

[7] Kauko V. The finish urban land readjustment procedure in an international context [EB/OL]. http：//www. fig. net/figtree/pub/proceedings/korea/abstracts/pdf/session20/viitanen-abs/pdf/2003-8-19.

[8] Gerhard L. Land readjustment：A too l for urban development [J]. Habitat International，1997，21 (2)：141-152.

6.1.1 城市土地整理的不同阐释

国外对于城市土地整理的理解，存在着一定的差异，但这种差异并不大。❶ 国外学者将城市土地整理定义为：一群城市边缘区的邻近土地所有者，通过"股份参与"的形式，为项目的整体规划提供他们的地块；经过规划后，扣除公共用地部分，剩下的大部分土地按比例重新归还给土地所有者。❷

台湾地区的城市土地整理包括市地重划和区段征收两种方式。❸ 市地重划是政府、民间团体和土地所有人自己为了适应城市开发需要，发动某一地区的土地所有人，暂时交出土地，让市地重划机构，使用科学方法，把该地区杂乱不规则的地形、地界和零散、不能经济利用的土地，依法加以重新整理、交换分合，改善道路、公园、广场、河流，并配合公共设施等等，使每幅土地成为大小适宜、形状方正、具备一定规格的地界，然后在保留公共设施用地的前提下，将其余土地合理地分配予原土地所有权人，由他们依照都市规划自行建筑房屋或作其他使用。由于土地已经过重划整理，公共设施又根据城市规划安排妥当，原土地所有权人兴建房屋也符合城市规划，于是整个地区土地使用合理，从而构成一个公私建筑程序井然、道路纵横交错、环境优美、居民生活便利的新市区。市地重划经费由参加重划的全体土地所有人合理分担，而土地所有权人的支出，则因土地经过改良后地价上涨而获得补偿。

区段征收是政府根据城市建设需要，运用自己的权力对私人的土地所有权加以限制或有偿剥夺，即让政府可以整区整段征收私人土地，加以规划整理后，除保留公共设施用地和补偿原土地所有者部分土地外，其余的均可以分宗出售或出租。开发所需的资金，还可以用加征建筑费的方式分摊在出售土地上。政府既可以无偿获得一批公共设施用地，又无须负担大量建设费用。总而言之，区段征收、规划整理是政府在土地私有制度下实现市政建设计划的特殊政策，是政府在特别地区实行开发利用的有效办法。

国内学者从较为宏观的角度阐述了城市土地整理的内涵：城市土地整理是在既定的城市空间范围内，按照城市发展规划和土地利用总体规划的要求，采用一定的措施和手段，调整城市土地利用结构，改善城市用地环境，提高城市土地的利用率和经济产出率，提高城市的现代化水平，以实现经济、社会、生态的可持

---

❶ Kauko V. The finish urban land readjustment procedure in an international context [EB/OL]. http://www.fig.net/figtree/pub/proceedings/korea/abstracts/pdf/session20/viitanenabs/pdf/2003-8-19.

❷ Tej K K. Implementation experiences of land pooling projects in Kathmandu Valley [J]. Habitat International, 2004, 28 (1)：67-88.

❸ 萧承勇. 台湾区段征收与市地重划. 中外房地产导报, 2001, (19)：35-36.

续发展。❶ 城市土地整理的主要任务是基础工程设施建设和土地产权调整，其中土地产权调整是整理的核心。❷

在城市土地整理的概念中，国内外学者都强调利用城市土地整理技术，改善城市用地环境和提高土地利用效率，但国外学者的城市土地整理定义较为具体和明确，主要表现在：首先，清楚地界定了城市土地整理的研究区域主要是城市边缘区土地，特别是即将转化为城市用地的农用地，❸❹ 虽然这种技术也可以用在市区用地的重建上；其次，国外的城市土地整理概念强调了土地所有者对整理计划的参与；最后，概念对如何进行土地整理也作了简要论述。当然城市土地整理过程还包含着丰富的内容，如农用地地块的选择必须符合城市规划的要求；农用地块在进行整理前后都要进行土地价值的评价、公共设施的建设等。通过城市土地整理，可把不规则、零散的地块组合成规则的、整齐的地块，使之符合城镇土地规划的要求。其最终目的使各方参与者都可以受益：土地所有者获得价值总量更大的土地和环境更优美、设施更配套、交通更便捷的社区；政府减轻了财政负担并可使城市用地的发展符合城市可持续发展的要求；土地承包商获得了商业利润或其他回报。

总之，土地整理是指为适应大规模的城市建设之需，依据规划而对一定地域原有土地利用结构进行政策性调整的政府行为。由于"国家对一切产业拥有征用权，就便于政府为了重新发展而把一些地皮集中起来统一安排"。❺ 为了适应城市快速发展对大规模土地的需要，而由政府在必要时采取强制性手段购买私人土地，并加以集中整理，以供给日后城市连续发展而采取的一系列活动，就构成了土地整理的基本内涵。土地整理的产生主要是为了治理私人土地利用过于分散化、整体效益差和效率低等弊病，它是从城市规划和投资的需要出发，通过权属转移来重新界定地块的范围，来达到改善并凸显其经济价值的目的。在经历若干年的演化以后，土地整理逐渐被纳入城市政府控制土地供给的政策体系，进而作为间接影响土地利用模式的手段和方法。我国的土地整理和发达的市场经济国家的土地整理并不完全相同，这主要是由于城市化发展阶段和程度、土地使用制度、房地产开发投资体制和城市政府财力强弱等方面不同而造成的。❻

---

❶ 杨维凤，郑新奇，张志军. 加快城市土地整理促进耕地总量动态平衡［J］. 山东师范大学学报（自然科学版），2002，17（2）：63-66.

❷ 蒋一军，罗明. 城镇化进程中的土地整理［J］. 农业工程学报，2001，17（4）：156-159.

❸ Tej K K. Implementation experiences of land pooling projects in Kathmandu Valley［J］. Habitat International，2004，28（1）：67-88.

❹ Andr S. Land readjustment and metropolitan growth: an examination of suburban land development and urban sprawl in the Tokyo metropolitan area［J］. Progress in Planning，2000，53：217-330.

❺ （美）沃纳·赫希. 城市经济学（中译本）. 北京：中国社会科学出版社，1990.

❻ 印坤华. 土地整理、城市更新和旧区改造. 中国房地产经济研究，2000（1）.

6.1.2 城市土地整理的理念与功能

6.1.2.1 城市土地整理的主要理念

纵览世界上许多开展城市土地整理的国家和地区的经验,虽然由于国家和地区的具体情况存在差异,各国家和地区开展城市土地整理的动因和方式有所不同,但基本遵循以下共同的理念:❶

(1) 价值保持。整理区内原有地产所有者的所有权原则上不能受到损害或被剥夺,且整理后价值不能低于原有地产的价值。

(2) 平等互利。土地所有者共同承担整理区内的公共建设用地需求,同时共享由整理而产生的土地增值收益。

(3) 合法合规。依据法令开展,地块的划分和调整应符合相关规划提出的土地利用要求。

(4) 公正透明。地权人(所有者和使用者)享有平等参与权利,整理程序和价值分配过程受公众监督。

6.1.2.2 城市土地整理的主要功能

国外近一个世纪的实践证明了土地整理在城市土地规划和发展中的积极作用。❷ 在德国,城市土地整理被认为是城市可持续发展的核心部分,因为无论从生态、经济,还是从社会的角度,它都为土地管理提供了极好的工具。❸ 把城市土地整理技术介绍给亚洲国家已成为20世纪城市规划中最重要的国际合作之一。❹ 归纳起来,城市土地整理的主要功能有以下几方面:❺

(1) 整合土地,提高土地的经济价值

资金短缺是城市发展的重要瓶颈,而城市土地整理技术可以在很大程度上突破这种瓶颈。城市土地整理是城市边缘区土地所有者都拿出一部分土地用来发展公共设施用地等(在日本,这个比例通常为30%;土耳其为35%)❻❼,改善社

---

❶ 林坚. 从海外经验看我国建设用地整理开展的思路与途径. 城市发展研究, 2007, 14 (4): 109-113.

❷ Tej K K. Implementation experiences of land pooling projects in Kathmandu Valley [J]. Habitat International, 2004, 28 (1): 67-88.

❸ Rainer M J. German land readjustment: ecological, economic and social land management [EB/OL]. http://www.ddl.org/figtree/pub/proceedings/korea/fullpapers/pdf/session20/2003-8-19.

❹ AndréS. Conflict, consensus or consent: implications of Japanese land readjustment practice for developing countries [J]. Habitat International, 2000, 24 (1): 51-73.

❺ 谈明洪,吕昌河. 国外城市土地整理及对中国合理用地的启示 [J]. 农业工程学报, 2005, 21 (s1): 154-158.

❻ Andr S. Land readjustment and metropolitan growth: an examination of suburban land development and urban sprawl in the Tokyo metropolitan area [J]. Progress in Planning, 2000, 53: 217-330.

❼ Yomralioglut T, Tudes T, Uzun B, et al. Land readjustment implementations in Turkey [J]. International Housing Congress, 1996, XX IVth: 150-161.

区条件和环境。这样，即使城市土地所有者拥有的土地数量会减少，但是他们拥有剩下的土地会大幅度地升值，总价值还会高于未经整理时的土地总价值。因此，国外城市土地整理不需要巨额的资金补偿，是一种自筹资金计划。此项技术不必依赖政府资金，政府减少了在街道、露天空间和其他基础设施上的资金花费，减轻了财政负担。❶❷

(2) 为低收入者提供住房用地

发展中国家的城市快速发展和人口迁移中，出现了大量贫穷和缺少技能的城市新人口。由于城乡之间收入的巨大差异，这些新城市人口还将不断增加，因此，要求城市必须增强吸收和雇佣这些贫穷的新的城市人口的能力。除了就业外，最重要的是要为新增加的城市人口和低收入者提供他们所能承受的住所。目前，多数亚洲国家的土地利用规划和建设用地控制体系都未能保证足够的住宅用地，特别是为这些低收入者，导致了许多贫民窟的出现。❸

1983年，韩国为解决低收入者住房问题，引入了联合重建计划，其实质就是城市用地整理工程。这个工程由政府、房主协会和大型建筑公司共同参与：政府制定开发区域，房主协会负责整个工程运作，建筑公司提供资金和实施建筑工程。结果房主得到了住房，建筑公司获得了利润或其他回报。❹

(3) 合理开发土地，遏制城市用地蔓延

第二次世界大战以后，城市土地整理利用的广度和深度都有了很大增加。在日本，尽管这项技术被应用在市区土地整理、新城镇的建设与公共住房发展计划、铁路及重大运输线的发展与规划等很多方面，但它首先被广泛地应用在城市对农用地的占用上。城市蔓延问题已经引起国内外学者的广泛注意，不合理的城市蔓延不仅减少了耕地的数量，而且对耕地质量和生态环境都造成了破坏。这种蔓延主要发生在城市边缘的城乡结合部，这些区域往往缺乏有效的管理和计划，建筑物显得零乱、无序，城市基础设施落后、不配套，无法满足城市居民的生活和工作的需要。日本的城市规划者深信，城市土地整理（市地整理）就是一种有效阻止城市蔓延的方法，❺ 通过土地整理整合零散地块，完善公共设施，改善农业耕作环境。

---

❶ Andr S. Land readjustment and metropolitan growth: an examination of suburban land development and urban spra wl in the Tokyo metropolitan area [J]. Progress in Planning, 2000, 53: 217-330.

❷ Tej K K. Implementation experiences of land pooling projects in Kathmandu Valley [J]. Habitat International, 2004, 28 (1): 67-88.

❸ Greg O H, Dina A, Michael B. A review of slum housing policies in Mumbai [J]. Cities, 1998, 15 (4): 269-283.

❹ 张军连，李宪文，刘庆等. 国外市地整理模式研究 [J]. 中国土地科学，2003, 17 (1): 46-51.

❺ 张军连，李宪文，刘庆等. 国外市地整理模式研究 [J]. 中国土地科学，2003, 17 (1): 46-51.

（4）用于城市的恢复和重建

第二次世界大战以后，城市土地整理被广泛地运用在战后城市重建上。日本是应用城市土地整理恢复和重建城市的成功国家。日本的火山和地震较多，作为城市规划系统的关键部分，城市土地整理被广泛应用于地震、火灾和战后的城市重建上，目前约30%的城市用地面积使用了土地整理计划；在名古屋，甚至高达70%的居住用地的发展使用了这种技术。❶另外，通过城市土地整理，根据当地自然环境的特点，合理规划用地，甚至可以减轻或避免地震造成的危害。

6.1.3 城市土地整理与旧城改造的关系

6.1.3.1 城市土地整理与旧城改造的区别

（1）土地整理与旧城改造的运行机制不同

土地整理与旧城改造虽然都涉及土地形态、用途和价值的重新开发和规划，但是它们的运行机制又不尽相同。❷

第一，土地整理与旧城改造的目的不同。土地整理是通过改变土地不规则、不宜于经济利用和权属不清的状况来达到抬升土地使用价值的目的。而旧区改造则是针对内城衰败引起的城市中心区地位削弱现象，对老城区进行的包括土地整理、土地用途置换和街区重整在内的一系列改造活动。

第二，土地整理与旧城改造的适用范围和侧重点不同。土地整理比较适合于城市边缘区域土地的集中组合，经过整理后的土地可利用面积往往会增加，土地整理一般不涉及土地的具体使用和深度开发。相比之下，旧城改造则既关系到城市土地的上空间和下空间的开发，又要兼顾与内城边界土地利用形式的协调。因此，旧城改造必然涉及从前角度如何来重新定位土地价值的问题。

第三，土地整理与旧城改造的难度不同。土地整理中涉及的土地利用价值较差，大部分属于废弃不用的土地，土地整理对于土地所有权人和土地使用权人都有益处，所以一般不会受到来自于土地使用权人的抵制。而由于旧城区的人口和建筑物密度都非常大，权属结构复杂，改造过程中的拆迁安置和补偿负担相当繁重，导致了旧城改造的难度非常大。旧城衰退是城市区域发展不均衡的产物，在任何国家都存在旧城面貌重整的过程，只是每个国家的国情不同，使得旧城改造的难度也各有区别。在土地私有制的市场经济国家，内城改造还受到城市居民收入水平的制约。如美国于20世纪五六十年代进行的内城改造，终因最贫穷家庭难以负担改造后住房的费用而归于失败。因此，旧城改造不仅涉及建成区内存量

---

❶ AndréS. Conflict, consensus or consent: implications of Japanese land readjustment practice for developing countries [J]. HabitatInternational, 2000, 24 (1): 51-73.

❷ 印坤华. 土地整理、城市更新和旧区改造. 中国房地产经济研究, 2000, (1).

土地的整理，而且还关系到居民总体福利水平的变化。可以说，旧城改造对政府财力提出了更严峻的要求。

第四，土地整理与旧城改造的运作主体不完全相同。根据国外及台湾地区的经验，土地整理一般由政府指定某个机构来执行，土地整理是政府地政管理中不可或缺的职能之一。旧区改造则因为牵涉到城市功能的深度规划与土地的重新开发，所以需要城市规划部门、建设部门、地政管理部门甚至是户籍管理部门的协同配合执行。

（2）土地整理和旧城改造对土地保值增值的内在作用机理不同

土地整理和旧城改造是土地级差地租规律在实践中的运用，它们的共同点是对土地都产生保值增值的效应。但是，土地整理和旧城改造土地保值增值的内在作用机理并不完全相同。

1）土地整理的保值增值效应属于供给推动型。

鉴于土地的特殊属性，其增值效应又具有多重性的特点。土地整理的增值效益来自于四个部分：

第一部分是土地整理投入的资本化。未经整理的土地包括正在使用的土地和未曾被开发使用过的土地，无论哪一种土地，在整理以前其使用价值都比较低。未被开发过的土地的原始价值只包括土地资源价值，土地的资源价值以土地所能提供地租来衡量。在我国，城市土地租金的资本化表现为土地使用权的价格。经过开发整理以后，这类土地的价值量等于资源价值与土地整理投入之和。而那些已开发过的土地的整理效益，则在土地原有价值和土地整理投入之外还存在一个价值增量，增量部分就是土地整理投资对存量土地的价值挖潜。

第二部分增值收益来自于土地整理提高土地边际生产力的影响。土地整理对土地边际报酬递减具有缓冲功能，但是这一功能却是相当有限的。土地边际报酬递减的原因有三个：①土地的超承载利用；②外部不经济性；③土地所有权和使用权分离情况下的两权收益不平衡，使得土地使用权人缺乏积极的提高土地生产力的激励机制。鉴于土地整理的特点，它只能对由于土地超承载利用和外部不经济造成的土地报酬递减起缓和作用，而难以对由制度引起的土地报酬递减起到缓冲作用。

第三部分增值收益来自于土地整理的级差地租效应。未整理开发过的土地不具有市场均衡价格。土地所有者的绝对占有赋予了土地以供给价格（绝对地租的资本化）。而包括自然属性和价值属性在内的土地综合整理，可提高整个地块的区位序列和区域的集聚功能，从而引致对整理土地的需求。土地供给与土地需求共同形成了土地的均衡价格，均衡价格中除了绝对地租以外，还包括土地比较优势所提供的级差地租。

第四部分增值收益是土地整理加剧了土地供给稀缺而造成的增值。短期内，土地整理可以增加土地的供给量和缓解土地的稀缺度，但是，从长期看，土地整理将更多的土地纳入了城市建设，土地的竞争性利用意味着城市扩张的余地和可利用的土地增量都将减少。例如日本的土地整理计划（Land consolidation plan）每年为城市供给40%的服务用地，然而偌大的供给总量却未能使日本的土地高度稀缺的状况稍事缓解，反而加剧了土地价格的飚升。这其中主要有三个原因：其一，日本土地供给储备非常小。作为岛国，日本政府能够通过城市边缘土地整理获得的土地增量相当有限，因而即使在短期内土地供给的弹性也很小；其二，泡沫经济引起的土地价值虚增；其三，边际可利用土地的减少使土地更加珍贵，从而产生稀缺性增值。

2）与土地整理不同，旧城改造引起的增值是先由供给推动，然后通过供求的竞争共同来拉动。相比之下，旧城改造中土地增值的幅度远远超过了土地整理增值的幅度。

旧城改造之所以会引起土地的需求增值，是与内城土地价值的特点离不开的。一般地说，城市改造的土地都属于城市中先行发展的区域。这些土地的价值受到供给稀缺性和需求者竞争的双重推动。与新区不同的是，内城的地理面积和对外扩张的余地相当有限，因此内城改造的重点在于提高土地单位面积的承载力和土地立体空间的开发。城市改造提高了土地生产力水平，从而也加剧了对能获得更多土地收益的土地权属的竞争。

内城土地的价值函数由多个变量决定，其中比较主要的几个变量是：与中心商业中心的距离、通勤费用、公共服务的供给量、竞争性土地的供给数量、人口等。因此，老城区的土地价值存在一个初始值。在图6-1中以P_1表示6-1，该土地上历年来的投入，P_1越大，说明能够与之形成竞争的土地供给量越小，从而土地上的经济承载量（城市内由第二产业和第三产业的GDP来表示）、物质承载量和人口承载量也越大。旧城改造的目的有四个：第一，在平衡城市总体布局的基础上体现土地的区位优势及其所代表的某种特殊功能；第二，将土地的承载量调整到一个更为合理和适度的范围内；第三，使城市中心更富于吸引力；第四，保护和发展公共空间。旧城改造使城市土地的稀缺性发生了质的变化，由简单的供给性稀缺转变为投资性和功能性稀缺。由旧城改造形成的投资性和功能性稀缺与私人投资而形成的稀缺有所不同，然而对这种经过改造的土地进行私人投资却能获得更大的收益。图中表示的阴影部分就是由于城市改造而导致的土地价值增量。土地预期收益的增加，将引起需求者对土地的激烈竞争，需求者的竞争又会导致土地价格的提高。排除投机的因素，土地价格的提高具有促使土地使用者优化利用土地资源的内在机制，土地的竞争性利用无疑会强化土地的稀缺度。

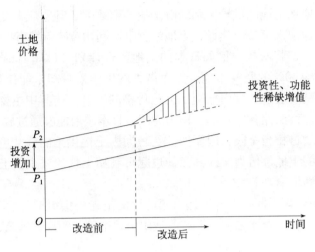

图 6-1 城市改造后形成的土地增值

与土地整理明显不同的是,旧城改造中存在难以确切估计的土地价值虚增现象。旧城改造中必然会涉及纷繁复杂的产权关系。正常的改造活动往往因旷日持久的讨价还价而中断。据有关课题通过调查我国许多城市的旧城改造而得出的研究成果,发现拆迁土地价格中有40%的讨价还价区间。❶ 内城土地的高度稀缺,证明土地市场是一种卖方市场,旧城改造中高昂的交易成本总是能内化为土地价格的重要组成部分。经过土地的竞争性利用,这部分虚增价值就通过土地需求的拉动转化为现实增值。

(3) 土地整理和旧城改造的效益增长路径不同

土地整理作为旧城土地功能开发的前期阶段,不涉及建筑物的建设,因此还不可能由供求双方的竞争来共同推动土地价值的增长。而旧城改造则旨在治理城市增长乏力、环境恶化、通勤成本增加、人口外流等诸多城市问题。因此,旧城改造的效益也来自于多方面,在改造中无法评判城市改造的效益,经过改造以后的土地配置状况才能真正体现城市改造的成果。

1) 城市中心区的土地适合于配置那些最依赖于外部经济的产业。表6-1对不同产业的空间配置效益进行了比较,发现传统产业更注重于从组织革新和技术孵化中获得效益,而选择在哪里配置并不是问题的关键。因此,为了减少土地费用的支出,这类产业往往配置在距离城市中心较远的区域。现代制造业和新型服务业则可以从城市核心区域或中间区域的配置中获得更多的外部经济收益。

---

❶ 中国社会科学院财贸经济研究所,美国纽约公共管理研究所. 中国城市土地使用与管理(总报告). 北京:经济科学出版社,1992.

不同产业的空间区位配置比较　　　　　　　表6-1

空间范围＼产业	核心区 (Core zone)	中间区域 (Intermediate zone)	外围区域 (Outer zone)
传统纺织制造业		1964年发生兼并、合并。注重纺织业的持续增长和国内市场占有	1957年发生兼并1969年高级技术纺织材料的发展
现代制造业	地区间重新配置、兼并、市场渗透、产业收缩和分散	市场渗透、产品革新、水平的垂直的联合、兼并与向新的地区扩张、产品革新	
新型服务业	强调长期发展的区域市场，持续增长受到劳动力市场的制约	只在短期内注重区域市场、中间地带，向国内、国外市场发展	

2）旧城改造如果兼顾产业动态配置的需求，可以大大提高改造的效益。产业的区位配置倾向因多种原因也在不断发生着变化。其中，最主要的原因有两个：第一，在不同阶段内产业具有不同的发展重心；第二，产业发展内、外环境的变化，迫使企业改变其配置策略。表6-1显示了现代制造业和新型服务业在不同的阶段具有不同的区位配置偏好。

3）从城市发展的趋势来看，旧城改造的效益还在于创建多功能的中心区，以避免来自郊区的竞争。

6.1.3.2 城市土地整理与旧城改造的联系

城市中的土地整理与旧城改造之间存在着必然的联系，城市旧区改造范围的大小与城市扩张过程中是否及时地对边缘土地进行整理密切相关，新开发地区和城市边缘地区土地整理的进度又关系到旧城改造的速率。对于一些已经具备若干年开发历史的开发区土地整理而言，它又带有某些改造的色彩。在具体的实践中，土地整理和旧城改造往往交织在一起，互为条件和手段。

（1）土地形态整理为旧区改造提供了可规划的物质基础。城市改造中的土地形态整理以城市规划和土地总体规划为依据，按照适用的原则从地形、地貌上进行拟合。旧城改造则在这一基础上，按照地租的分布规律重新配置产业和人口，以进一步优化城市土地的功能。

（2）城市中心的土地整理着眼于从城市赖以发展的土地供给入手，消除引起土地边际报酬递减的成本因素，从而赋予内城以一个新的发展空间。就一个具有复杂的产业结构和经济结构的城市而言，当我们很难辨别导致内城加速衰退的负效应是来自于系统内部还是来自于系统外部时，就需要通过率先进行以地租结构重新调整为核心的土地价值整理来启动城市的一系列改造活动。尽管整个改造工程比较浩大，但是以基础性的土地整理为切入点来调整产业结构、用地结构和就业结构等，关系到城市发展的综合层面的问题，比起局部的调整而言，效益更大，意义更为深远。

(3) 土地整理具有为旧区改造提供资金支持的机能。经过整理后的土地在数量和价格上都会产生一个增值，因此土地整理的效益总是正的。故土地整理可以为旧城改造提供初始的资金投入。

6.2 城市土地整理的程序

6.2.1 台湾市地重划的法律依据与程序

为使市地重划工作有序地进行，台湾地区出台了相关的法律、法规，目前台湾地区与市地重划相关的法令主要有四部：《平均地权条例》（第56~57条）、《平均地权条例施行细则》（第81~89条）、《市地重划实施办法》（共60条）、《奖励都市土地所有权办理重划办法》（共56条）。其他配套的法规有：《市地重划出售抵费地盈余款处理要点》、《民间团体办理市地重划贷款要点》、《市地重划与都市计划业务连系作业要点》、《直辖市或县市政府委托公营事业机构办理市地重划业务要点》、《委托法人或学术团体办理市地重划部分业务办法》、《台湾省各县（市）市地重划委员会设置要点》、《台湾省各县（市）市地重划区协进会设置要点》、《台湾省办理市地重划工程费补助要点》、《台湾省土地重划工程规划作业基本收支及运用办法》、《台湾省各县（市）办理市地重划绩效考核奖惩要点》、《民间团体办理市地重划贷款要点》等等。❶

台湾地区举办市地重划有两种方式：一是由市地重划机构组织某一地区的土地所有权人，联合开办市地重划；二是由某地区的土地所有权人自行联合开办该地区市地重划。但不论是采取何种方式，实际主持施工的还是公办的市地重划机构。市地重划内容复杂、费用巨大、涉及众多产权人切身利益，稍有疏忽，可能产生不良后果，因此作业之前，必须作深入细致的调查研究，拟订作业程序，循序渐进，才能圆满完成任务。

根据台湾地区多年的经验，市地重划的程序分为以下几个步骤：❷

(1) 选定重划地区

选定重划地区是实施市地重划的第一步，选定重划地区的条件大致为：①在城市规划范围内；②城市郊区地上建筑物较稀少，但已有城市化发展迹象；③对外交通便利。

(2) 拟订重划计划书

重划区选定后，主管机关拟订重划计划书报请上级机关核定。重划计划书应

---

❶ 萧承勇，郑英. 再谈台湾地区的市地重划. 中外房地产导报，2001，(4)：34-35.
❷ 谭峻. 台湾地区市地重划与城市土地开发之研究. 城市规划汇刊，2001，135 (5)：58-60.

载明以下事项：①重划地区及其范围；②法律根据；③举办原因及预期效益；④重划区地籍记录，附所有权人名单；⑤区内原有道路、沟渠、河川用地情况；⑥预计费用及财务计划；⑦预定工作进度；⑧重划区地籍图及细部计划对照图；⑨重划后土地使用分区图、主要道路及公共设施配置图。

市地重划是为城市发展准备各种用地，各种用地的面积和位置的配置应与城市规划密切配合。因此《都市土地重划实施办法》规定，选定的重划地区，尚未发布城市规划或其规划需要变更的，应于拟定规划或变更规划后，再办理市地重划。

（3）公告市地重划计划

计划经校准后，应公告并通知土地权利人，必要时邀请各土地所有权人座谈，阐明重划要旨。公告期间，该地区土地所有权人半数以上（这半数人在该地区所有土地面积超过半数）如有异议，可书面提出，主管机关进行调处，参考反对意见修订重划计划书，重新报请核定，依核定结果公告实施，土地所有权人不得再有异议。

（4）调查测量、规划设计

调查项目包含土地权利关系、地目、土地改良物、道路、公共设施、居民情况等等。测量分土地测量与工程测量两种，前者包括三角测量、图根测量、范围边界及公共用地边界分割测量、户地及地上物现况测量、绘图、计算面积等；后者包括边界及道路中心桩位测量、放样测量、纵横断面测量等等。

规划设计主要是道路、沟渠、管线、桥梁及其他公共设施的规划设计，还包括施工期间临时性措施的安排等。

（5）查估地价与分配土地

举办重划，须进行土地分配设计、计算分配面积、清偿费用、设定抵费地、规定重划后之单位地价作业，这些作业都需要以重划前后的地价为主要依据，因此查估地价工作十分重要。

土地所有权人的负担分为公共实施用地负担和工程费用负担两种，前者又分为一般负担和临街特别负担，后者则包括工程费用、重划费用及贷款利息负担。负担多少关系各人的切身利益，由于重划前所有权人的土地面积大小不一，位置不同，价值各异，所以计算各人负担的工作十分繁琐，一般以土地价值为标准，参考宗地大小来确定。

分配土地须根据重划前后土地位置、形状、面积、权利、地价及公共设施用地、费用等资料，计算各个权利人可分配土地多少，再依城市规划及有关资料，拟定各人应分配之土地的位置、形状和面积，并制成土地分配图，该工作也十分复杂，必须做到人人满意。

（6）基础设施建设

重划区的工程，有道路、桥梁、广场、公园、沟渠、水路等项目的新设或变更，还有上下水道、煤气管道、铁路、电信、电缆、铁塔、工业用水管之铺设及土地平整等。这些工程涉及众多单位，必须动员各方齐心协力去做，才能做好。

(7) 地籍整理

土地经过重划后，原来的地籍已完全变化，不仅权利改变，土地标示、所有权与他项权利标的、土地形状均发生了变化。整理的主要内容为：①标测道路中心桩实地埋设界标；②办理地籍测量；③更正原有地籍图；④协调他项权利，预告登记、查封及异议登记变更事宜并造册；⑤办理重划土地权利变更登记及所有权以外登记之转载变更登记；⑥换发土地所有权证书；⑦编制重划后的地价册，通知税捐机关照册征税。

地籍测量后，主办重划机关要以书面通知土地所有权人按期到场，实地指界交接土地。重划后的土地分配，虽然要求尽量符合重划前的条件，但要前后完全一致是不可能的，各宗土地受益程度也会有差异，要使各方都感到满意，只有以清偿方式来进行补救。

(8) 财务结算

主要是将抵费地订定底价公开标售，或按底价出售作为居民住宅用地。此项底价不得低于各宗土地重划后的评定地价。抵费地出售后。所得价款优先抵付重划负担总费用，如有盈余时，半数拨给平均地权基金，半数作为增添该重划区公共设施费用。

6.2.2 德国城镇建设用地整理的法律依据与程序

早在1820年，德国就有了土地整理法。不过土地整理一直是以农地整理为主。有明确法律依据的建设用地整理是从20世纪初开始的。1902年7月28日，由市长签署的《法兰克福地产整理法》是第一部关于建设用地整理的专门法规。1918年3月28日，《普鲁士住宅法》规定，《法兰克福地产整理法》适用于所有普鲁士城镇。目前，德国建设用地整理的主要法律依据是《建筑法典》中的有关规定。❶

建设用地整理不同于征用土地，其基本特点是可以兼顾公共建设用途需要和地产所有者的权益。为此，有四项基本原则：(1) 保持性原则。在实施整理的过程中，整理区域内原有地产所有者的所有权原则上不能受到损害或被剥夺，他们仍应拥有土地物质财产，且其价值不能低于原有地产。(2) 符合性原则。在整理过程中，要对全部地产在位置、形状、面积等方面进行统一划分和调整，以便符合建设规划及各项具体用途的土地利用要求。(3) 替代性原则。经过整理后，每个地产所有者都得到一份新的地产，其位置、形状、面积等性状会发生变

---

❶ Erich W.，贾生华. 德国城镇建设用地整理. 村镇建设，1999，(3)：56-58.

化，用以替代原来拥有的地产。（4）互利性原则。对于建设规划区内的公共用地需要，由全体地产所有者分担，集中使用，政府要按照多数所有者的利益，及早建设相关的基础设施，保证建设计划顺利实施。

不难看出，建设用地整理实质上是一个统一组织的利益协调过程。最终整理方案需征得全部所有者认可。如果整理的范围较大，往往需要花费很长的时间和精力。

根据《建筑法典》的规定，建设用地整理必须按照严格的法律程序来实施，切实保证有关权利人的合法权益，促进城镇建设规划的顺利实现。

（1）做出整理决议

当某项城镇建设规划或居民点改造规划实施范围内需要进行建设用地整理时，乡镇权力代表机构（乡镇议会）要经过讨论和表决通过整理决议，形成在规划区域内实施整理的政治意愿。整理决议对原有产权关系不产生法律效力，其主要作用是明确地要求整理机构开始组织实施整理程序，并规定整理的区域范围。只有包括在整理决议范围内的地产，才能进一步进入后续的整理过程。

（2）发布整理决定

负责建设用地整理的机构（如整理委员会）要根据整理决议的要求明确整理区域的具体边界，列出整理区域的每一宗地，形成整理决定，并依法在当地进行公告。整理决定是一份行政性文件，其主要作用是向有关权利人传达整理开始的有关信息，还要把整理决定通知当地的土地登记局和地籍局，土地登记局则在土地登记册中对将要整理的地产予以标注，此后直到整理工作全部结束前，这些地产的产权关系变动只有在得到整理机构书面同意后才能进行登记。这样就可以有效地防止不利于整理工作的事情发生。

（3）公布现状图和现状标记

在发布整理决定的同时，整理机构要公布整理区域的土地利用现状图和现状标记，描述各宗地的位置、形状、使用现状和产权关系。现状图是根据最新的地籍图绘制的。在现状标记中，要记述每宗地产在土地登记册中登记的所有者姓名、所在土地登记册和地籍册的编号、土地面积、用途、位置、有关的权利负担和用途限制等内容。现状图和现状标记要在预先公告的地点公布一个月，其作用是供有关权利人仔细考证，保证产权关系准确无误。当有关权利人有异议时，可及时提出复核，必要时可申请法院裁决。

（4）制定整理计划

整理计划是对整理区域内地产边界和布局调整的总体方案，由整理图和整理标记组成。整理图就像一幅地籍图，描述整理区域由变化后的地产状况，如新的边界、土地标记和面积等。整理标记一般按地块编制，要综合反映整理前后土地产权关系的变化情况，包括地产的位置、面积、用途、所有者姓名、他项权利及他项权利负担、用途限制等内容。

制定整理计划是一个反复讨论和协商的过程，最后由整理机构公布。整理计划是一个具有准法律约束力的行政文件，在原有地籍册修改以前，土地登记程序代表官方的地籍标记。对于一些复杂的整理项目，有时也可以分片制定整理计划，以便使条件成熟的地块早日进入实施阶段，加快整理进度。

整理计划要在乡镇范围内公布，以便有关权利人查阅。同时，还要把整理计划中与每个参与者有关的部分直接寄给权利人，在这份通知中要特别说明，权利人在得到通知之后一个月内，可以向整理机构提出异议。

如果问题得不到解决，权利人可以逐级向地方法院、联邦法院直到欧洲法院起诉，申请裁决在制定整理计划过程中，如何分配整理后的地产并进行价值补偿是一个核心内容。

(5) 公布和实施整理计划

如果参与整理的权利人对整理计划在规定期限内不提出异议或不申请法院裁决，则整理机关再次发布公告，宣布整理计划正式生效，成为不可更改的法律文件。这样，整理区域内原有的产权关系结束了，代之新形成的产权关系。新的所有者随即开始行使自己对地产的所有权。

整理机关在公告整理计划生效后，要向土地登记局和地籍局提交整理计划签发文件和公告副本，请求将有关权利变化在土地登记册和地籍册中予以登记，并注销土地登记册中的整理标记。这样，整理程序就全部结束了，建设规划可以在整理后的地产上得到顺利实施。

6.2.3 城市土地整理的主要操作程序

在实际项目操作时，许多国家城市土地整理的具体操作方法不尽相同，但一般具有以下几项共同的程序❶：

(1) 发起整理程序

城市土地整理项目在地方政府批准施行前，由法定发起人根据相关法律规定提出整理计划。在德国，发起人为地方政府；在法国，主要发起人为土地所有者；在日本，政府、公共企业、私人企业和土地所有者都可以根据需要发起整理计划。

(2) 公示整理计划

在整理项目执行前，整理计划按法定程序进行公示，对整理内容存有异议的地权人在公示时期内可以向地方法院提请法律裁决，获得法律援助。

(3) 评估整理地块

---

❶ 林坚. 从海外经验看我国建设用地整理开展的思路与途径. 城市发展研究, 2007, 14 (4): 109-113.

评估一般由整理执行机构指定专业机构开展,评估标准主要依据相应评估规范,具体修正系数根据地方实际设定。

(4) 分配土地

在整理项目中,土地按一定原则返还给原有土地所有者,原地权人土地权属结构基本保持不变,同时,原有社区关系得到维持。日本和韩国主要依据相似原则、德国依据价值等值原则、台湾地区主要依据位次原则来分配土地。

(5) 提取公共开发用地

根据详细整理计划,执行机构提取由原有土地所有者让渡出来的公共开发用地作为道路、公园及其他市政基础设施用地,并出售或开发部分地块用于弥补实施整理的有关费用。譬如,日本还规定了公共开发用地提取的上限比例。

6.3 城市土地整理的实践与经验

6.3.1 台湾的市地重划

台湾地区近30多年经济发展迅速,城市化水平快速提高,伴随而来的是人口膨胀、不动产价格高涨、居民生活环境恶化等社会问题,解决问题的根本出路是落实城市规划和城市土地开发。土地开发中的土地问题,台湾地区主要采取区段征收和市地重划两种方式,区段征收是依据城市发展需要,将某地区私有土地全部征收为公有,连同原公有土地统一重新规划、整理后,再统筹分配与使用。采用区段征收进行城市土地开发,首先必须筹措巨额征地资金,再通过立法程序,才能进行。市地重划是改造旧市区和开发新市区的有效措施,它无须筹措巨款征收土地,而是根据城市开发需要,发动某一地区的土地所有权人,先交出土地,让市地重划机构,使用科学的规划方法,把该地区杂乱的地形、地界和零散不能经济利用的土地,依法加以重新整理,并配合基础设施建设,使每宗土地大小适宜、形状方整,然后在保留公共设施用地的前提下,将重划土地合理地分配给原土地所有权人,由他们依照城市规划自行建筑房屋或作其他使用。由于土地经过重划整理,公共设施依城市规划安排建设,整个地区土地使用合理,从而形成一个公共与私人建筑秩序井然、道路纵横、环境优美、生活便利的新市区。

6.3.1.1 市地重划概况

台湾完成市地重划的地区已达619处,重划区土地面积共1.21万 hm^2。重划后可供完整使用的建筑用地共有7934.34hm^2,约占重划面积的66%;无偿取得公共设施用地4086.71hm^2,约占重划面积的34%。节省政府征购地价金额3253.57亿元新台币,节省工程建设费1214.99亿元,合计为政府节省都市建设经费共达 4468.55 亿元。❶ 从地区差异看，大城市经重划后提供的建筑用地所占比例小于其他市县，如台北市为 59.2%、高雄市为 63.6%，相对应无偿取得的公共设施用地所占比例较大，符合大城市土地开发的要求。

另外，由土地所有权人自办的市地重划约占重划总面积的 8%，重划后提供的建筑用地面积约占 70%，公共设施用地面积约占 30%，可见自办市地重划能得到较多的建筑用地。自办市地重划主要在非大城市开展，在大城市公办市地重划占绝对主导地位。❷

6.3.1.2 市地重划的效益

市地重划效益可分为对社会的效益，对参加者的效益和对城市建设的效益三个方面。

(1) 市地重划的社会的效益

台湾地区因人口大量涌入城镇，市政当局不得不扩大市区面积和增建新城镇。但城建经费又捉襟见肘，市地重划由土地所有权人提供公共设施用地和负担工程费用，通过整体建设与开发方式，能在短时期内将城建计划付诸实施完成，促使城市迅速繁荣。能提供土地，解决城市住房问题，适应城市化的需要。据台湾重划专家估计，每 1000hm² 建筑用地可解决 40 万人的住房问题，那么重划后获得的 6027hm² 的建筑用地可解决 240 多万人的住房问题。市地重划后的抵费地出售后，除扣去重划费用外，留有大量结余，可兴建公园、游乐场、停车场、零售市场，并绿化美化环境，提高了重划区居民的生活品质。市地重划后杜绝了对土地投机者有利的情况，使得土地投机屡获暴利的情况有所改善，城市土地市场供需趋于合理。重划区都建立了完整的地下水道系统，给水排水道通畅，区内道路四通八达，无交通阻塞的烦恼，街道宽阔，自来水、消火栓配备安全，方便扑灭火灾，居民生命财产安全有了保障。❸

(2) 市地重划对参加者的效益

市地重划要求地主一律平等负担重划区内的公共设施用地及重划费用，一样分配可建筑的土地，使他们有平等的待遇。重划后，各项公共设施均已完成，地主土地经重新分配适合立即使用，可促使地主提早使用他的土地。重划后完备的公共设施，优美的生活环境，使土地价格随之上涨，提高了竞争力，土地容易脱手，土地所有人因而获利。重划后，土地经过整体规划分配，地形地块整齐方正，可以充分利用，消除了土地的浪费与损失。重划后，基本上每块土地都临路，免除了土地所有权人需自行增设巷道的烦恼。例如高雄重划前，共有 27889

---

❶ 何庆. 台湾之"市地重划". 中外房地产导报, 2001, (4): 49.
❷ 谭峻. 台湾地区市地重划与城市土地开发之研究. 城市规划汇刊, 2001, 135 (5): 58-60.
❸ 萧承勇, 郑英. 再谈台湾地区的市地重划. 中外房地产导报, 2001, (4): 34-35.

个街区，不临路的有 5963 个街，占了 21%，而重划后，街区总数减为 19557 个街，不临路的只有 15 个街，仅占 0.08%。❶

市地重划土地所有人虽应负担重划费用，但可由重划主管单位发给费用证明，日后土地移转时可在增值中扣除，以减轻土地增值税，重划后土地第一次移转时，还可减征土地增值税 20%。重划后，共有土地可经协议分别为单独所有，原无法配合城市计划的地上物及设施拆迁可取得拆迁补偿费用。重划后，地籍整理，土地重新分配，使原有的地籍及使用纠纷一并获得解决。

参加市地重划者所提供的重划成本为公共设施用地和用以抵所应负担的重划费用的抵费地。据资料统计，在大城市重划后获取的公共设施用地中，原公共设施用地约占 1/3，由土地所有权人负担提供的用地约占 2/3，加上抵费地，参加重划的土地所有权人所负担的用地大约占提供重划面积的 35%。换言之，参加重划的人于重划前，提供 100m² 的土地，重划后能得到 65m² 的建筑土地，把这种重划成本转入地价计算，则重划后的地价应为重划前的 1.54 倍，据台北市和高雄市多年地价变动情况统计，重划后平均地价为重划前的 1.81 倍和 2.65 倍。❷

参加重划的人受益多少，取决地价变动的幅度，地价变动的幅度又取决于城市经济发展情况、重划区域位置及房屋市价变化情况等等。此外，市地经过重划后，建设加快，交通方便，绿地面积增加，文化娱乐设施齐备，个人因此而获得的福利是难以用金钱计算的。

（3）市地重划对城市建设的效益

市地重划无需当局提供任何财政上的支持，完全由重划区内的土地所有权人提供用地和工程费用。为当局因财政困难无法进行城市建设提供了解决途径。台湾地区的城市建设限于财力、人力的不足，仅就都市迫切需要的部分重点予以办理，因而仅限于点与线的建设，对整体全面的开发与建设很少办理。而市地重划的办理是对重划区内土地全面整体的开发建设，使城市的开发建设一劳永逸，日趋完整。市地重划区内的公共设施的建筑均采用工程建筑标准统一施工全面实施，建设标准一致，结余的经费还可用作维护经费，对都市建设的水准有逐渐提高的趋势。❸ 政府可无偿取得公共设施用地，重划区内的公共设施用地几乎 80% 由重划所有人负担，可减轻当局的财政困难和免除因征收而带来的困扰。据统计，高雄市完成头 28 个重划区建设，一共取得公共设施用地 468hm²，若按照公布的地价现值计算，其土地价值 266 亿元。基础设施费用也由参加重划的业主部

---

❶ 萧承勇，郑英. 再谈台湾地区的市地重划. 中外房地产导报，2001，(4)：34-35.
❷ 谭峻. 台湾地区市地重划与城市土地开发之研究. 城市规划汇刊，2001，135 (5)：58-60.
❸ 萧承勇，郑英. 再谈台湾地区的市地重划. 中外房地产导报，2001，(4)：34-35.

分分担，这28个重划区的基础设施费支出为30亿元，两项支出合计近300亿元左右，因此可为城市财政节省巨额支出。❶

当局有责任给低收入者提供国民住宅，由于建筑用地缺乏，推行因而受阻，市地重划为国民住宅提供了较低廉的土地，加速了国民住宅的建设。重划为城市土地改革提供了基金，此基金为实施城市土地改革和城市建设大有裨益。重划还附带完成了地籍的整理工作，建立了准确的地籍资料，确保权利人的权益，杜绝纠纷。

6.3.1.3 市地重划的经验

台湾地区从事市地重划已40余年，有许多经验值得借鉴。

（1）重划区选择原则

重划区选择不当，结果就不会好，例如，重划区太偏僻或靠近工厂，就不适于居住，即使这个开发区拥有大量建筑用地，也不能把居民或企业集中进来，结果浪费了土地资源和公共设施用地。为了开展市地重划，市政府应按照下列原则去考察和选择重划区：①选择公共设施较完备、环境条件较优的地区，例如，接近有大型公共设施或有重要建设的地区；②选择接近城市化水平较高和人口增长较快的地区；③选择原有建筑物或建筑物很少的地区，以节省建筑物拆迁费用；④选择交通方便的大城市的郊区，这样一个地区能减轻大城市人口压力，由于交通方便它将吸引更多的人口或企业到区内来。

（2）发展容量和规模

在有限条件下，城市人口和企业的增长常呈一定比例，而所需住宅容量和企业用地也限于一定水平。如果城市开发超过建筑物所需土地容量，则不但出售抵费地以偿还重划费用有困难，而且会有土地闲置的危险。台湾高雄是一座经历过快速发展的城市，多年来它的发展能适应社会需要，发展容量和规模的确定功不可没。为了防止过量开发以致影响重划后的效益，市政府因此分析住宅用地和商业用地的供需状况，从而估定每年住宅用地总需求的增加量为16500m^2，商业用地大约为2100m^2，两者之和为18600m^2。经过计算后得出的结论：要使每年的供需平衡，则最合适的开发面积为133hm^2。此外，分析以前各期市地重划的费用和效益，效益最高的重划面积是60～70hm^2。据此，得出结论，就高雄市而论，每年以开发两处为宜，每处的规模大约在66hm^2左右。

（3）促进土地获得最佳利用

政府不仅应注意重划地的分配，也应该重视重划后的开发，使区内土地得到充分利用，重划区建筑开发应当有一个连续的和始终一贯的制度，包括公共设施的建设和建筑物使用时间的限制及容积的控制。

---

❶ 谭峻. 台湾地区市地重划与城市土地开发之研究. 城市规划汇刊，2001，135（5）：58-60.

6.3.1.4 市地重划的问题探讨

市地重划对台湾城市建设起到了积极推动作用，但也存在一些缺陷。

(1) 市地重划与城市规划的配合

市地重划必须与土地开发同时进行，而土地开发要依据城市规划，因此市地重划与城市规划的关系非常密切。在台湾地区，市地重划是由地政机关主办，而城市规划是由工务或建设单位负责，两单位之间并不能密切联系，常有脱节现象发生。如有些市地重划区依城市规划所划定街坊相当大，而市地重划必须依城市规划，将原土地所有人之土地加以重新整理，并扣除各种负担后分配给原土地所有人，结果由于原所有人本来之面积不大，扣除各种负担后，面积更为细小，而以此细小土地要在大街坊中进行分配，就会出现许多临街宽度狭小而纵深很长之细长宗地，难以促进土地利用，从而影响市地重划的效益。

(2) 抵费地分散问题

根据市地重划的有关规定，在办理重划时，将抵费地分别留在各个街坊内，造成抵费地分散，这有碍抵费地的统筹运用，尤其难以以抵费地来规划兴建居民住宅或其他公共设施，所以，对于土地分配以原有位次为原则，抵费地以受益土地所有权人重划区内之未建筑土地作价交由县市政府处理出售的规定，值得商榷。

(3) 重划负担问题

重划区内的公共设施用地除原有公共设施用地外，不足部分由参加重划的土地所有权人按受益比例共同负担。但是，通过重划区的主干道路并非全是重划区居民在使用，其用地及建设费用全部由重划区居民负担显然不合理；另外，政府有义务在各地兴建学校等其他公共设施，其用地应该是政府提供，而要求重划区居民自行提供，则与其他地区的居民比较显然不公平；还有，有些公共设施用地，本来应由政府编列预算，配合重划加以征收，但由于地方政府财力有限，往往缺乏资金来征收重划区内未列为共同负担的公共设施用地，而是将此等土地仍然分配给原所有人，变成公共设施保留地，造成业主参加重划后土地却不能建筑使用的不公平现象。比较好的做法是，在重划前先征收一些土地，然后参与重划，再将非共同负担的公共设施用地分配给地方政府使用。

(4) 土地利用问题

重划后大部分土地分配给原土地所有人，政府所能掌握的土地较少，使得政府难以从事有规划的城市建设；另外，由于社会制度的不同，土地所有人对所有的土地不尽快或有效利用，政府也无可奈何。台湾有不少重划区，数年后未利用的情形比较普遍，不仅浪费重划资金，也浪费土地资源，更使城市众多问题迟迟得不到解决。此外，重划后土地所有人从事建筑利用时，也有不少人缺乏整体景观意识，所以重划区形成的街景有的仍然显得零乱庸俗，如此将大为降低重划效益，因此，如何加强重划后的城市土地利用，是应该解决的一个问题。

6.3.2 德国城镇建设用地整理

在各类城镇建设规划的实施过程中，无论是开发新区还是改造旧城，一般都要对规划区域中的土地产权关系进行调整，以便使地产在形状、大小和位置等方面符合建设规划对用途的具体要求。在德国，调整地产关系可以按照私法原则进行购买或交换，条件是当事人之间能够就地产调整和价值补偿达成一致。如果规划所涉及的产权关系比较复杂，私人之间达成一致的困难很大，就可按公法原则统一组织，称为建设用地整理。此外，当建设规划涉及公用设施建设用地时，一般都通过建设用地整理满足用地需要，因为它比征用更能保证相关产权人的权益。

6.3.2.1 组织机构

根据《建筑法典》的规定，建设用地整理原则上由乡镇组织实施。乡镇权力代表机构如果认为实施建设规划需要进行建设用地整理，就以通过"建设用地整理决议"的方式，委托乡镇政府或专门成立的整理委员会实施建设用地整理。❶

（1）整理委员会

根据《建筑法典》第46章第2节第一条的规定，州政府可以立法要求乡镇政府组建拥有独立决策权的建设用地整理委员会，负责建设用地整理的组织实施。整理委员会是独立机构，不接受乡镇权力代表机构或乡镇行政当局的领导。每个整理委员会都吸收法律、测量、地籍、估价等不同领域的专家参加，与乡镇代表机构的成员一起工作。这样，就可以充分保证整理过程的合法性和公正性。

对于建设用地整理过程中所涉及的测量、地籍、整理方案、补偿标准等技术性准备工作，可以依法委托给当地的土地整理局或地籍局等政府机构完成，也可以委托给有资格的测量师去完成。有时，乡镇政府甚至可以将组织实施建设用地整理的全部职权委托给有关的政府机构去完成，这也是《建筑法典》所允许的。

（2）整理委员会办公室

整理委员会的主要任务是依法对整理过程中的有关事项做出决定，一般并不直接出面与建设用地整理的参加者进行接触和协商。通常是在乡镇政府中设立整理委员会办公室，负责起草和准备有关资料，并与有关权利人进行接触，协商整理中所涉及的各种问题。在大多数州，整理委员会办公室设在当地的地籍局中。

6.3.2.2 地产分配和补偿方法

建设用地整理能否顺利实施，关键取决于能否合理地在原有地产所有者之间分配整理好的地产，并给予受损失者适当的补偿。这是一项技术性很强的工作，在起草整理计划过程中要反复商讨。对于地产分配和补偿的基本原则和方法，《建筑法典》在第55~66章做了具体规定。

---

❶ Erich W.，贾生华. 德国城镇建设用地整理. 村镇建设，1999，(3)：56-58.

（1）整理面积和分配面积

位于整理区域内的全部地产总面积称为整理面积。要根据建设规划的具体要求，从整理面积中预先留出公共开发用地，包括交通用地、绿化用地、儿童游戏用地及环保用地等。其中，绿化和环保用地仅限于满足整理区域由居民需要的范围。这部分公共开发用地被交给乡镇政府，用于公共设施建设。乡镇政府自己投入整理面积的土地则不再分配和补偿。

从整理面积中扣除公共开发用地面积后，剩余的部分称为分配面积。这些分配面积按照用途和建设规划要求划分为新的建筑宗地，分配给整理区域内的地产所有者。提取公共开发用地的比例，在从生地到熟地的开发性整理项目中，最高可达整理面积的30%。在原有建筑用地范围内进行的改造性整理项目中，应控制在整理面积的10%。

（2）分配标准

整理后地产分配的主要依据是参加整理的所有者投入整理面积的地产比例。如果以投入整理的地产价值比例为分配标准，称为价值整理，如果以投入整理的地产面积比例为分配标准，称为面积整理。在整理实践中究竟选择哪种分配标准，由整理机构根据项目特点统一确定。

在价值整理中，分配面积被按照地产所有者投入整理的原有地产的价值比例进行分配。计算价值比例的时点是整理机构发布整理决定的时间。同样，在评估分配面积的价值时，也是以发布整理决定的时间为基准时点。对于整理后的价值变化，则适当予以调整。全部估价工作都由独立的估价师来完成。

对于从生地到熟地的开发性整理项目，整理后的建筑熟地比原来的生地会有很大增值。这部分增值分为由于整理而产生的"整理增值"和由于实施建设规划而产生的"规划增值"两部分。前者被乡镇政府提取，用于弥补实施整理的有关费用；后者则留给原来的所有者分配。整理增值的主要内容包括建设规划实施时间的缩短、协商成本的节约、测量和律师费用的节约以及官方文件变更费用的节约等。在面积整理中，整理机构主要通过提取公共开发用地的办法取得"整理增值"的好处。

（3）价值补偿

在满足建设规划的前提下，应尽量把分配面积中相同或相当位置的地块分配给原来的所有者。但是，根据建设规划必须将分配面积划分为符合一定使用目标的宗地，这就不能保证每个地产所有者实际分得的地产刚好与其应得份额完全一致，出现一定程度的偏差是预料之中的。这时，法律规定保证建设规划实施比完全满足每个所有者的应得份额有优先权，但必须对有损失的所有者给予价值补偿。如果分得地产低于或高于应得地产的16%以上，则必须应用有关赔偿法规的规定予以补偿。在这种情况下，补偿金额是根据整理计划生效时点的评估价值计算的，高于按整理程序开始时点评估价值计算的补偿金额。

制定分配和补偿方案是一项复杂细致的工作，要与全部参与整理的地产所有者反复商讨。初步的分配和补偿方案确定后，要依法予以公布，使有关权利人了解方案的全部内容，并提出自己的修改意见和要求，由整理机构统一协调。最后，分配和补偿方案成为制定整理计划的依据和核心内容。

6.4 我国城市土地整理的类型与模式

6.4.1 我国城市土地整理的原则与路径

本着立足国情、充分借鉴的思路，参照海外建设用地整理的发展历程和现有的主要运作模式，我国现阶段开展城市土地整理的原则主要有：

(1) 土地整理服务于规划的原则

作为土地政策集合的一个分支，土地整理是针对土地市场失灵而采取的积极对策，或者说，它是为了避免私人投资低效而造成的高昂成本，而以尽可能小的成本来维护城市规划和土地利用规划的实施效果。因此，土地整理必须以城市规划和土地利用规划为指导，并服务于城市规划和土地利用规划。OECD 于 1983 年在《控制城市的变化——政策和金融卷》一书中总结了一般土地管理政策的构成，认为"土地利用规划经常是从大范围战略性或区域性规划到某一种特定的建筑规划的等级体系"，这句话除了强调土地利用规划从总体到详细无所不包的广泛涵盖面以外，也是对土地整理从总体规划出发、服务于具体的建筑规划的极好说明。❶

① 土地整理在规划体系中的基础作用

规划体系的整个构成框架包括四个部分：区域规划、地区性综合发展规划、详细城市规划和建筑规划。20 世纪 60 年代末 70 年代初，英、法等国家制定并实施了空间规划和结构规划等与其他规划相衔接但又不完全等同的，着重于城市土地利用静态的、多维度的均衡的规划模式，以保证规划体系的完整性。

对于要求城市间进行协作，在公共设施方面需要大量投资的区域规划，土地整理的范畴较广，涉及城际及其城市边缘土地的集中整治。为此，需要两个甚至是多个城市间土地利用规划和每个城市内部土地功能分区间的协调，此时在社会目标指导下进行的土地整理关系到城市区域化的进程和公共投资的效益与效率。

把总体规划与社会经济发展规划结合在一起的，旨在实现地方平衡发展的地区综合发展规划，则要求土地整理更能侧重于提高土地的使用价值，涉及与分散使用土地的效益进行比较和对集中使用土地的效益进行预测等方面的内容。因

---

❶ 印坤华. 土地整理、城市更新和旧区改造. 中国房地产经济研究，2000，(1).

此，这时的土地整理是在城市和地区发展的动态过程中对土地价值做出重新评判基础上的土地结构调整实践。

城市规划和建筑规划尤其是建成区的规划，更离不开土地整理的基础性资源配置作用。

总的说来，土地整理的基础性作用体现在以下几个方面：第一，配合城市产业结构调整和城市功能转换，改变产业内部土地配置不合理和土地利用不充分的现象；第二，协调规划体系间的每个层级关系。当部门之间或产业之间出现用地不平衡甚至是发生土地利用冲突时，那么就需要从空间结构规划的合理性、均衡性和综合效益出发，选择可操作的土地整理方式，集零为整地进行配套建设和深度开发，并按部门或产业最优原则重新配置整理过的土地；第三，维持土地总量的动态平衡，增加可利用土地的规模和提高可利用土地的边际报酬。土地总量的动态平衡对于城市的发展至关重要，从可持续发展的角度来看，它旨在确保城市发展不至于受到土地供给迅速减少的限制。而就土地利用的时序而言，及时的土地整理的收益可以抵消甚至是超过由土地利用过程中浪费和土地边际报酬递减而造成的损失；第四，从一个更为广泛的意义来看，在农村对可耕地引入土地整理机制，推进规模经营和集约利用土地，可以挖掘土地潜力、增加耕地面积和提高耕地质量，无疑为城市发展提供了更为广阔的空间。

② 土地整理作为土地利用规划和发展控制的土地定量供给手段

土地管理控制政策由三个部分构成：土地利用规划和发展控制，土地定量供给政策和土地价格管理政策。图6-2清晰地给出了土地管理控制政策的构成及其每个组成部分之间的关系。我们可以看出土地整理与土地利用规划的政策侧重点不同。土地利用规划和发展控制的目标指向往往是未来几十年的城市发展格局，属于积极的指导性政策。在时距跨度比较大的规划实施阶段，为弥补土地市场分配资源的低效率，就需要通过土地整理对私人分散土地进行产权交易、整治清理和重新分配以保障土地利用规划的用地需求。因此，从二者的关系来看，土地整理是在私人分散利用土地的趋势日益加剧和土地的集中规划难度剧增的情况下，从维护土地利用规划的整体性和发展控制的成本角度为城市发展提供可规划的土地空间而产生的一种强制性政策措施。在经历若干年的演化之后，土地管理控制政策体系才能使土地整理充分发挥调整存量土地结构和变存量土地为增量用地的土地定量供给的功能。由此，土地整理逐渐成为制定土地利用规划及其他发展控制政策的前提。

（2）效益最大化原则

土地整理的效益来自于土地的集中和集约利用，表现为缓和土地边际报酬递减的趋势和提高土地生产力水平这两个方面：

① 缓和土地边际报酬递减的趋势。土地分散使用将导致土地边际报酬加速

递减，这是因为，同一块土地上的过度竞争和零星开发使得开发者丧失来自于城市空间开发的外部收益，也就是说，土地利用的机会成本超过了土地开发的社会成本与私人成本之和。作为一种由政府实施的土地管理政策，与奉行自由市场竞争原则的商业性土地合并收购和集中整理相比，具有两个方面的优点：其一，土地整理的代价昂贵，由政府在规划的基础上实施，更易于使一项土地利用计划付诸实施；其二，政府利用土地先买制度可以在同样的成本支出前提下扩大土地整理的范围。

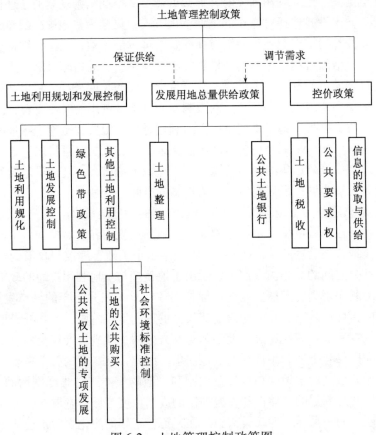

图 6-2 土地管理控制政策图

② 提高土地生产力水平。从发展的眼光来看，土地整理给予多块相关联的土地以重新开发和全新定位的机会。构成土地生产力的要素有两个：第一，土地的位置、丰度、肥力、地势、面积等自然赋予的物理特征或土地绝对区位优势；第二，土地的功能，如生产功能、承载功能、商业功能、旅游功能和景观功能等通过综合开发而得到的土地相对区位优势。土地整理正是在利用土地的绝对区位优势的基础上，突出土地某一种最具潜力的功能，来达到提高土地生产力水平的

目的。因此，土地整理与简单的毛地开发有本质的区别，作为开发过程中的重要一环，它的难度与成本要大得多。

（3）政府主导，多方参与

在我国建设用地整理所需法律基础和规划基础还很薄弱的现实情况下，应采用政府主导的模式，根据城市总体发展需要，合理规划整理区域，引导城市有序发展，同时，鼓励企业和地权人参加，建立多方合作、利益共享的整理模式，改变过于依靠政府单方面行政推动的局面。❶

（4）以点带面，重点突破

海外经验表明，建设用地整理在城乡结合部地区往往容易取得成功。❷ 为减少整理阻力，提高整理效果，我国的建设用地整理在近期应以选择整理效益明显，整理动力较强的地区和土地类型先期开展，在地方自愿和国家支持的基础上设立整理试点，在条件适宜的地区实行土地重划的土地整理方式，积极探索符合我国国情的建设用地整理模式。

（5）循序渐进，逐步推进

我国的建设用地整理开展的理论研究和实践还处于起步阶段，还没有形成一套规范的操作程序和有效的利益平衡机制，而且，整理涉及方面较广，牵扯到原有土地所有者和使用者的切身利益。因此，建设用地整理的推进必须是一个循序渐进的过程，应当在我国现行的法律制度下，采用逐步推进的方式，逐步引导我国城乡土地开发方式的转变。

为切实推进城市土地整理在我国的开展，现阶段我国城市土地整理的路径安排为❸：

① 在资金筹集方面，应结合新增建设用地有偿使用费征收标准调整的契机，争取中央和省级（含省、自治区、直辖市、计划单列市）新增建设用地有偿使用费资金支持，设立建设用地整理专项资金。建设用地整理投入应纳入中央和省级政府的土地整理财政预算，实行专款专用。地方政府将整理项目打包申请专项资金，同时根据项目类型按比例投入配套资金。

② 在动力机制方面，在整理项目中引入以土地增值收益为资金平衡机制的技术方法，设计符合我国国情的建设用地整理投入产出模式，推动城乡结合地区的建设用地整理开展，同时，结合我国城镇建设用地增加和农村居民点减少相挂钩的试点政策，探索以用地折抵指标为激励机制的农村建设用地整理形式。

---

❶ 林坚．从海外经验看我国建设用地整理开展的思路与途径．城市发展研究，2007，14（4）：109-113.

❷ Joachim T. Actural Trends Concerning Land Management, Land readjustment and Land Consolidation in Europe [P]．Theupper Land Consolidation Authority of Northrhine—Westphalia, 2005.

❸ 林坚．从海外经验看我国建设用地整理开展的思路与途径．城市发展研究，2007，14（4）：109-113.

③ 在整理对象方面，以城乡结合部、农村居民点、城乡闲置土地为近期重点整理地区。在城乡结合部和农村居民点，参照土地重划的方法，开展以规划引导为主要模式的建设用地整理，引导城乡建设有序发展，同时，在独立工矿点和城区闲置土地地区开展针对工矿废弃地或闲置土地的专项整理。

④ 在试点设立方面，采用因地制宜的原则，在东中西部分别设立基于不同发展条件的农村居民点整理试点，在东部沿海经济发达地区设立城乡结合部建设用地整理试点，在条件适宜的大城市设立城市建设用地整理试点，探索不同的整理模式。

⑤ 在制度保障方面，将建设用地整理计划纳入土地利用总体规划和城市总体规划考虑的范畴，赋予整理计划法律地位，同时建立建设用地整理计划公示制度和相关法律诉讼制度，加强对土地所有权和使用权的保护力度，使地权人平等参与整理项目。

6.4.2 我国城市土地整理的主要类型

城市用地包括城市社会经济所涉及的工业、商服、住宅、交通、市政等多种用地类型。对城市用地进行全面整理的目的，就是要根据科学发展观的要求，协调处理好不同种类用地之间的比例关系，促进城市生活、经济、社会的可持续发展。由于各城市社会经济发展条件的差别性，各个城市应该根据自身的特点，因城制宜、因地制宜、因时制宜，以不同用地整理运作模式为着重点，结合不同的运作模式寻求城市土地的最佳综合整理效益。从目前建设用地整理的实践来看，建设用地整理的类型主要有"腾笼换鸟"型、功能调整型、全面改造型、城乡统筹型和道路拓展型。[1]

(1) "腾笼换鸟"型

长期以来，我国不少城市受计划经济体制和城市土地无偿划拨制度的指导，城市用地中工业企业所占比例一般高于国外城市工业用地所占比例为5%～10%。工业用地比例过大严重地制约着城市社会经济的可持续健康发展，影响城市功能的有效发挥，造成土地利用效率低、土地流转弹性小、居民生活环境污染严重。因此，把有污染、效益低下、占地面积大的第二产业特别是其中的重型工业企业迁出城市繁华区，与第三产业中的金融、商贸、会展、服务用地置换，无疑有利于城市土地的集约利用和单位土地贡献率的提高，有利于盘活城市存量土地，有利于提高城市整体容积率。具体实施办法：对工业地产进行评估，寻求商服置换对象或实行公开拍卖，城市郊区设立工业企业新的集中发展地。例如：成都市三环路以内的工业企业，根据城市"退二进三"方案，除适于中心城区的

---

[1] 汪锐，杨继瑞. 用科学发展观指导城市土地整理. 经济学家，2006，(4)：53-59.

约 1/6 的城市型工业可继续保留外，大部分的工业企业将迁出或关停并转，75%左右的工业用地将改变为金融、商贸、商务、房地产等用地，"腾笼换鸟"，从而使城市核心区和中心区的黄金地段发挥出高效益。

(2) 功能调整型

我国城市用地空间布局混乱、分散，难以形成应有的集聚效益。许多事业单位、机关和效益低、耗地多、污染大的工业企业占据市中心和高价位区域，长期造成"优地劣用"或"围而不用"的局面，从而不仅增加交通量，污染环境，而且造成城市中心土地配置难以优化。对城市用地实施功能分区整理就是把城市土地依据区位和价格差异划分不同的用地小区，实行工业园区、生活住宅区、商服区集中用地的策略，利用相同种类用地性质的一致性和共享性，减少其对外部环境的负效应，从而达到集约用地的目的。例如：成都市将城市区的功能结构划分为核心区、中心区和副中心区，实行土地利用功能分区的规划，核心区以金融、商贸、办公为主，中心区以居住为主，副中心区建立若干相对独立的综合新区，从而盘活了存量土地资产，提高了城市土地的利用效益。

(3) 全面改造型

缺乏整体和科学规划，新旧混杂景观是目前我国许多城市的一大特征。历年来，我国城市规模呈现出摊大饼式的外延扩张态势，城市用地的内涵挖潜工作未被重视，旧城区低层建筑、空闲地、老胡同、狭窄小巷随处可见，从而严重地制约着城市现代化的步伐和城市功能的有效发挥。全面改造型的用地整理模式，就是针对旧城区内基础设施落后、建筑层面低、空闲地多、缺乏合理规划的现状，根据科学发展观和建设生态城区的要求，对旧城实施彻底全面的改造，以适当提高城市的建筑密度和容积率。

(4) 城乡统筹型

在不少城市与乡村的结合部，往往出现一些农地已经在用途上非农化了：农民已经不从事农业生产与经营活动，而从工经商；农民的住宅开始对外出租；一些没有城市房产证的房屋已经作为商业地产在开始经营；"城中村"星罗棋布地镶嵌在城乡结合部的若干区位；建筑物零乱，用地效率低等等。因此，按照城乡统筹和建设社会主义新农村的思路，对城乡结合部地区的土地进行整理，规范土地权属，完善基础设施，可以使其土地资源有效配置，更好地吸纳城乡结合部地区的失地农民就业。

(5) 道路拓展型

长期以来，我国许多城市道路狭窄、交通拥挤、基础设施落后。近年来，随着城市社会经济的飞速发展，特别是小汽车进入千家万户，城市交通问题日趋突出。于是，城市道路改造成为城市政府为民办实事的重要举措。在道路拓宽和改道的过程中，必然涉及沿线房屋的拆迁和城市土地的整理，以便为这些道路拓展后的产业布局、居民小区和公共事业提供更适宜的城市土地。

6.4.3 我国城市建设用地整理模式

6.4.3.1 以城市功能分区和用地专门化为主要内容的土地整理模式❶

城市用地专门化和城市土地集聚经济的产生是互为因果、相辅相成的，同时城市用地专门化的逐步发展，必然形成城市的功能分区，从而可以产生组合效应，使城市各要素在组合方位、数量上处于最佳状态，产生了单个要素细胞无法得到的经济效应。如北京中关村科技一条街，深圳市东门舶来品一条街，天津以劝业场、滨江商厦、华联商厦为中心的步行商业街，西安的东大街等。

6.4.3.2 旧城区改造专项土地整理模式❶

这是建设用地整理中最常见的专项土地整理模式，是对城市用地进行分区改造。除了新兴城市可以通过综合土地整理一次到位以外，其他城市的土地整理都是采用这种旧城分区改造的专项土地整理模式。这种模式其实与中国城市建设中的旧城改造十分相似，只是土地整理更注重土地挖潜而已。

6.4.3.3 以环境治理为主，以"绿脉"为先导的城市空间整治模式❷

强调绿地对城市的渗透力和生长性、系统性。针对城市化导致的环境质量下降，运用生态原则，将城市绿地联接成链状网络整体，并以此为基础进行城市土地利用规划和整治。

6.4.3.4 城乡一体化的"三位一体"改造模式❷

即城市建设、企业改造与自然村庄合并改造联系在一起的综合开发模式。其主要做法是综合规划城市建设，合理调整布局，在完善基础设施的基础上，将分散的企业集中到工业小区，将郊区的村庄适当合并，提高土地利用效率。

6.4.3.5 以产业结构调整为主，突出城市功能的土地整治模式

由于传统用地制度的影响，我国城市中心土地利用形态较周围地区而言呈"凹"形分布，造成城市中心的土地开发利用率低下。不少工业企业、行政机关用地占据了城市中心地段，而部分商贸企业、服务业、高科技产业因为没有较好的市地区位，无法发挥应有的高效益。进行城市土地置换，利用不同区位的土地级差地租效益进行产业转移和企业搬迁，促进城市中心地以第三产业用地为主的合理化结构，并结合城市自身功能定位，合理规划用地。

6.4.3.6 向多维空间开发的立体土地整理模式

形态效应是城市形态对城市生产和居民生活所产生的反应，表现为空间和资

---

❶ 夏显力，李世平等. 城市土地整理研究 [J]. 地域研究与开发，2003，22 (1)：66-68.
❷ 董德利，徐邓耀. 浅析城市土地整理 [J]. 国土与自然资源研究，2000，(2)：9.

源的合理利用向着三维空间发展以及人们追求物质和生活享受的满足。人地矛盾的尖锐化迫切要求城市土地开发利用方式从粗放外延扩张向集约立体综合开发,向使用多维空间利用转变。城市土地立体综合整理模式不仅可以缓解城市土地稀缺的矛盾,节约大量的土地投资,还可以有效扩大黄金地段的利用面积,创造更大的效益,为此建议从两方面着手整理:(1)城市土地地上空间整理,主要表现形式为:高层建筑特别是临街、城市中心区、繁华地段的高层建筑实施功能分流,设立高架道路、架人行道,城市公用设施立体化,工业用地立体化。(2)城市土地向地下空间拓展,主要有开发地下停车场、地下交通网、地下仓库、地下商场等。

7 城市土地利用的地价构成与空间分异

7.1 城市土地的地价构成

城市土地的地价是由该土地在合适的利用方式和集约程度下，单位面积上的产出能力所决定的，因为这决定了土地利用者所能支付的最大地租能力。20世纪以来，人们开始注意城市之间的地价差异。Hard 在 1904 年出版了《The Principles of Land Value》，认为地价是受以下三个因素支配：①创造城市的动力；②城市的宏观区位；③城市的发展方向。❶ Maury 在 1925 年出版的书中确定宏观城市地价水准受以下 4 个因素支配：①城市发展的动力，包括城市化和郊区化；②全国的金融模式，包括银行利率、借贷政策以及人们的消费观念；③全国的发展模式，包括人口迁移、产业结构等；④当地的发展，发展方向（产业结构及空间结构）、人口分布及经济实力。❷ 董黎明、冯长春（1989）认为，城市土地既保持一切土地资源的共性，又具有特殊的自然、经济属性。并通过选择市地区位、城市设施配套程度、环境质量、自然条件等因素，从经济、环境、自然等方面反映城市土地的性状，进而在中国较早地开展城市土地分等定级研究。❸ 周建明（1997）采取因子分析法对我国城市地价构成因子进行定量剖析，得出城市地价主要由城市规模、用地需求、开放程度及用地供给 4 个主因子构成。❹

由于影响城市地价的因素繁多而复杂，学者们都对这些影响因素进行了归纳和分类。有的学者把城市地价的影响因素归纳为社会、经济、行政及环境因素四类（Appraisal Institute, 1992；丹尼斯·迪帕斯奎尔，威廉·C·惠顿, 2002；俞明轩, 1999；曹振良, 2003 等等）。❺~❽ 有的学者分为普通因素、区域因素、个

---

❶ Hard, R. M. Principles of city landvalues. Ann Ather University Microfilm, 1970.
❷ Manny, S. Land investment Dow Jones-Irwin, Inc Hornewood.
❸ 董黎明，冯长春. 城市土地综合经济评价的理论方法初探 [J]. 地理学报, 1989, 44 (3): 323-333.
❹ 周建明. 城市类型与地价成因的定量分析 [J]. 中国土地科学, 1997, 11 (4): 27-31.
❺ Appraisal Institute. The Appraisal of Real Estate. Tenth Edition. Appraisal Institute (U.S.), 1992.
❻ 丹尼斯·迪帕斯奎尔，威廉·C·惠顿. 城市经济学与房地产市场 [M]. 北京：经济科学出版社，2002, 7.
❼ 俞明轩. 房地产评估方法与管理 [M]. 北京：中国经济出版社，1999.
❽ 曹振良等. 房地产经济学通论 [M]. 北京：北京大学出版社，2003.

别因素三类（严星，林增杰，1993；郑荣禄，1997）❶❷有的学者归为五类（张所地，1998）❸或10种情况（陈满雄，1992）。❹ 在众多的分类研究中，最简单的是维尔基森（Willkison，1993）的分类，将城市地价的影响因素分为区位因素和个别因素两类❺；最多的分类是柴强（1989），城市地价影响因素达到33种（类）。❻ 较为普遍的是将城市地价影响因素分为个别因素、区域（区位）因素和一般（普通）因素三类。❼ 个别因素是由于宗地自身条件的变化而对其价格形成有所影响的因素；区域因素是在一定范围内对城市宗地价格形成有所影响的因素；一般因素是对城市土地总水平有影响的因素。

影响地价的一般因素是指对土地价格高低及其变动具有普遍性、一般性和共同性影响的因素。这些因素对地价的影响是整体性的，覆盖面是整个地区。它们对具体地块的地价的影响不明显，但却是决定具体地块地价的基础。一般因素主要包括行政因素、人口因素、社会因素、国际因素和经济因素等。国内外学者对影响地价的宏观因素的研究也较多，具体包括：政策法规、宏观经济、房价、投资、利率和信贷、汇率、人口、产业结构等。

区域因素是指因土地所在地区的特性而影响地价的因素，即土地所在地区的自然条件与社会经济、行政因素相结合所形成的地区特点所影响的地价因素。❽ 一方面要考虑土地所在地区的土地供求状况对地价的影响作用；另一方面要考虑城市土地利用功能、城市交通因素、城市中心影响度以及城市地形因素等。国内外学者常研究的区域因素为：土地供求、交通及基础设施、城市中心影响程度、地形因素、开放空间等。

个别因素是指对具体地块或宗地的土地价格的影响因素，主要包括物理因素和环境因素。个别因素（如区位、环境、地块用途、规划条件、面积大小、形状、自然条件等）决定城市宗地价格的高低。张红（2005）等认为个别因素可以分为物理因素和环境因素，前者包括位置、地质、地形、地势、宗地面积、土地形状等；后者是指一定区域范围内的微观环境。❾ 它们均对宗地地价有所影

---

❶ 严星，林增杰. 城市地产评估［M］. 北京：中国人民大学出版社，1993.
❷ 郑荣禄. 中国城市土地经济分析［M］. 昆明：云南大学出版社，1997.
❸ 张所地. 不动产动态评估［D］. 西安交通大学博士论文，1998.
❹ 陈满雄（中国台湾）. 土地估价典范［M］. 中华徵信所，1992.
❺ Willkison, R. K. HousePriceandtheMeasurementofExternalities［J］. EconomicJournal，1993，83：72-86.
❻ 柴强. 地价论［D］. 中国社会科学院博士论文，1989.
❼ 张红. 影响地产评估的因素分析. 见严星，林增杰. 城市地产评估（上册）［M］. 北京：中国人民大学出版社，1993.
❽ 张红编著. 房地产经济学［M］. 北京：清华大学出版社，2005，8.
❾ 张红编著. 房地产经济学［M］. 北京：清华大学出版社，2005，8.

响。国外有学者将个别因素细分为区位因素、邻里因素和个别因素。Pollakowski（1995）研究认为，区位因素（如到 CBD 的距离、交通状况等）、邻里因素和个别因素对城市地价的影响早在城市土地特征价格模型中得到证实。他们在美国辛辛那提市所做的研究发现，区位因素、邻里因素和个别因素结合在一起可以解释城市内部土地价格变化的83%。[1]

7.2 城市类型与地价成因的定量分析

定量分析构成城市地价的因子，并寻找城市类型与地价间的相关关系，对确定城市地价，促进房地产业的健康发展具有较强的实际意义。但是，我国城市土地分等的方法主要应用特斐尔法（专家打分法）、层次分析以及诸如聚类分析等辅助方法。前者的主观随意性较大；后者对等级级距及各等级城市地价构成因子依然是不确定的。为了克服上述方法的缺陷，采用多变量统计中的因子分析法对城市地价构成因子进行解析，并与聚类分析相结合，寻找各类城市地价的动因，可为地价确定提供客观实用的方法。[2]

城市地价水平的影响因素是多变和复杂的，是一项复合性指标，但各因素对城市地价的影响程度是不同的。从长远的观点看，地价水平显然受制于土地的供求，尤其是需求状况。为了较全面地刻画其多方面的影响，运用因子分析法进行城市地价的多指标定量分析。因子分析法的主要功能是将为数众多的变量加以组合减少为几个新因子，以再现它们之间的内在联系，并确定各个变量在新因子中的相对重要程度。

7.2.1 指标选取说明

指标选择恰当与否，直接关系到能否较为全面、真实地反映城市地价水平的基本特征。由于各个指标在不同的经济体制与发展政策、不同的经济技术水平、不同的时空条件下都具有不同的内在含义，而我们现在对地价的决定机制又不明了。因此，在指标选择上，首先考虑明显影响地价水平的指标；其次考虑不明显影响的，但对城市经济发展较为重要的指标也收入其中。

从现状和潜在的角度考虑城市土地的产出能力和供求情况，以经济特区、沿海开放城市和北京、南京、杭州、漳州，以及海口等房地产业发育较好的城市为样本，分别从土地供求和土地的产出能力等方面，提出了15个指标，作为刻画城市地价水平指数的度量，即：

---

[1] Pollakowski, H. O. Data Sources for Measuring Housing Price Changes [J]. Journal of Housing Research, 1995, (6): 365-377.

[2] 周建明. 城市类型与地价成因的定量分析 [J]. 中国土地科学, 1997, 11 (4): 27-31.

市区非农业人口（X_1）；建城区面积（X_2）；固定资产净值（X_3）；国内生产净值（X_4）；货运量（X_5）；人均储蓄总额（X_6）；百元资金所提供的利税（X_7）；近年来经济增长的速度（X_8）；人均财政收入（X_9）；对外开放程度（X_{10}）；利用外资总额（年度）（X_{11}）；固定资产投资总额（年度）（X_{12}）；人均居住面积（X_{13}）；人均道路面积（X_{14}）；市区耕地面积（X_{15}）。

这些指标中的数据来自《中国城市经济社会年鉴》(1989)、《中国统计年鉴》(1988) 和《中国城市统计年鉴》(1988)。之所以选择 1989 年统计资料，是因为其分析结果可用其后的实际情况验证。

需要说明的是，对外开放程度指标 X_{10} 是经济特区为 5；沿海开放城市为 3；而一般城市为 1，加上开放的时间、离港澳的远近等，分别加上适量的数值。

7.2.2 主因子提取

沿海 23 个城市，15 个变量构成的指标集矩阵为 X_{ij}（其中，$i = 1, 2, \cdots, 23$；$j = 1, 2, \cdots, 15$）。经因子分析，从因子载荷矩阵表可以找出 4 个主因子与原始变量间的相关关系：第一主因子即城市规模因子，主要由变量 1、3、4、5 所决定，其信息负载占全部变量的 44.2%，占 4 个主因子的 51.20%；第二主因子为用地需求因子，主要由变量 6、8、12 所决定，其信息负载为 24.7%，占 4 个主因子的 28.6%；第三主因子是开放程度因子，主要由变量 10 所决定，其信息负载占全部变量的 9.9%，占 4 个主因子的 11.4%；第四主因子为用地供给因子，主要由变量 14 所决定，其信息负载为 7.5%，占 4 个主因子的 8.7%。

据因子分析结果，可知每一个因子对各变量的载荷量，说明每个因子与变量的关系，从而显示各因子的特征。表中的负荷及各因子所占的百分数明确地显示了我国沿海城市的地价受城市规模和用地需求所控制，而城市土地的供给和城市的经济效益所起的作用不大。

第一主因子即城市规模因子，对地价的突出贡献，反映了在我国现阶段的经济水平下，城市是各种优势的集中所在，而大城市更是其中的佼佼者。在这个因子中，货运量所具有的高载荷，表明沿海城市的对外功能很强，其经济影响向四周辐射，而且，城市越大辐射越强。而投资总额和利用外资总额所具有的较高载荷，反映了国内的资金主要投向城市，相对而讲，外资的投向并不像国内投资那样集中于大城市，这与我国的特区政策有关。

第二主因子是城市用地需求因子。城市规模的大小虽然也包含着用地的需求因素，但直接表明城市用地需求的却是人均住宅面积、人均道路面积等，人均储蓄额和人均财政收入反映了城市潜在的消费用地和生产用地的需求，其较高的载荷表明潜在的需求大于现状的需求。令人感到疑惑的是经济增长速度也列入了该因子，这说明经济增长总是伴随着用地需求的迅速扩张，或可理解为这些城市的经济增长主要是由用地较大的第二产业所带来的。对外开放程度显示了略低的负载荷,这可能是由两个原因引起:一为开放程度高的、以中等城市和新城市为多,这类城市用地不是非常紧张,二为开放程度高的城市,城市扩大也很快,从而缓解用地问题。

第三主因子为开放程度因子。开放程度有显著的载荷,且经济增长速度、人均储蓄额以及国外投资均有较高的正载荷,这表明:随着开放程度的提高,经济效益变好,土地的产出能力增强,因而使地价上扬。

第四主因子,城市土地供给因子,其信息负载仅占 8.700,表明其对地价的影响较小,也反映我国城市的扩大受用地条件限制较小,在这个因子中,市区耕地面积的负荷较高,而建成区面积的负载较低,这表明土地的供给主要是依靠外延扩大,而不是靠集约利用建成区内的土地,我国东部耕地紧张与这些城市内部土地不集约利用很不相称。

7.2.3 城市类型与地价

为了对沿海城市的地价(当年市场平均交易价)分布规模作进一步的分析,用以上的城市和变量数据进行 Q 型聚类分析,采用误差平方得出聚类谱系图,并根据解释的需要特将其划分为四类。

(1) 高速发展的特区城市

主要是深圳、厦门、汕头,其主要特点是由经济高速增长而新建成的城市,用地相对宽松。虽然汕头的用地紧张,但是其城市较大。这类城市的地价的主要影响因素是用地需求,即经济迅速发展所带来的用地需求增长及因集聚增强而出现的土地产出增加,因而地价上扬。而且,这类城市的地价变化很快,经济的进一步发展,会促使城市地价飞快上升。

(2) 特大城市

上海、广州、北京、天津这 4 个特大城市的经济地位在全国举足轻重,投资集中,用地非常紧张,而且潜在的用地需求相当大。因此,规模因子、需求因子都很强烈。上海由于其特殊的地位,而且市郊的耕地极为有限,因此,土地供给因子的作用也相当强,地价远高于其他三市。

(3) 历史较长的大城市

大连、青岛、杭州、南京这 4 个城市的人口都在 100 万以上,均为历史悠久、长期开发的城市。虽然近年来的经济增长并不是非常快,但经济效益好,潜在的用地需求较大,因此,城市规模因子、用地需求因子都起作用。

(4) 中小城市

所占比例最高,情况差异很大。有的城市较大,但发展不快;有的城市小,但发展很快;也有的发展潜力较大。城市间地价水准的差异比较大,地价变化差异亦较大。影响地价差异的因素主要有两个：城市经济系统自增长能力（城市内动力）和投资环境吸引力（城市外动力）。因此，可将中小城市按城市增长的动力来源细分成两小类：由经济系统自增长为主体的城市和主要由投资环境吸引力推动的城市。前者地价受外部环境影响（宏观经济形势变化）较小，地价变化较为平稳；后者地价受外部环境影响（宏观经济形势变化）较大，地价变化波动激烈。

7.2.4 小结

用 1992 年和 1993 年出现的新一轮房地产热校核，除数量上有一定出入外，上述分析的框架性结论与实际情况有较好的吻合。当然，由于我国房地产业起步较晚，房地产市场的机制还不规范，多级土地市场的存在使价格扭曲突出，因而，上述方法的实际应用还需大量正确可靠的数据，以及其他方法的配合。

7.3 城镇居民的住宅区位选择与居住用地的空间分异

住宅是构成城市地域的最基本物质基础之一，居住是城市的最基本职能。城市内部住宅与居住空间的格局深刻反映着城市社会经济状况。城市居住用地受城市住房需求和住房供给、政府政策和住房市场的作用。

7.3.1 住宅需求

住宅需求是人的基本需求，按住宅需求产生动因，可以分为主动需求和被动需求两大方面。主动需求是指收入水平提高和社会地位上升等原因引起的居住对住宅面积和质量的要求提高。被动需求是指因为城市旧城或城中村改造、城市设施建设造成房屋拆迁引起的住宅需求。住宅需求内容包括对居住的区位、面积、房型、设施和设备、建筑风格、价格等方面需求。

住宅需求的主要影响因素有：（1）家庭可支配收入。收入水平决定住房购买能力。（2）家庭生命周期。居民家庭一般经历单向、新婚、有子女、子女长大、子女独立、退休和鳏寡等阶段，在不同阶段有不同的住宅需求。（3）职业。职业影响家庭收入、所处的社会圈层、消费观念，影响住宅需求。（4）教育背景。教育程度和文化环境影响居民的基本价值取向、知觉偏好和行为方式，从而对住宅需求产生作用。

此外影响居住需求的还包括生活观念、原有居住习惯、购房动机、原住宅区域、价格水平、居住环境、公益配套设施、城市规划、住房政策等多种因素。

7.3.2 住宅需求演变

住宅需求演变包括住宅建筑单体需求演变和住宅的区位需求演变。

（1）建筑单体需求演变

建筑单体需求是指建筑外观、面积、房型、平面布局、结构等需求。居民经济收入的普遍持续提高是决定住宅需求演进的根本因素，社会阶层化和家庭结构变化是导致住宅需求层次化演变的主要因素。住宅需求升级表现在对住宅面积、房型、功能、设施、环境、品牌、居住安全、住宅质量、住宅设计风格、物业服务等多方面。

（2）住宅区位需求演变

住宅区位需求的总趋势是从中心区向城市外围迁移。如目前西方国家的大城市中仍保留在市中心区位的住宅已不多见，主要是一些高档的公寓和具有历史价值的住宅建筑。我国部分大城市也出现了这一倾向。在住宅需求由城市中心向郊区扩散的同时，由经济收入差异和家庭结构差异为主要因素产生的住宅区位需求层次也日益明显，表现同城市住宅分布的空间分异现象：少数收入最高的居民居住在城市边缘区环境优美的地段或城市中心的优质区位地段，大部分较高收入家庭则居于紧临市中心的圈层内，广大中等收入阶层居住在城市外圈的其他地段和近郊区，而收入比较低的家庭和外来人口则居于城市最边缘环境条件差、基础设施落后的地带，或居于城中环境恶劣房屋破旧的旧住宅区。

7.3.3 居住空间分异

我国城市居住空间结构的变化表现在：（1）城市中心区新建住房向高层发展，且住宅的档次提高，开发高档公寓；（2）城市边缘区住宅成片开发，一方面特定区位出现高收入住宅区，开发低密度住宅和豪华别墅，另一方面出现低收入住宅，包括安居工程住宅、拆迁安置房等；（3）住宅出现郊区化；（4）住宅阶层分化。其中：

居住阶层分化是由于城市居民家庭收入、社会地位、生命周期和种族、文化状况的差别，造成了城市居住阶层的分异。随着社会的变革、经济发展与城市化的快速推进，城市中的.H居住分化不断变化。在欧美国家，居住空间的分异表现出多种形式。如与种族歧视有关的种族间的居住隔离区；城市内城衰败使城市贫困阶层聚居在中心区和中高收入阶层居住郊区化；中高收入阶层重返城市中心区形成内城居住中产阶级化；以及不同社会经济地位、种族在城市中心区形成高贵化和贫困化社会相邻的并置等。不同居住空间不仅在可达性、生活质量、就业和受教育机会等方面存在差异，而且具有社会经济地位差异的社会标签作用，从而导致了社会极化现象的产生。

城市发展到一定阶段将会出现住宅郊区化现象。一般表现为：郊区土地供应量大幅上升，郊区住宅供应大幅上升，郊区住宅价格迅速提高。住宅郊区化的主要原因有：轨道交通的快速建设及交通条件的改善，减少了空间和时间距离；市

民生活观念的改变，购房者将目光从拥挤的市区转向环境优美的郊区；郊区产业的迅猛发展等。❶

7.4 商业/服务业用地的区位选择与空间分异

7.4.1 商业用地的区位选择与空间分异

7.4.1.1 商业用地的基本类型

商业可以分为批发和零售业两大类型。零售业直接服务于消费者，而批发业一般不直接与消费者发生联系。

商业用地地域类型指商业设施的地域分布与地域组合形式。按照商业组合性质特征，商业用地地域类型可以分为四种：商业中心、商业街、商业专门地区和商业点。商业中心通常以若干大型商店为中心，由各种各样的零售商业集中在一个地方而形成，具有规模多样性以及城市内分布广泛的特点。商业街是沿交通线两侧带状分布的商业带，可分为传统商业街（女装街、小商品街等）、城市干道商业带（如汽车修理街、五金街等）、郊区商业带（服装街、饮食街等）和高速公路商业带（私人轿车购物发展而来）。商业专门地区指专营某种商品的市场（如家居城、鞋城、小商品市场等）。

按零售商业空间形态特征，商业地域类型可分为点状、线状和块状三大类。

不同的商业地域类型和等级有着不同的商圈。所谓商圈是指特定商业中心地的支配范围，又称商业势力圈，即相当于中心地理论的市场区概念。影响商圈大小的因素有很多，如商业集聚规模、商品种类、商店位置、规模、服务水平、周围人口分布及与商店的距离、与竞争商店的关系等。

7.4.1.2 商业中心用地

商业中心，是一个城市内部的商业活动集中地区，是城市内部零售商业最重要的空间形态。城市商业中心承担着商业从流通领域向消费领域最终转换的职能。满足居民不同需求的不同规模、不同等级的商业中心构成城市商业空间结构的主体。

（1）商业中心的等级体系

现代城市商业中心的等级体系，一般都分为四级，即市级商业中心、区级商业中心、小区级商业中心和邻里级商业中心。

市场商业中心是全市商业、服务业中心，是大型商场、专业商店、高级宾馆、风味餐厅及各类文化娱乐场所高度集中、集聚的地段。市场级商业中心一般占据通达性较好的市中心，主要提供高档消费品和服务，其服务范围达到全市。

---

❶ 何芳.城市土地经济与利用［M］.上海：同济大学出版社，2004，1.

区级商业中心为二级商业中心，一般分布在各区区位条件、通达性、商业基础设施较好的地方。主要提供购物频率较好的中档消费品和服务。由市商业中心的大商场分店、连锁店和服务设施组成。

小区级商业中心服务于居住区范围，多分布于街道的交叉口和居民住宅区中心，主要为附近居民服务，由提供中档商品和日用品的一些商业设施组成，并且多与银行、邮局、代理店等一些服务设施相邻。

邻里级商业中心指服务于居住小区的商业网点。居住小区常见的商业类型有零售便利店、药房、水站、咖啡馆、快餐、教育、美容健身、面包房、花店和干洗店等。居住小区商业的空间形态模型有沿街式、团级式、多点式和会所式。邻里级商业中心和小区级商业中心的区分有时并不明显，且随着超市等的发展有逐渐合并的趋势。

（2）商业中心的空间分布

城市各等级商业中心的数量配置遵循着由高级向低级逐渐递增的金字塔等级体系，空间分布也呈现着不同的规律。

现代大城市的地域结构一般明显地呈现向心环带状结构，由市中心向外依次是：中央商务区、中心外缘带、中间带、市区边缘带、卫星城镇带。中央商务区布置市级商业中心。中心边缘带是中央商务区的支配、供应区，分布有较多的对外交通站场、批发业货栈和食品、服装厂等单位。中间带主要是居民区，有众多居住小区和居住商业街，商业服务网点均匀分布，以就近满足居民需要。市场边缘带是城市与郊区的结合部，同卫星城镇和外地联系便利，应运而生的停车旅馆、贸易货栈、大型超级市场分布于此。有些条件适宜的地段可能发展成为城市商业的次中心。卫星城镇带地域最为开阔，大量工业、科技等单位穿插分布在农田村落之间，其商业、服务中心的分布一般属于随机型，但在个别小城镇或某个工业区内部，则呈现局部凝聚型分布格局。

随着城市交通条件的改善、市中心区中产阶段以家庭外迁、以及新商业网络设计越来越重视消费者空间行为的研究，现代城市地域结构的环带状商业分布格局已经发生变化。

7.4.1.3 批发业用地

批发业可分为消费地批发和生产地批发两种类型。批发业的空间选择具有几种不同的模式：（1）选择在城市中心及附近；（2）选择在城市内部主要交通干道附近；（3）选择在城市港口、铁路站附近；（4）选择在郊区高速公路出入口的区域；（5）选择在专业批发市场。

随着现代交通运输方式的发展、专业规模市场的出现，批发业的用地选择已经有了很大的变化。城市中的批发市场发展迅速，种类繁多，出现许多大型、综合性的批发市场以及各种各样的专门批发市场。城市批发业向郊区不断扩展的同时，市中心的批发业也不断火爆，特别是位于市中心的大型零售商店大多兼营批发业务，批发业已广泛存在于城市区域。

7.4.1.4 零售商业用地

零售业的商业业态有：大型购物中心、专业店、专卖店、特许经营、连锁店、商业市场、超级市场、仓储式市场、传统零售店、百货店和无店铺销售（网上购物、电话购物）等。

零售商业用地选址一般遵循如下原则：（1）商业市场人气和知名度；（2）交通方便，可达性强，人流众多或在主要的交通交汇点上；（3）处于核心商圈，则投资价值大；（4）轨道交通旁、绿地旁、大型生活社区内、区域性商业中心内的商铺有潜力，快速道绿化隔离带后的店铺不可取；（5）注重商圈变动因素，如规划前景与限制、交通原则能导致市场关闭与商业圈的变动；（6）著名商业街的高档店铺投入成本较高，应慎重。

7.4.2 办公业用地的区位选择

7.4.2.1 办公业的概念

城市服务业中发展最快、对城市经济和空间影响最大的新兴部门是具有办公职能的服务部门，即办公业。它是一种对信息、知识的收集、积累和处理活动的行业。办公职能可以分为三类：第一类为进行企业或政府管理业务的办公职能；第二类是指民间企业的分公司、营业所和政府机构的办事处等所执行的职能；第三类是指辅助企业活动的各种职能，如信息服务、法律、会计、广告、研究设计、咨询业、金融保险业和管理服务等。办公业以其信息密集，较多的劳动投入和较少的资本投入为特征，已成为一些现代大都市劳动就业的核心领域。

7.4.2.2 办公业用地

与工业和商业相比，办公业用地更重视集聚、区位、联系成本和工作环境等，而非地价和交通费用因素。办公区选择的影响因素包括五个方面。

（1）地租地价

办公业对地租和地价的承受能力较工业、住宅和一般商业等都要高。如大的跨国公司总部选址主要不是考虑租金因素，而是商业信誉的增加、联系成本的减少、交通的便捷等。一般而言，政府机关和民间机构对集聚效益要求较低，支付能力也较低，不需要布局在黄金地段。19世纪以来，西方国家中央和地方政府机构趋向于布局在城市地域内地价低廉的地点。

（2）联系成本与集聚因素

联系成本是指办公信息的传递交流和人员相互联系而发生的成本支出。面对面交流和联系在办公活动的各种联系方式中一直占有非常重的地位，但这又是一种高成本的联系行为。办公用地在总体上有相对集中、聚集的分布趋势，并尽可能布置在区位条件好的城市中心或次中心。但由于通信技术、远距离管理水平的提高以及城市的郊区化，以办公企业或机构内部部分业务的分散为特征的离心化现象，已经成为20世纪70年代以后办公郊区化的新动向。

（3）劳动力

办公本来不是劳动集约度高的活动，不仅需要高素质、高技能的专业人才，还需要大量的普通雇员。能够获得或以较低成本获得所需类型的劳动力是办公区位选择的重要因素。办公企业在市中心的劳动力选择范围较城市其他区域大。

（4）周边环境

社会心理行为因素对办公区位的选择具有较大影响。城市内部的各种地域景观、楼盘品质、绿化系统等往往被认为代表了这一地域公司的实力、成就、信誉或更直接地代表了公司的形象。这种地域景观不仅影响公司形象和凝聚员工的能力，而且对公司的客户，特别是投资者产生心理暗示作用。

（5）规划政策

办公往往集中布局在城市中心，而这里是政府政策干预较多的地区。在世界大多数国家的城市中，中心区的建设受政府规划和政策鼓励或限制的作用明显。一些城市政府甚至直接投资开发，或引导、促进开发。

7.4.2.3　中央商务区用地

自从1923年伯吉斯在其同心圆理论中提出中央商务区（CBD）概念后，很多学者从地价、交通便捷性和建筑密度等方面对CBD中的土地利用进行了研究。

中央商务区就是位于城市的中心、通达性最好、吸引力和服务范围最大的地方。现代CBD的概念已经升级为特指国际中心城市的特定地区，它与全球经济的发展密切相关，无论是功能构成、空间形象、交通组织、设施配备等方面都已经演化为一个相当独立的区域。它的影响已经超越了城市本身的意义，变成了全球或区域经济一体化系统中的一个单元。世界级公司常常取位于全球经济中心城市。

1954年美国学者墨菲和万斯提出确定CBD范围的方法，其认为地价峰值是CBD最显著的特征，以此划定的CBD应包括零售和服务业、娱乐业、商业活动及报纸出版业，而批发业、工业、居住区、政府机关等不在这一范围。

不是每个城市都适合建设CBD，一个城市若建设CBD需要具有以下条件：（1）在经济上有较强和不可替代的辐射能力，具有成为一个地区、国家甚至全世界的经济中心潜力；（2）在地理位置上具有突出的区位优势，能形成一定经济区域范围内各类资源转移和配置的最优结点；（3）已形成与特定经济区域内各次级经济城市的便利、通畅的交通和信息网络，具有一定的综合城市功能和充足的资源配置；（4）城市内部的核心位置有足够的地域空间，既能满足用地规模,又便于城市内外交通枢纽的连接、布置和建设,且现有城市结构与功能配置能为未来CBD建设提供良好的衔接条件,形成低成本的功能提升和规模扩张。❶

7.5 工业用地的区位选择与空间分异

7.5.1 工业用地布局指向

影响工业用地区位选择的因素很多,且其影响方式和程度随着时间、经济发展水平、城市发展阶段而变化。工业用地区位选择影响因素包括一般性因素和地方性因素。一般因素是指不受地方限制对于各种工业用地区位选择均存在共同影响的普遍性因素。如市场、集聚因素等。地方性因素又称地方投入因素,指不能有效地从一个地方运输到另一个地方的生产投入。如自然条件、资源、能源、劳动力、中间投入产品、地方基础设施和投资环境等。对于地方性投入企业一般称其具有地方投入布局指向,具体分为原料指向、燃料指向、动力指向、劳动力指向、投资环境指向和中间产品投入指向等。工业企业的选址具有一定的规律性。

7.5.1.1 市场因素布局指向

市场因素泛指商品销售市场,包括最终产品的消费地、原材料或半成品的深加工地。它对区位的影响体现在:(1)市场与企业的相对位置,这一因素能促使企业以最短路线、最短时间、最低花费进入市场合理区位;(2)市场规模,即其商品或服务的容量;(3)市场结构,即其商品或服务的种类,反映市场的需求结构。拥有各种劳动力市场、中间产品市场、大量消费群体的城市,越来越成为工业活动的理想区位。

7.5.1.2 集聚因素布局指向

产业集聚能减少前后关联产业的运费,可以利用公共公用设施,便于交流科技成果和信息,可以利用已有市场区位,扩大市场服务范围。当然,产业在区位上集中,一方面产生各种不同类型的集聚经济;另一方面又会产生集聚不经济。集聚经济作用引起产业的区域集中,集聚不经济将导致产业在某些过度集聚的区域分散出去。

7.5.1.3 技术因素布局指向

技术已经成为影响工业发展乃至整个经济发展的主要因素。技术提高导致工业生产工序的变化、生产标准化程度的提高和工业空间组织的重组。随着信息产业等高科技产业的崛起和产业的更新换代,各地区出现了高科技园区、物流园区等新兴城市工业空间。

---

❶ 何芳. 城市土地经济与利用 [M]. 上海:同济大学出版社,2004,1.

7.5.1.4 运输成本布局指向

运输成本定位是指运输成本在该类企业选址决策时起主要作用，决策的目标是使总的运输成本达到最小。运输成本通常由采购成本（运进工厂的原材料运输成本）和经销成本（运出工厂的产品运输成本）两部分组成。若采购成本大于经销成本，企业通常定位在资源产地，该类企业多属失重企业；反之，则定位在市场地，该类企业多属于增重企业。采购成本等于经销成本时，企业可在其间任何一个地方定位，但通常由于运输中存在规模经济，居间定位的可能性将被打破，仍为资源定位或市场定位。

7.5.1.5 自然因素布局指向

包括自然条件和自然资源，可以分为遍存性、区域性、局限性三种。遍存性的自然条件和自然资源，主要有大气、水、土地、一般建筑材料等，它们对产业区位没有影响或影响不大。区域性自然条件和自然资源，如地貌区、气候带、植被带、土壤区和水力资源富集区等自然地域，它们对产业区位有一定的影响。局限性自然条件和自然资源，如煤、石油、铁矿、有色金属矿和能源等，它们的分布往往对工业区位有决定性的影响。

7.5.1.6 劳动力因素布局指向

劳动力的数量、素质和价格是构成劳动力因子的主要方面，之所以将其称为地方性投入，在地区间劳动力的迁移不是完全流动的，地区间劳动力成本、数量和素质存在差异。劳动力布局指向的企业主要是劳力密集型企业。

7.5.1.7 中间投入产品布局指向

中间投入产品不仅指一般的非最终消费的产品，还包括专门化商业服务和地区性公共服务。服务性产品对任何企业都是不可缺少的中间投入。若企业的中间投入产品成本比重大，则将布置在能提供该种中间产品的地区。同时，企业对中间产品的需求导致了地区化经济，而地区化经济又吸引更多中间投入产品的需求者和供应者。

7.5.1.8 基础设施与投资环境布局指向

投资环境包括地区性的基础设施、公共配套设施、地方政策、政府机构办事效率等。优越的基础设施、完善的公共设施、政府的优惠政策以及较高的办事效率，都将成为企业选址的重要因素。

7.5.2 工业用地选址

选择厂址应达到以下基本要求：

（1）厂区的土地面积与外形，能满足厂房与各建筑物的需要，并适合按科学的工艺流程布置厂房与建筑物。

（2）厂区地形力求平坦而略有坡度，以减少土地平整的土方工程，又便于地面排水。

（3）厂址尽量选在工程地质、水文地质条件较好的地段，土壤的压力应满足建厂的要求，严防在断层、溶岩、流沙层与有用矿床上和洪淹没区、已采矿坑塌区以及滑坡下，厂址的地下水位应尽可能低于地下建筑物的基准面。

（4）厂址尽可能接近水源地，并便于污水的排放与处理。

（5）需铺设铁路专用线的工厂，厂址的位置应尽量接近铁路线，并便于与距离最近的车站接轨。

（6）厂址选择应便于供电、供热和其他协作条件的取得。不同工业部门生产特点不同，各地建厂条件也不同，各部门对条件要求不同，这就要根据各个部门和各行业的生产特点，分析研究建设条件，分别提出各部门、各行业的用地选址与布局的要求和方法。[1]

7.6 城市游憩用地/公园绿地的布局

7.6.1 城市公共游憩区的基本形态与分类

7.6.1.1 城市游憩有关概念

（1）游憩

关于游憩，国内外许多学者从不同的角度给出了各自的理解。正如加拿大学者 Smith 所言：游憩是一个十分难以定义的概念，每个人对游憩都会有一个直觉的定义。因此，研究游憩的学者往往都会根据其所研究的对象来建立一个现实的定义。[2] 与此类似，国内有学者认为可以从狭义和广义两个角度来分析：从狭义来说，游憩是有旅之游和无旅之游的总和；从广义来说，游憩是有旅之游和无旅之游的总和，以及由这些活动所带来的一切现象和关系。[3] 保继刚认为游憩一般是指人们在闲暇时间里所进行的各种活动。[4] 除此之外还有不少学者对游憩进行了不同范畴的描述。归纳起来，游憩是一种行为，这种行为能够带给行为实施者生理和心理上的愉悦，有助于恢复其体力和精力，同时这一行为的实施不能使他人或社会的合法利益受到侵害。不难看出，对这种行为的认定有一定的难度，因为不同的人对相同的行为往往有着不同的感受。因此，研究者在把游憩作为研究对象时，往往要根据自己的研究目的，对游憩的概念做进一步的明确确定。本研究认为，游憩是离开居所一定范围内进行的能够带给行为实施者生理和心理上的

---

[1] 何芳. 城市土地经济与利用 [M]. 上海：同济大学出版社，2004，1.
[2] Smith, S. L. J. 吴必虎等译. 游憩地理学：理论与方法 [M]. 北京：高等教育出版社，1992，2.
[3] 黄羊山. 游憩初探 [J]. 桂林旅游高等专科学校学报，2000，(2)：10-12.
[4] 保继刚，楚义芳. 旅游地理学 [M]. 北京：高等教育出版社，1999，1：134.

愉悦，有助于恢复其体力和精力的合法行为。

（2）城市游憩

城市游憩，是指依托城市（包括市区和郊区），以城市所拥有的自然资源、人文资源以及人工吸引物为载体进行的游憩活动。城市游憩在具体的体现形式上与城市旅游、城市休闲娱乐活动有着较多的共同之处。在具体的分类上可以分为：文化、体育、健身等。❶

7.6.1.2 城市公共游憩区的基本形态

城市公共游憩区的形态是指城市公共游憩区在地面平面投影的状态，一般来说有点状、线状、面状三种，点状游憩区一般是指投影面积较小的游憩区域，在具体的平面表现上可以是一块绿地、小区广场、一栋建筑物甚至一个公园。线状游憩区指平面投影呈线状延伸的长条形游憩区域，在具体的形式上可以表现为沿河沿江游憩带、商业步行街等。面状游憩区指占地面积较大、平面投影呈团块状的游憩区域。它在形状上与点状游憩空间很类似，只是范围要比点状游憩区大得多，例如城市郊野的大片绿地、占地面积较广的城市风景名胜区、森林公园、大型主题公园等等。

7.6.1.3 城市公共游憩区的构成要素

游憩活动的本质是人在自然或人工环境中所产生的流动行为。游憩区的要素识别是游憩区结构研究的基础。已有理论研究认为，游憩区的构成要素包括：（1）物质要素，指客观存在的有形的游憩要素；（2）行为要素，指游憩者在物质空间中流动所产生的一系列行为特征。即城市公共游憩区＝游憩物质环境区＋游憩行为环境区。

城市公共游憩区的构成要素包括游憩供给要素、游憩需求要素以及联系供求的游憩通道和游憩路线。其中游憩供给要素包括各种游憩场所、游憩活动以及相关的服务和基础设施等；游憩需求要素主要指本地居民和外来旅客的游憩需求及其所产生的游憩行为；游憩通道是指游憩者所在地（居住地）和游憩场所之间的交通连接，游憩线路是指游憩者在游憩目的地区域内部的活动轨迹。

7.6.1.4 城市公共游憩区的基本类型

城市公共游憩区的基本类型是指城市游憩场所和设施单体依据不同划分标准而产生的类型体系。按照服务半径大小可以将城市公共游憩区分为社区游憩区、城区游憩区和环城游憩带；按照空间结构可分为户外游憩区和室内游憩区；按照所属性质可划分为公益性游憩区和商业性游憩区；按照游憩设施使用的时间和频率不同，可将城市游憩空间划分为日常游憩空间、周末游

---

❶ 俞晟，何善波．城市游憩商业区（RBD）布局研究［J］．人文地理，2003，18（4）：10-15．

憩空间、节假日游憩空间。

7.6.2 典型城市公共游憩区的表现形式

7.6.2.1 城市游憩商业区

城市游憩商业区（Recreational Business District，缩写为 RBD）这一概念最早是由 Stansfield 和 Rickert 在 1970 年提出的，认为 RBD 就是为满足季节性涌入城市的游客的需要，城市内集中布置饭店、娱乐业、新奇物和礼品商店的街区。[1] 史密斯（Smith，1990）在《游憩与闲暇研究的概念词典》中认为，RBD 是指建立在城镇和城市里，由各类纪念品商店、旅游吸引屋、餐馆、小吃摊等高度集中组成，吸引了大量旅游者的一个特定的零售商业区。

7.6.2.2 城市绿地

我国颁布的《城市绿化条例》规定：城市绿地可以分为公共绿地、居住区绿地、单位附属绿地、防护林绿地、生产绿地以及风景林地。公共绿地是指市区县级各级公园、植物园、动物园、陵园、小游园、街道广场绿地等；居住绿地包括居住区内除公园以外的其他绿地；单位附属绿地包括机关、团体、企事业单位所属绿地；防护林绿地是指用于城市环境、卫生安全、防灾目的的绿地；生产绿地是为城市提供苗木、花草、种子的苗圃等场所；风景林地是指具有景观价值的，在城市整个风景环境中起到一定作用的片林。

上述分类中公共绿地、居住绿地和风景林地应该是供居民游憩的主要几种类型。其中居住绿地对广大居民来说应该是非常有价值的，这些绿地不仅美化了小区的环境，同时它也是市民日常接触最为频繁的游憩空间；风景林地大都位于城市周边自然环境较为优美的、地质地貌较为特别的区域，通常是居民长距离游憩行为的首选。

7.6.2.3 城市广场

城市广场是具有集会、交通集散、游览休息、商业服务及文化宣传等功能的公共开放空间，被誉为"城市的客厅"。城市广场，尤其是城市中心广场常常是城市的标志和名片，它不仅是城市的象征，也是融合城市历史文化、塑造自然美和艺术美的环境空间。如北京天安门广场，不仅是北京的城市象征，也是整个中国的象征，是中外游客及本地市民旅游、休憩的重要目的地。良好的城市广场的规划建设可以调整城市建筑布局，加大生活空间，改善生活环境质量，同时也能凝聚城市精神，提升城市想象。

现代城市广场不再仅仅是市政广场，商业广场成为城市的主要广场，较大的

---

[1] Stansfeld, C. A., Rickert, J. E. The Recreation Business District [J]. Journal of Leisure Research, 1970, 2 (4): 213-250.

建筑庭院、建筑之间的开阔地等也具有广场的性质。城市广场作为开放空间，其作用进一步贴近人的生活。城市中心人为设置以提供市民公共活动的一种开放空间是城市广场的重要特征；围绕一定主题配置的设施、建筑或道路的空间围合以及公共活动场地是构成城市广场的三大要素。

7.6.2.4 城市滨水区

城市滨水区即指"城市中陆域与水域相连的一定区域的总称"。城市滨水区既是陆地的边缘，又是水体的边缘，包括一定的水域空间和与水体相邻近的城市陆地空间，是自然生态系统和人工建设系统相互交融的城市公共的开敞空间。城市滨水区往往因其在城市中具有开阔的水面而成为旅游者和当地居民喜好的休闲地域。规划师们常常将这一地段称为蓝道（blue ways），它们与绿化带构成的绿道（green ways）一起构成了开放空间与水道紧密结合的优越环境，是许多城市的点睛之笔，也是市民日常休闲的最经常的选择。❶方庆等指出滨水游憩开发的关键是通过合理的空间配置将游憩者和滨水区域相连接，通过开发实现人们的游憩活动，并把人们的滨水游憩活动分为10种类型，根据不同的游憩空间设置了相应的活动项目。❷

7.6.2.5 游憩中心

游憩中心是指一些主题较为单一的专门的游憩场所，包括俱乐部、博物馆、健身中心、游艺室、度假村等等。游憩中心大都以点状形态存在，其规模可大可小。在空间分布上可以相对集中，也可以分散在城市中不同等级的公共空间内，以满足不同年龄、不同区位、不同层次等具有不同经济社会特征的社会群体和个人对不同游憩的需求。由于游憩中心对自然资源、对地域、对规模的要求较低，是一种比较灵活的城市游憩空间形态，同时也由于它所涉及的主题丰富，参与人群广泛，可以是商业性质的，也可以是公益性质的，是城市公共游憩区的重要组成单元。

7.6.2.6 环城游憩带

环城游憩带是指环绕城市外围、处于近郊乡镇景观之中、与中心城市交通联系便捷，具有观光、休闲、度假、娱乐、康体、教育等不同功能的土地利用构成的游憩活动区域。就城市居民来看，随着闲暇时间的增加和人们游憩需求的多样化趋势，城市居民开始从居住地附近走向城市周边，到城市边缘或近郊开展游憩活动。同时，这种具有独特资源优势和区位交通优势的游憩地也是都市旅游的重要组成部分，拉动相当数量的外来旅游者参与其中。

---

❶ 吴必虎，贾佳．城市滨水区旅游、游憩功能开发研究——以武汉市为例［J］．地理学与国土研究，2002，(5)．

❷ 方庆，卜菁华．城市滨水区游憩空间设计研究［J］．规划师，2003，(9)：46-49.

吴必虎认为环城游憩带的形成区位是在土地租金、出游成本的双向力量下，由游憩者、旅游开发者和地方政府三方共同作用产生的。因为距离城市越远，级差地租越低，资金压力越小；但是同时出行距离远势必增加了游憩者的成本，所以出游率下降，这样游憩者和投资商就会在某个适当的位置达成妥协，从而形成环城游憩带。❶

7.6.3 城市公共游憩区规划的理想模式

理想的城市公共游憩区空间结构，既是城市规划者进行游憩布局的目标，也是他们进行游憩规划的准则和依据。目前，关于城市公共游憩区配置的理想模式，国内外已有部分学者进行了积极的研究探讨，并提出了一些比较有价值的模式。

7.6.3.1 罗多曼模式

B. B. 罗多曼模式是在对大都市郊区土地利用景观（自然公园 natural park）研究的基础上提出的郊区游憩地配置的理想模式。该模式具有以下几个特点：①以自然公园和康乐公园配置为典型研究；②假定城市均衡分布扩散；③城市之间的联系以同样的交通方式；④两个城市之间有一条可以影响景观配置的交通线；⑤城市之间有广阔的地域，乡村景观保持完好，游憩地域空间广阔，土地利用调整余地较大；⑥在地域利用上将景观划分为城市历史与建筑保护区、社会服务与交通道路、永久性住宅和工业、农业、天然牧场、森林和康乐公园、自然保护区和旅游基地与道路在城市之间汇合为一个连续的网络。❷

7.6.3.2 克劳森模式

克劳森模式是 Clawson & knestsch 在 1966 年鉴于城市空间和田园地域土地资源利用的日益复杂，根据地域利用特点，提出空间利用者指向地域、中间地域和资源指向地域三种利用类型，形成大都市郊区游憩地配置的三个圈层模式。空间利用指向者是指在大都市人口集中分布的地区空间资源十分紧缺，土地资源价格昂贵，但为了满足都市居民不出居住地对休闲地的短期需求，城市充分利用空间资源，修建休闲、康乐空间，如都市公园和运动场。中间地域是距离都市较近的乡村游憩地，土地利用的集约化程度下降，游憩地的规模扩大，旅游、休闲、康乐空间扩展，通常来说交通条件较好，可达性好，可满足城市居民对游憩地的客观需求和消费，游憩地的服务设施配备较好，是都市游憩者光顾频率最高的首选地区。主要游憩地类型有康乐公园、田园公园、农村博物馆和主题公园。资源指

---

❶ 吴必虎. 区域旅游规划原理［M］. 北京：中国旅游出版社，2002.
❷ 王云才，郭焕成. 略论大都市郊区游憩地的配置——以北京市为例［J］. 旅游学刊，2000，（2）

向地是距离都市较远的地区，是都市的远郊区，是土地利用集约化程度最低的地区，以粗放的农业和林业生产为主，乡村景观的完整性和地方性保持较好。从远郊区景观结构来看，自然景观、乡村聚落景观、田园生活景观、农业生产景观、民风民俗景观，形成了"闲、静、雅、稚、乐、宜、纯、厚"的整体景观特征。主要的游憩区类型有：国家森林公园、国家公园、城市野营公园、狩猎场、野生地域和特殊保护地。❶

7.6.3.3 星系模式

"星系模式"是俞晟（2003）提出的城市游憩系统空间分布的理想模式。❷该模式借鉴了宇宙星系的结构模式来描述城市游憩系统的空间分布，将城市游憩系统围绕着核心城区划分了近程游憩带、中程游憩带、远程游憩带等三条游憩带。游憩带之间分布着若干大小不一的游憩功能区。游憩带的主要划分依据是游程时间，以约0.5h的游程来界定近程游憩带，其在空间上与环城绿带大致吻合，游憩的类型以生态、绿色的休闲活动为主；中程游憩带距离市区约1h的游程，游憩内容基本以城市郊区的小城镇、依托特定自然环境的大型游憩区、主题公园为主；远程游憩带距市区大约有2h的游程，该游憩带基本处于城市的最边缘地带，甚至已涉及其他省、市的边缘地带，主要以中小城市和特色旅游地为主。所有的游憩带都是以核心区为中心的，核心区即是城市的主要建成区，核心区内的游憩设施以与市民日常需求量较大而规模较小的游憩内容为主。

7.6.4 城市公共游憩区规划的影响因素分析

7.6.4.1 社会因素对城市公共游憩区规划的影响

游憩活动是由游憩行为主体系统、客体系统及游憩支持系统共同组成的复杂系统。而这三个构成要素都与当地社会的经济、文化状况有着密切的联系。就游憩行为的主体而言，人们所选择的游憩方式，参加游憩活动的种类、频率和他们的收入、教育程度、年龄、职业等状况有着密切的联系。就客体而言，游憩设施的种类与规模配置和该地区的社会经济状况、游憩需求大小也有着密切的联系。而社会经济水平、文化价值取向也很大程度地决定了支持系统的完善程度。因此，游憩作为一种行为，受到多种社会因素的复合影响，同时游憩产业的发展状况也和社会发展总体水平是相一致的。在进行城市公共游憩区规划时，需要从以下三个方面入手：

了解公众需求，完善产品结构。城市在进行游憩产品的配置时，不仅要对当地的社会发展的总体情况有一个了解，还要对目前人们对游憩活动的兴趣和偏好

---

❶ 王云才，郭焕成. 略论大都市郊区游憩地的配置——以北京市为例 [J]. 旅游学刊，2000，(2).
❷ 俞晟. 城市旅游与城市游憩学 [M]. 上海：华东师范大学出版社，2003.

有所了解。不同年龄、学历、收入、职业等社会背景的差异往往会导致不同的游憩兴趣与偏好，而在城市游憩的配置时往往要充分考虑这些不同的需求才能够进行合理的配置。此外，针对不同的服务对象应考虑不同的游憩配置。游憩设施的服务既有本市居民又有外地游客。一般而言，居住小区内的游憩设施是主要为居民服务的，则其游憩设施应以公益性为主，考虑到居住区内不宜扰民，应以休闲性、生态性、健身性的游憩设施为主；而城市 RBD 内的游憩设施则兼具为游客和市民服务的功能，可发展多种形式的游憩产品。

构建无障碍游憩环境。在衡量城市持续发展的能力时，社会公平程度被公认为是一项重要的指标，而构建城市的无障碍游憩环境也成为城市文明程度和公平程度的重要体现之一。对城市游憩设施的配置而言，除了在硬件设施上要构建"无障碍游憩环境"，还应该对这一概念进行拓展，注重在"软件"上消除人们参加游憩活动的障碍。例如在游憩设施的档次配置上，既要考虑高消费阶层的需要，同时也要考虑中低收入阶层的需要，为各收入夹层都提供参与游憩活动的可能。只有真正建立起一个无障碍的游憩环境，才能够使游憩的效益发挥得更大，才能推动社会整体文明的进步和发展。

引导社会时尚。虽然我们说城市游憩的提供应满足各阶层人们对游憩的需求，但在具体操作过程中还应该考虑对社会时尚的正确引导，并力争通过提倡文明健康的游憩方式来达到提高社会文明程度的效果。现实中，有些游憩方式并不是一种积极、健康的游憩方式，因此社会有责任通过倡导积极的游憩方式来引导文明、健康的社会时尚。如通过倡导健身、近程旅游、阅读、社会公益活动等游憩形式来取代打麻将等消极的活动形式。这对充分发挥游憩的社会作用有着积极的意义。

7.6.4.2　城市地价对游憩系统布局的影响

由于城市游憩目的地分为公益型和商业型两大类，因此土地的价格对城市游憩系统的布局影响也是不同的。

（1）公益型游憩地

公益的游憩地往往是为了改善城市的人居环境，大多是福利性质的场所，如社区的健身苑、社区活动中心、社区公园、市区的大型开放绿地。这一类的游憩场所的布局更多考虑的是公众的需要和便民原则，而对地价成本的考虑则放在相对次要的位置上。反过来，由于这些公益型游憩地的存在，还可能会导致周边地价的上涨，这是由于此类设施产生的正面的环境外部效应造成的。总的来说，土地价格对公益型或基本需要型的游憩设施的空间分布影响不大。

（2）商业型游憩地

对于商业型游憩地，其布局基本服从一般的商业布局规律。对于那些对土地面积要求相对不大，但是流动成本相对较大或者是日常型如购物类、美食类、健身娱乐类的游憩地，对客流量往往有着较高的要求，因此这一类游憩地大多分布在市区各级的中心地区或者人口相对集中的居住区附近，以保障能够获得较高的利润。而对于那些占地面积巨大、设施复杂、投资较大的大型人造游憩地，例如主题公园、游乐场以及大型的购物中心，往往选择建造在大城市的近郊。因为这里的土地价格较为低廉，而且大城市的庞大人群以及相对较高的消费能力也为其赢利提供了市场保障。至于对环境有着特殊要求的度假类游憩地，往往依托环境较好的自然山水，属垄断性的地租范畴，不能从一般经济意义上的地租来简单地理解。

7.6.4.3 城市商业与游憩业的联动发展

商业和游憩业是现代城市经济中关联度极高的两个产业，它们之间是一种联合互动、共促发展的密切关系，也有人将其称为"商旅联动"，即：依据城市商业和游憩业的产业特点及二者在发展中的密切关系，利用各自的经营优势，通过旅游休闲游憩与商品经营的互相渗透，达到各自市场扩展、经济发展的过程。❶ 商旅联动是商业与游憩业在各自经营中的交叉融合，或者说是商业和游憩业各自的产业特点在对方经营中的体现，也是一方在另一方产业发展中对自我发展机会的捕捉和把握。

（1）城市商业与游憩业联动发展的动力因素

① 休闲、体验经济。休闲是人们在一定闲暇时间内，从物质环境或文化环境的外在压力中解脱出来的一种相对自由的生活方式，它能使个体的自由意志得到最大的发挥。体验是使每个人以个性化的方式参与其中的行为和事件，及其中所产生的美好感觉。著名未来学家托夫勒指出，继产品经济和服务经济之后，体验经济时代已经来临，经营者通过为消费者"生产快乐"和创造内心愉悦而获得财富已逐步在现实中得到体现，并作为一种新的"经济提供物"，必将引起新一轮经济热潮。商业与游憩业的联动在这一热潮中应运而生，成为休闲与体验的大众形式之一。

② "人流效应"。游憩流 = {游憩者流，信息流，资金流，物质流，能量流，文化流}，它是指客源地与目的地之间，或是居住地与游憩地之间的单向、双向的子流集合。游憩流其本质是游憩者的流动即客流或人流。商业以买卖为本，商品生产、分配、交换和消费的每一个环节都需要"人"发挥主导作用。游憩活动中大量的人员流动携带信息、资金、物质和文化等要素，不息的人流可以刺激购买，游憩者的大量涌入将为商业发展提供持续性的内在活力，反之亦然。

（2）商业与游憩业联动的主要功能

① 突破传统分工和部门界限。商业与游憩业联动发展的提出适应现代商业和游憩业的发展特点和趋势，通过现实经营中商业和游憩业之间的相互嫁接，相

---

❶ 何佳梅，张东生．城市商旅联动发展新思路[J]．商业时代，2005，(26)：80-81

互利用，使新老产业充分发挥各自的优势和特点，在两者的融合中，相互影响与促动，拓展双方的消费市场。这种新的发展思路突破了传统的业界分工，不但有利于游憩业抓住商业发展中的机会，也使传统商业得到娱乐化改造，使其游憩价值得以体现。因此商业与游憩业的联动是一种创新性的经营方式。

② 促使城市经济发展趋于合理。商业与游憩业的联动发展，促进了城市综合服务水平的提高，有利于城市整体形象的提升，扩大城市的影响力。城市商业的繁荣，能极大地吸引游客，延长游客停留时间，而游客停留期间的食、住、行、游、购、娱等消费会进一步增加，又使旅游业发展的带动作用更加明显，进而促进城市工业、农业、外贸等行业的发展，提高城市宏观经济效益。

③ 促使城市功能分区更加完善。城市的主体是人，城市规划越来越注重城市功能的人文关怀。商业与游憩业的联动在空间上突出表现为城市游憩商业区的形成，就是城市功能的人本主义走向的一个体现。在游憩商业区内，原本分散经营的商家走向集聚化、规模化，市民或旅游者可在此尽享一站式购物乐趣。除商铺之外，区内还集中了广场、绿地、步行街等各类开敞的休闲空间及高质量旅游景点，从而形成商业、休闲游憩等公共设施高度集中的多功能区域。游憩商业区的建设已成为现代城市规划的主流和新趋势。

④ 协调旅游淡旺季。传统旅游业因对自然资源的过分依赖而导致淡旺季明显，供求不协调的矛盾。而新型的发展模式下，商业与游憩业相结合，完善了都市旅游过程中旅游购物这一环节，并且商业游憩价值的体现和商业游憩资源的开发也丰富了都市旅游产品，增加了新的旅游项目和内容，这些都有利于增强城市旅游吸引力，有效延长游客在旅游目的地的滞留时间，为调节旅游淡旺季差找到了一种新的途径，有利于促进旅游业的稳定发展。❶

7.6.5 城市游憩商业区（RBD）的空间布局

7.6.5.1 城市 RBD 的空间布局模式

通过对不同城市 RBD 空间分布状况的观察可以发现，目前多数城市的 RBD 空间布局遵循"极带式结构"这一规律。"极"是指不同等级、不同规模的 RBD 以及游憩性城镇。目前，许多大城市经过多年的发展，都形成了多中心的结构。"带"一般指的是城郊的环城游憩带。环城游憩带目前尚处于概念阶段，实际上是城郊大小不同的游憩区组成的。

城市中心区由于受到环境、人口密度、地价等条件的约束，因此游憩设施的种类上多以休闲、购物、开放绿地等人们日常需求量相对较高的类型为主。因

---

❶ 周牡丽. 城市公共游憩区规划的理论研究及其实践应用——以暨阳湖滨水游憩区的规划与开发为例［D］. 南昌大学硕士研究生学位论文，2007，6.

此，市区的RBD往往依托有着特殊历史积淀的区域（如上海城隍庙）、或现代标志性场所（如上海人民广场）以及大型综合娱乐设施而建。相对而言，城市郊区地带空间相对较为开阔，环境较好，地价相对较低。因此，如何利用城郊这些优势，对城郊地带合理开发引起了越来越多的学者的兴趣。

城郊地区即指城乡交错带，这一地区发展旅游业具有其独特的区位优势：首先，城郊地区具有市场优势，由于依托大城市，大城市本身巨大的人口以及其庞大的腹地地区的庞大人群对游憩区运营所需要的门槛人口提供了充分的保障；其次，交通便捷。大城市一般都非常重视区域内的交通网建设，因此一般城郊地区都有快速方便的交通，游客的通达性较高。

不少城市已经开始通过构建环城绿带来尝试建设环城游憩带的构想。如渥太华市环城绿化带的规划构想是在市区周围，通过自然保护区、农田等资源，形成开敞空间，从而有效地防止城市发生无规划地扩张。在此前提下，渥太华环城绿带被建设成为以乡村景观为特色的生态区。其用地比例是：合作性农场占25%，森林和自然风景区占15%，政府和公用事业机构占30%，城市开敞空间（如城市公园、高尔夫球场、跑马场等）占30%。❶ 而上海目前在建的环城绿带规划形态为"长藤结瓜"式，即500m宽的环状绿带为"长藤"；沿线在用地条件较好的地方适度放宽，规划布置若干大型的主题公园，即为"瓜"。不难看出，上海在环城绿带产业化经营方面已经考虑到将环城绿带建设与游憩带建设的结合。这对城市绿地建设的产业化经营以及城市RBD的多元化发展都是一种积极的探索。

7.6.5.2 城市RBD的空间分布规律

不同的RBD在选址时会着重考虑、依托某些重要因素，城市RBD在空间布局上存在以下一些规律：

（1）依托特定的旅游资源

许多城市的RBD都是依托特定的旅游资源而建的。例如不少学者通过研究发现RBD往往呈条带状分布于游客集散地与景区的道路沿线两侧。因此，可以说RBD的形成是以特定的旅游资源的存在为基础的。这一规律同样也普遍存在于城市中游憩商业区的形成与旅游资源有着密不可分的联系。城市游憩区尤其是那些规模较大而又富有自然气息或历史内涵的游憩区，往往是依托现有的人文或自然的资源，并辅以基础设施及配套设施的完善，逐渐形成的。如上海的外滩—南京路—城隍庙一带、南京的夫子庙、上海佘山国家旅游度假区等。此外，城市中流经的河流及沿岸也往往会成为重要的游憩带。如泰晤士河是伦敦绿地框架中的一条脊梁，被广泛地用于体育与娱乐活动。河流两岸分布着众多具有历史纪念

---

❶ 刘薇. 浅谈城市外围绿化带的规划与用地管理 [J]. 规划师, 2001, (2): 96-98.

意义、文化以及景观意义的建筑、公园和桥梁等。泰晤士河及两岸景观已成为伦敦的标志。❶

这类游憩区往往具有以下一些特点：①游憩区有鲜明的主体核心，这个核心可以是自然类的，也可以是历史、文化类的；②在对核心进行充分发掘的基础上往往针对游憩者的需求进行进一步的项目开发；③此类游憩区的选址往往是被动的，极大地受其所依托的旅游资源的限制。

（2）依托市场

旅游开发根据不同的侧重点曾经一度分为市场主导学派和资源主导学派。经过一段时间的探索，现在越来越多的人已经意识到在旅游开发的过程中，资源和市场的要素都必须兼顾。

对于城市而言，在旅游资源的丰度方面势必处于劣势。但城市尤其是大都市往往在市场方面具有极大的优势和潜力。因此依托市场构建各具特色的人工吸引物及游憩区也逐渐成为城市发展旅游业的重要途径。国内外也不乏这类成功城市游憩商业区的典范：如加拿大的西埃德蒙顿购物中心（WEM）；上海的东方明珠、金贸大厦观光厅、南京路步行街等。

此类游憩区往往具有一个共同的特点：由于往往地处相对较为繁华的都市，甚至都市的黄金地段，因此其运营成本也较高，并具有相对较高的消费门槛。故而必须有较大数量的消费，才能保证游憩区的正常运转，即需要大量的顾客作为其正常运作的基础。因此，这类游憩区往往需要稳定的一级市场，庞大的二级市场和丰富的三级市场作为其成功运营的保障。

（3）依托便捷的交通和较低的地价

在城市游憩系统中，以大型人工游乐设施、主题公园为核心的城市商业游憩场所，由于其占地面积较大，一般都高达数十万平方米，因此通常选址于城郊地带，因为城郊地区一般在地价上要低于城市中心区。同时由于此类主题性较强的游憩区投资一般也较大，投资金额一般在数千万至数亿元以上。因此，此类游憩区在选址时，既要考虑服务地区的消费人群基数以及消费能力的状况是否满足必要的条件，同时也要考虑交通可达性的状况是否能够满足一定规模的客流进入游憩区的需要。而在大城市的郊区往往可以同时满足以上这些条件，自然也就成为此类RBD选址的首选之地。❷

---

❶ 阎水玉等．泰晤士河在伦敦城市规划中的功能定位、保证措施及其特征的分析［J］．国外城市规划，1999，（1）：34-36．

❷ 俞晟，何善波．城市游憩商业区（RBD）布局研究［J］．人文地理，2003，18（4）：10-15．

8 城市边缘区土地利用的演变过程与空间布局模式

8.1 城市边缘区的概念界定

对于城市边缘区研究的起源可以追溯到 19 世纪末城市地理学对城市形态的研究。1936 年，德国地理学家哈帕特·路易斯（H. Louts）从城市形态学的角度研究柏林的城市地域结构，发现某些土地利用带原先属于城市的边界区，后来被建成区的不断扩展所侵吞，已成为市区的一部分，但它们都是城市新区与旧区的分界，路易斯首次提出城市边缘区这一概念，指出这一带与城市建成区有许多显著差异，其空间结构、住宅类型、服务设施等都具有独特性。之后，这一概念被规划学、城市学、地理学、建筑学等有关学科的学者不断加以引伸和发展。

目前学界公认的较为完整的概念，是普内（Pryo）于 1968 年提出的。城市边缘区，即是一种在土地利用、社会和人口特征等方面发生变化的地带，位于连片建成区和郊区以及几乎完全没有非农业住宅、非农业占地和非农业土地利用的纯农业腹地之间，是土地利用发生变化的地区。[1] 这一定义不仅反映了土地利用特征的变化，同时也对社会、人口等方面的要素进行综合考虑，在地域上也较明显地与城市、乡村分开。

城市边缘区是处于连片的城市建成区之外和纯粹的农业腹地之间的区域，同时受到城乡两种发展力量的影响。这一区域根据中心城市对其作用程度，可以依次分为内缘区、外缘区和城市影响区三个部分。但是，城市边缘区是一个动态发展的区域，没有明确固定的空间界限。[2]

8.2 我国城市边缘区土地利用的演变机制

城市边缘区的形成与发展是城市与乡村相互作用的产物，城市的产生与发

---

[1] Pryor, R. J. Defining the Rural—— urban Fringe. Social Forces, 1968, 407.
[2] 刘江涛. 中国城市边缘区土地利用规制研究 [D]. 北京大学博士学位论文, 2003, 7.

展不仅形成了城乡要素、功能与景观的二元结构分异,而且由于彼此间势能位差的加大,导致了城市与乡村之间的相互作用、交流与渗透。城市边缘区土地利用特征的形成、结构与功能的演替主要受制于分别来自城市与乡村两方面的作用力。

8.2.1 城市作用力

城市作用力是城市边缘区土地利用的主导机制。城市内部社会、经济与科学技术的迅速发展,促进了城市能量的集聚,并导致城市地域的膨胀与各种城市物质与非物质要素的空间扩散,给城市边缘区土地利用的类型、结构、水平与效益等带来巨大的影响。与此同时,城市内部土地价格的上涨、税收的增加与日趋严重的环境污染、交通阻塞等现象更加剧了城市各要素的扩散过程。

根据这种城市作用力的影响程度,城市边缘区土地利用大致可划分出三个环带:第一带是城市影响最显著的地区,土地利用密度比不与城区相连的农村地区高,已大部分转变为城市用地;第二带为正在城市化地区,具有传统的乡村用地与城市建设用地相混合的特点,是70年代后期郊区城市化发展最快的地区;第三带以农业土地利用为主,散布着一些非农家住宅,但土地利用水平明显提高。这三个地带随着城市作用力的不断增强,形成第三带→第二带→第一带的转化趋势,并最终向城市转化。

8.2.2 乡村作用力

城市边缘区土地利用是在乡村土地利用的基础上,叠加城市土地利用的结果。其形成过程不仅受城市发展的影响,而且与乡村地区原有的基础及其发展水平密切相关。乡村作用力是城市边缘区土地利用的内动力。乡村作用力大致可分为两大类:一类是来自于乡村社会经济的发展对土地利用的影响,如乡村工业化、城镇化与农业现代化等,其中乡村工业化可以说是这类作用力中的先导。它不仅通过协作配套,加深了城乡产业之间的相互联系,促进了城市的进一步扩散,而且改变了乡村地区传统的土地利用结构,通过工农互补,在资金、劳动力就业等方面为农业土地利用效益的提高创造了条件。另一类则来自于城市边缘区内部优越的地理区位与环境条件对城市人口、产业的吸引,如低廉的土地价格、开阔平坦的地形、便利的交通运输、优美的自然环境等。

8.3 城市边缘区土地利用的特征

城市与乡村两种作用力在城市边缘区相互碰撞与交织,形成了该地区广泛而又密切的城乡联系。D. A. Rondinelli(1985)对这些联系做了系统的归纳总结,见表8-1。

城市边缘区主要联系分类表　　　　　　表 8-1

联系类型	要素
物质联系	公路网、水网、铁路网、生态相互联系
经济联系	原材料和中间产品流、资本流、前向和后向及双向的生产联系、消费与购物、收入流，行业结构和地区间商品流
人口移动联系	临时性和永久性的人口移动、通勤
技术联系	技术相互依赖
社会联系	访问、亲戚关系、仪式、宗教行为、社会团体相互作用
服务联系	通信网络、信用和金融网络、教育卫生、商业和技术服务、交通服务
政治、行政、组织联系	权力结构关系、政府预算流、组织相互依赖性、行政区间联系、非正式政治决策联系

8.3.1 渗透与反渗透

这是城市与乡村之间一种十分普通的作用方式，即高密度的城市人口与产业向低密度的乡村渗透与乡村内部社会经济发展向城市所产生的反渗透。

城市向乡村的渗透在地域空间上表现有两种不同的形态，即渐进式的外延与飞地式的跳跃。渐进式的外延是指从高位势向低位势的逐渐扩散，在空间上出现过渡、连续、渐变的特征。在土地利用上表现为城市企业以其相对较大的竞争优势，在土地价格竞标中不断战胜各类农业活动，征用邻近的农地，从而使城市市区向乡村挺进，乡村节节后退，形成所谓的"摊大饼"式的扩展。这种渐进式的外延又具有两种形态：一种是在市区周围近似均等地向外推进，城市用地呈同心圆圈层式向外扩展，具有明显的"年轮"效应；另一种是沿城市对外交通设施快速推进，城市用地呈指状或星状向外扩展。实际中，圈层式与星状式往往相互结合，即当指状体增长到一定程度时，指状体之间的横向联系不断加强，其间三角形或梯形空间开始逐渐被填充，致使城市市区呈连续状推进。飞地式的跳跃则是指城市要素遵循区位优势与增长极理论，呈大跨度的扩散，在空间上表现为间断、离散和突变的特点。市区的某些企业因受"地盘"的限制无法扩大再生产或者难以承受市区高地价的压迫，部分或整体迁出，在城市周围一定距离上布置，从而在城市边缘区形成新的非农用地生长点。城市的渗透方式与城市作用力的大小密切相关。

从乡村的角度看，随着社会、经济的发展，也会产生一种与城市渗透相逆的反渗透现象，如农民进城投资、经商与就业等。在土地利用方面，这种反渗透作用可能会产生某些间接的影响，如导致近城区农民弃耕、兼业等现象以及远城区规模经营与集约化水平的提高等。

8.3.2 接触变质

城市边缘区是城市与乡村相接触的地区,城乡之间除上述渗透与反渗透的相互作用方式外,还存在着一种因彼此接触而产生的"变质"作用,即农村的生产、生活与土地利用类型、方式等的不断城市化。如果以城市边缘区以外的纯农村作为基底,根据这种变质作用的强度,大致可划分出三种类型。

(1) 浅变质,主要表现在因受城市市场、技术及资金等方面的影响,农村土地利用效益水平明显提高,农业土地利用的方式与手段有很大变化,但农村土地利用结构变化不大,主要表现为农业内部结构的调整。

(2) 中变质,表现在为适应城市市场的需要,土地利用结构有较大的改变,耕地多由粮田变为菜地、奶牛饲养等;非农产业发展,农民农忙务农、农闲则务工,生产方式由纯农走向亦工亦农;非农用地明显增加。

(3) 深变质,土地利用以非农用地为主,农业用地向非农用地转换强烈,农民完全抛荒田地,从事非农经营,生活方式与城市居民接近。

8.4 城市边缘区土地利用的动态演变过程

城市边缘区的范围、结构及功能总是处在不断的变化之中,而且这种变化自20世纪60年代以来表现得特别明显,所带来的问题也十分突出。人们发现,城市边缘区这种动态性特征分别与城市和乡村的发展及其相互作用关系密切相关。由此,通过城市与乡村的相互作用来探讨城市边缘区土地利用的演变过程,便成为人们兴趣的焦点之一。在大量实证研究的基础上,形成了各种理论假说与模式。

8.4.1 科曾的周期性理论

在众多研究城市边缘区动态演变的学者之中,科曾(Conzen)首先提出了周期性的演变理论。通过对阿尔威克(Alnwick)城市地域演变历史的重构,科曾发现城市边缘区土地利用景观具有周期性的演变特点。[1] 城市边缘并非是稳步向农村地区推进,而是呈加速、减速与静止三种变化状态,推进的速度取决于城市社会的发展和各种土地利用的影响因素,这三种状态在时间链上相互衔接,周期性地循环。每一个演变周期均可大致地划分为三个阶段:第一阶段为加速期,城市多沿交通干线呈放射状快速向外扩展,农业用地向非农用地的转化规模大、速度快,土地开发与投机活动强烈,城市作用力占主导地位;第二阶段为减速期,城市扩展呈环状推进,城市作用力与乡村作用力进入均衡状态;第三阶段为

---

[1] Conzen, M. R. G., Alnwick, N. A Study in Town-plan Analysis, Institute of British Geographers Publication, London. George Philip, 1960, 27.

静止期，乡村作用力十分明显，城市边缘区地域范围固定，进入内部填充阶段。这种城市用地的周期性扩展，是城市边缘区土地利用同心圆圈层式地域结构形成的基本动因。

8.4.2 埃里克森动态模拟

埃里克森（Erickson）通过对美国14个特大城市自1920年以来人口、产业等的向外扩散情况进行研究，侧重于城市作用力对土地利用活动的影响，将城市边缘区土地利用空间与结构的演变划分为三个不同的阶段，即外溢——专业化阶段、分散——多样化阶段与填充——多核化阶段。❶

外溢——专业化阶段（spillover——specialization）：主要发生在20世纪40年代以前的城市边缘区，以城市的各种功能向周围地区溢出，形成以专业化结构为特征，如在广阔的乡村环境中形成的单功能工业区、住宅区等。扩散主要发生在城市附近地区，以轴向扩散为主，城市边缘区范围狭窄，各项功能通过巨大的人流、物流与市中心联系密切，对中心城区的依赖性很强。

分散——多样化阶段（dispersal——diversifi——cation）：主要出现在20世纪40~60年代末期之间。由于交通运输条件的改善，人口与产业的扩散不断加剧，城市边缘区的地域范围迅速膨胀。这期间，除人口与工业等的扩散以外，由于私人小汽车的发展，商业及城市的各项基础设施向外延伸十分突出，在轴向扩散的同时，进入圈层扩散阶段。城市边缘区内各类功能区数目明显增加，且结构日趋多样化，产业、住宅、商业等呈现相互结合之势，地区独立性加强。反映在地区经济结构中，农业地位明显下降，以非农产业占主导。

填充——多核化阶段（infilling and multinucleation）是20世纪60年代开始城市边缘区演变的新特征。城市的各项要素与功能的扩散仍然迅猛，但反映在空间布局上则以内部填充为主，城市边缘区的地域扩展进入静止稳定阶段。在伸展轴与环形通道之间，存在着大片为快速增长期所忽略的未开发土地。此时由于私人小汽车运输成本的增加，大多数企业不得不考虑劳动力的供给及工资情况，充分利用公共交通系统，在各种放射状与环形交通网之间选址，从而使这些未开发的农业土地得到进一步的开发，因此也有人将其称之为城市边缘区土地的再开发阶段。❷ 在这种再开发过程中，一些具有特殊优势的区位点，如放射线与环形线的交叉点，会吸引更多的人口与产业活动，形成城市边缘区的次一级中心，使其

---

❶ Erickson, R. A. The Evolution of the Sub-urban Space Economy. UrbanGeography, 1983, 4 (2).

❷ Bryant, C. R. The Rural Estate Market: An Analysis of Geographic Patterns of Structure and Change Within an Urban Fringe Environment. Publication Series. Department of Geography. University of Waterloo. Waterloo. Ontario, 1982.

空间结构出现多核化的趋向。当这种填充作用完成，则表明城市边缘区演变周期的结束，下一个周期的开始。各个阶段可能相互衔接，顺序演替，也可能在某个阶段停滞不前，这完全取决于中心城市社会、经济发展及其能量的集聚。

8.4.3 山鹿诚次的阶段论

日本学者山鹿诚次从城乡作用角度，根据城市边缘区农业土地利用接触变质作用的强度，通过对80年代日本城市郊区演变历史的分析，提出了土地利用演变的三个阶段。❶

第一阶段，从一般农业用地向商品性农业用地转移，从经营大田作物改为经营蔬菜、瓜果、花卉、奶牛、畜禽等农副产品与观赏植物为主，农业生产水平高、商品率高，主要为城市市场服务，故这一阶段称为产品的商品化阶段。在地域分布上，距城市市区较远，处于浅变质阶段。

第二阶段，农民家庭的职业构成发生很大变化，在工农及城乡之间强大的比较利益势能差驱动下，部分劳动力（多为家中的青壮年劳动力）转向了非农行业或进城求职，并不断由季节性短工向常年短工并最终向正式工转化，原有的农户变成了农工户或农商户，兼业化现象十分普遍。因而这一阶段被称为劳动的商品化阶段。从土地利用情况看，土地的资金、劳力投入明显减少，务农积极性逐渐降低，土地利用出现了一定程度的粗放，这一阶段多发生在距城更近的地区，接触变质较强。

第三阶段，农民家庭的主要劳动力和决策人进一步转向非农产业或进城就业，原有土地或者直接卖给土地开发商与投机商变为城市用地，或者是转租给承包商，再或者是利用家中的老、弱、病劳力维持粗放式的农业现状，以等待土地价格上涨后再卖出。因此，这一阶段称为土地的商品化阶段。本地人口大多离开土地不再务农，土地利用的变质强度较深，常见于邻近城市的地区。

通过上述分析我们不难发现，各种理论模式之间具有紧密的相互联系。它们都是从不同的角度对同一个过程的描述，因此在阶段的划分上具有相同的特点。

8.4 城市边缘区的空间布局模式

在现代众多的城市与乡村土地利用理论中，有些直接涉及了城市边缘区的土地利用问题，如伯吉斯（E. W. Burgess）的同心圆模式、迪肯森（R. E. Dickenson）的三地带论，耶茨（M. H. Yeates）与嘎纳（B. J. Garner）的理想化结构模式等都对城市及其以外一定范围内的土地利用进行了描述；而有些则对城市边缘区土地利用研究具有一定的指导意义，如雷伊特（H. Hoyt）的扇形学说、

---

❶ （日）山鹿诚次. 日本的大都市圈. 大明堂发行所，昭和59年.

哈里斯（C. Harris）与乌尔曼（E. Unman）的多核模式等。单从城市边缘区的角度看，土地利用的空间布局结构大致可归纳为如下几种类型：

8.4.1 圈层式空间结构模式

从19世纪初杜能的农业区位论到20世纪20年代伯吉斯的城市土地利用结构模式，都揭示了从城市中心向外一直到深受城市影响的广大农村地区，土地利用具有同心圆圈层式的结构特征。杜能及其以后的辛克莱尔从农业生产活动的角度分别探讨了建成区以外土地利用两种不同趋势的同心圆圈层；而伯吉斯等城市社会学、地理学者则将杜能原理应用到城市土地利用研究领域，提出了从城市核心到城市边缘土地利用的同心圆结构。事实上，伯吉斯不仅研究了城市内部的结构特征，而且还涉及城市边缘区非农用地的地域分异。在其结构模式中，第4个环带即良好住宅带已经进入城市边缘带（城市边缘区的内环），因为高收入的住户追求的是优雅的田园风光，其住宅多被各种农场（如小农场及蔬菜农场等）及娱乐区所包围❶；而通勤带则向外延伸更远，包括了周围地区众多的居住型小城镇及村庄在内，主要为农地与林地分布区。❷ 如果将上述两种模式连结起来，便会自然得出这样一个推论，即城市边缘区土地利用具有圈层式的空间结构。

圈层式的空间结构理论建立在城乡相互作用的距离衰减原理之上，它不仅揭示了城市边缘区土地利用地域分异的基本规律，更为重要的是，它还指出了城市及城市边缘区土地利用圈层式向外扩展的演替过程，即内带总是在不断地给外带施加压力，迫使其向农村方向后退，从而反映了城市边缘区演变的有序性与阶段性。

无论是农业土地利用还是城市非农土地利用，圈层式空间结构模式的成立都经过了一定的条件假设。虽然现实世界中，各种条件的变化如交通新干线的出现、运输方式的改变、人为因素的干预、地表状况的变化等都会导致同心圆圈层式结构的形变，但这些形变都是在同心圆的基础上发生的。它们并不能从根本上改变同心圆的布局特征。因此该模式可以说是现代城市边缘区土地利用的基本内核。

8.4.2 放射状结构模式

在同心圆的基础上，霍伊特首先强调了交通运输通道对土地利用的轴向作用。通过对美国64个城市的研究，发现城市扩张有沿交通轴线向外延伸的趋

---

❶ Thomas, W. S. Urban Growt hand Economics. Reston Publishing Company. INC, 1977.

❷ Burgess, E. W. Urban Areas in Chicago: An Experiment in Social Science Research. Chicago. Illinois. University of Chicago Press, 1929.

势❶，而且大多从城区向四周呈放射状扩散。由于城市扩展主要发生在城市边缘区之内，这种放射状的扩展方式必然影响到城市边缘区土地利用的特点及其变化，形成一种放射状的空间结构。

城市对外交通干线犹如章鱼的"触须"，是城市扩展的"伸展轴"，构成了城市发展的最优方向。在城市边缘区内，由于交通沿线地区联系十分便捷，而且大多具有相对较好的水电等基础设施，土地的开发往往拥有较高的经济性，因此伸展轴将最先成为市区，并不断带动其两侧地区的开发与发展。这种沿轴线的定向扩展是城市发展过程中除圈层式扩展以外的又一种较普通的空间演变方式。

城市边缘区的放射状扩展也并非是呈单一的纵向推进，而是具有纵横交替的周期性特征。❷ 在城市发展的早期，城市规模小，具有明显的向心集中趋势，城市外部形态多为紧凑的团块状，城市边缘区范围狭小，伸展轴尚未形成。随着城市规模的扩大，进入分散城市化阶段，在向外扩展的过程中，城市将沿交通线形成向外伸展轴，城市边缘区范围明显扩大．各伸展轴之间保留有大片未开发的轴间空地。但是，伸展轴的扩展并不是无限的，它与城市规模、发展水平以及土地开发的经济效益等因素之间存在着一种相互制约的关系。随着交通沿线土地的不断开发与各种企事业单位数量的增加，沿线交通量不断增加，由此会降低交通的便捷性，并降低轴向进一步延伸的经济效益，从而使轴向扩展速度受到抑制，进入稳定阶段，城市发展转入横向扩展，即轴间填充。当轴间填充进行到一定阶段，轴间空地将全部被开发，此时的城市形态将由星状演变成块状。随着城市规模及其经济实力的进一步加强，新的交通干线的开拓，伸展轴被赋予新的活力，由此进入下一个新的发展周期。

8.4.3 分散集团模式

分散集团模式是由前苏联、中国及东欧学者50年代提出的关于当代大城市周围城市边缘区土地利用的布局型式，在西方称之为多核模式。该模式的形成机理是城市渗透过程中的飞地式跳跃。在一些大规模的城市周围，城市中心能量积累到一定程度，渐进式外延常常由于地理环境、土地价格、征地难度和企业本身性质决定的特殊要求等因素而难以满足城市进一步的扩展，因而会在与中心城区相隔一定距离的地点跳跃式发展，形成城市边缘区内成组、成团布局形式，以分散中心城区的功能，减轻其压力。

---

❶ Hoyt, H. The Structure and Growth of Residential Neighborhoods in American Cities, Washington D. C. . Federal Housing Administration, 1939.

❷ 崔功豪，武进．中国城市边缘区空间结构特征及其发展——以南京等城市为例 [J]．地理学报，1990，45 (4)．

分散集团模式的基本原理与西方国家的多核模式类同，但两者仍存在着差别。分散集团模式的指导思想是要在人为的规划指导下，逐步消灭工农、城乡差异，使城市建设与乡村工业化、城镇化及农业现代化协调统一。分散集团模式注重的是用地分区，而不是功能分区，每一个集团内，生产、工作、生活、居住、娱乐等各项建筑和设施齐全，具有各自的商业和文化中心，尽可能做到就近工作、就近居住、就近解决日常生活问题，各个集团之间既相对独立，又紧密联系，形成有机的整体，每个集团基本上具有相类似的居民职业构成，不存在因阶级不同而产生的住宅区地域分异。

从土地利用的角度分析，分散集团模式具有较明显的特色。

（1）在一定程度上控制了城区规模的盲目扩大，边缘集团与中心市区之间，以及各集团之间，保留有大片绿化隔离带或成片的好菜地、高产农田，避免了"摊大饼"式的城市蔓延所造成的侵占耕地，既为城市的进一步发展留有余地，又较好地保护了高产农用土地资源；

（2）城市边缘区内农用土地与非农用地相互交错，有利于优良生态环境的建设与保护；

（3）有利于城市要素与功能向远郊区的扩散，极大地缓解了城市近郊区各种土地利用类型之间的相互矛盾与冲突，促进了城乡之间、工农之间的协调发展。

8.5 城市边缘区土地利用的主要问题与对策

8.5.1 城市边缘区土地利用的主要问题

8.5.1.1 建设用地与农业用地矛盾显著

城市边缘区土地利用最大的问题就是城市扩展与农业用地保护之间的矛盾，主要是由于城区向外延伸侵占农地而导致的。边缘区一方面受城区辐射的影响，非农产业迅速发展，另一方面农业土地大多维持耕作经营方式，产生的收益和非农产业用地收益存在巨大反差，边缘区单位面积工业、农业产值之比一般为十几倍甚至几十倍。因而边缘区农业用地面临用途改变带来巨大级差收益的强大压力，以种植业为基础的农业生产受到极大冲击。如果没有科学的土地规划和管理制约，土地利用必然向级差收益较高的方向盲目转变，产生不良后果。

8.5.1.2 缺乏有效的统一规划管理，土地管理失控

城市边缘区为城市与乡村之间的交接地带，由于传统城、郊分管体制，长期的二元经济结构等导致城乡联系渠道狭窄，缺乏规划理论和政策指导，缺乏有效的统一规划管理机制。城市边缘区规划管理既不同于城市建成区，也不同于农业区，各种规划、建设指标不明确。城市边缘区行政体制条块分割，权限不清，使得土地规划管理失控，越权批地、乱占耕地、乱建房屋等违法现象屡禁不止，多

征少用，征而不用，土地浪费惊人，土地利用效率不高，资源、资产流失严重。

8.5.1.3　土地利用无序，结构失衡

城市边缘区建设用地无序扩展，引起土地利用格局分散而混乱。具体表现为：（1）城市边缘区土地利用类型复杂多样。有工业、科研、教学、公建、道路、绿化、殡葬、商业居住、军队等。（2）布局不合理，相互干扰和影响。在城乡边缘区，往往教学科研用地与污染工厂相临；军队用地与地方生产用地互相穿插；商业用地被夹在厂矿之中等。部分土地向城市型用地转化，但公建比例偏低，缺乏道路、绿化用地。（3）城市扩展失控。城市边缘区农地与非农地的转化存在巨额利差，受此驱动各部门、各单位、房地产开发商等纷纷争夺，城市边缘区呈现大片农田被毁、耕地被占、遍地开发、城市向四处蔓延的景象。

8.5.1.4　环境污染严重，土地质量下降

城区工商业发达，生产经济效益高，但工农业效益差距太大，农民种粮积极性受挫，少施或不施有机肥，多施或单施化肥，抛荒现象各处都有，造成土壤肥力减退。城区"三废"排放污染加剧，散布于郊区的乡镇企业、家庭工业，产生的污染物到处堆积，造成城市边缘区大气、水、土地资源遭受破坏，生态环境恶化、土质下降。❶ 由于管理不到位和农民固有的生活习惯，生活污染在城市边缘区也很严重，垃圾遍地、蚊蝇纷飞的景象屡见不鲜。❷

8.5.1.5　景观不协调

城市化进程使边缘区景观的自然组分大量减少，农业景观中生物栖息地多样性降低，造成自然景观的高度破碎化，不仅生物多样性资源严重受损，自然环境的美学价值及舒适性也会大打折扣，使其无法完成其固有生态功能，成为生态环境影响向负面发展的主要根源。❸ 边缘区建设用地开发一方面摊大饼般盲目外延式扩展，征而不用或是拆而不建等浪费现象普遍存在，人造景观的碎裂、混乱特征显著。❹ 在当前边缘区规划和环境设计中，人工景观的建造也很少考虑生态美学要求，往往不顾后果地见缝插针，无视其与周围景观的协调，无法树立边缘区整体景观特色，也往往与我们固有的文化内涵相悖。❺ 因此，城市边缘区土地利用类型布局散落，景观功能分异紊乱，城市不像城市，乡村不是乡村，乡村聚落

---

❶ 沈阳等.城市边缘区土地利用总体规划初探——以温州市鹿城区为例［J］.经济地理，1999，19(3)：36-40.

❷ 张建明，许学强.从城乡边缘带的土地利用看城市可持续发展——以广州市为例［J］.城市规划汇刊，1999，3：15-19，11.

❸ 田园.绿色·文化·网络及其意境空间的多元融合——北京中关村西区景观园林环境设计方案构思简介［J］.中国园林，2001，（1）：17-20.

❹ 陈彩虹，胡锋，李辉信.南京市城乡交错带的景观生态问题与优化对策［J］.南京林大学报，2000，24（1）：17-23.

❺ 金涛，张小林，金飚.中国传统农村聚落营造思想浅析［J］.人文地理，2002，17（5）：45-48.

景观和城市景观风貌不协调现象突出,影响了边缘区的整体景观效果。[1]

8.5.2 城市边缘区土地利用的对策

8.5.2.1 加强土地利用总体规划的引导和控制作用

土地利用总体规划要将城市边缘区作为规划重点区域之一。要针对城市边缘区土地利用主体复杂、土地利用类型多样,土地利用方式参差不齐、土地利用矛盾较多等问题,科学、合理地利用土地,优化土地配置,提高土地利用效率。土地利用总体规划要按照规划的目标,在切实保护优质农用地的基础上,统筹安排好城市边缘区各种建设用地。根据节约集约用地的要求,因地制宜地确定人均建设用地指标、城市用地规模及城市建设用地发展方向,防止盲目扩大城市。土地利用总体规划对城市边缘区的扩展方式进行限制和引导,扼制城市蔓延的势头。

8.5.2.2 强化城乡规划的建设引导作用

做好城市边缘区土地利用总体规划与城乡规划的衔接。从土地利用角度看,城乡规划是对城市各项用地性质、范围、面积及其布局的具体安排,对土地利用活动具有指导作用。要协调好两个规划的关系,使之相互补充,相互配合,以应对城市边缘区土地利用的复杂问题和矛盾。

要按城乡统筹的要求编制城乡规划,并树立城乡规划的权威性。城乡规划要将城市边缘区作为重点区域之一,综合考虑建成区、城市边缘区及其以外规划区的职能作用和空间布局要求,统筹规划建成区、城市边缘及其以外规划区的基础设施和公共设施。并考虑城市边缘区国有土地和集体土地的开发利用难易程度的差别,避免一刀切地对待农用地、集体建设用地和国有土地的开发利用。

要加强城乡规划建设的统一管理,实现城市边缘区建设活动按"两证一书"审核管理、建设项目的有证跟踪管理、违法项目的惩罚管理,加强规划监督力度,防止违法建设。

应将城市边缘区纳入动态监测,及时了解其空间资源的开发利用及其变化趋势,掌握空间发展变化的状态,通过严格监测城市边缘区的建设活动,及时发现并纠正违法建设行为。

8.5.2.3 建立城乡统一的建设用地市场

逐步建立城乡统一的建设用地市场,对依法取得的农村集体经营性建设用地,必须通过统一有形的土地市场、以公开规范的方式转让土地使用权,在符合规划的前提下与国有土地享有平等权益。并需做好配套政策法规,确保集体建设

---

[1] 姜广辉,张凤荣. 城市边缘区土地利用规划中的景观谐调问题[J]. 中国土地科学,2005,19(3):15-18.

用地完整产权，实现集体土地和国有土地平等产权、对等地位，保护集体建设使用权人的合理权益。

8.5.2.4 形成一元化的规划建设管理体制

将城市边缘区规划建设管理由二元化体制改为一元化体制，实现土地、规划、建设、交通、环保等部门的协调管理。土地主管部门对城市边缘区土地利用提出控制和引导要求；规划主管部门提出城市边缘区功能组织和空间布局要求；建设和规划主管部门按城乡规划要求编制城市边缘区基础设施规划；交通主管部门在规划和建设过程中将城市道路延伸到城市边缘区，实现建成区与城市边缘区交通网络的对接；环境保护部门在编制环境保护规划时应将建成区与城市边缘区一并考虑，在环境保护工程的设计与建设过程充分考虑城市边缘区的有关需求。

要创新城市边缘区市政基础设施和公共服务设施建设和管理的投融资体制。在加大公共财政扶持力度的同时，积极探索新型投融资模式，以优惠政策吸引社会资金投入市政公用设施的建设、维护和经营。扩大财政投资的带动效应，拓宽社会各方面资金投资于城市边缘区公共产品和服务的渠道，不断完善城市边缘区的公共服务体系，缩小与城市地区的差距。

9 城市土地利用案例研究

9.1 深圳城市土地利用的空间结构变化与调整方向

9.1.1 深圳城市土地利用的时空过程

改革开放之初的深圳,社会经济发展水平很低,经济系统的自增长能力很弱。在天时(国家的改革开放政策及对深圳经济特区的区域倾斜政策)、地利(优越的地理区位和区域内良好的自然条件)的综合作用下形成了极好的投资环境,而成为海内外资金投入的重心区。"三来一补"、"三资"企业等外向型经济得到快速的发展,形成了外推式占主导的、快速工业化的经济增长过程。与此相对应,空间上从特区内罗湖上步组团的开发开始。随着开发规模的地域扩展,在规模经济及集聚经济的作用下,特区地域界线随之扩张。因地形条件等的限制,逐步形成了南山、沙河和东部等组团,这些组团的空间联系形态呈带状。1992年开始,在新一轮开发热的涌动下,特区外的宝安、龙岗两区,因对外交通的发展,且多数村镇为吸引投资而采用低地价,劳动力工资较低,以及特区内外优惠政策差距的逐步缩小,和特区内劳动力、土地价格的急剧上升,迫使劳动密集型的"三来一补"工业外移,形成了城镇快速发展的散点状结构。

深圳市域现状地域结构主要问题是:特区内(国土面积327.5km^2)因生产要素成本上升,投资环境吸引力下降;特区外(国土面积1692.5km^2)开发无序,开发规模过大,造成环境质量降低;土地利用率低(建城区全社会的固定资产投资仅为特区内的12%。据《深圳房地产年鉴》,人民中国出版社,1994年)用地规模过大,使香港回归及深港对接后特区与香港经济的地域扩张的门槛约束增强。特区内用地的空间结构欠合理:罗湖、上步等组团的开发强度过大,基础设施供给不足,并急速向旧城区衰落。

目前,深圳经济系统的自增长能力已很强,而外部的推力,因深圳劳动力及土地等成本的上升和其他区域的竞争而弱化。此外,中央对特区政策将有所调整;区域优惠政策趋同化及开放开发重心的北移西移;深圳发展国际性城市的目标定位等。面对这些变化,深圳地域结构的战略对策是进行市域内的存量调整及区域间的构筑"大深圳"框架。通过自身内部的结构调整（地域功能重组和产业结构演进）与城市发展目标定位产生的新优势，在国内外两个市场、两大腹地的汇合中，增强其投资环境吸引力，成为国外资金、技术与国内资源、劳动力吸引的理想场所。也即充分利用其优越的地理区位和国家的区域倾斜政策，以及城市发展的社会经济基础，在产业结构演进的基础上，通过区域内各城市间的多层次的地域分工（由传统的比较优势形成的劳动地域分工和深层次的分工：部门内分工——产品差异化和规模经济；以及同一部门内生产过程的地域分工，新福特制）提高深圳的整体优势，并强化其比较优势。❶ 对应的城市土地利用方式的转变是进行土地存量盘整和集约利用（特区外），以及土地利用空间结构的调整优化。

9.1.2 深圳城市土地利用的空间结构优化模式

按深圳国际性城市的目标定位及深港对接的要求，市域内空间结构要形成功能完善、结构合理、景观优美、环境良好、发展有序的空间形态（深圳市城市总体规划，1996）。具体而言，针对市域内布局现状、产业方向、条件差异及对外交通的结构变动，按效率原则及可持续发展原则进行深圳市域内的统一规划。土地利用结构优化模式为："点—轴"等级，"两带"发展以及"组团离散"相结合。

"点—轴"等级。为适应国际城市对大载量、高档次的金融、信息、商贸、服务等的需要及市域发展的层次结构，形成由罗湖、福田中心区组成的超强双核CBD及宝安中心城、龙华观澜组团和龙岗中心城三个次中心以及其他各镇中心组成的三级中心等级系统；形成以特区为中心，南连香港，北通内地的东、中、西三条一级发展轴。由此形成高效的城市土地开发利用网络。

两条产业带。按市域内经济发展生产要素价格的地域差异，依规模经济及集聚经济效益原则分别构筑自特区东部向西延伸及至机场的商贸、金融、服务等第三产业和包括计算机及其软件、通信、微电子等高新技术产业组成的产业带（该地域基础设施完备、环境质量较好、集聚效果显著、产业部门联系紧密、高新技术产品配套能力强、科研文教发达、人才优势突出）；以及依托盐田港和平湖铁路编组站的自平湖经坪山到盐灶的制造业产业带（该地域有便捷、大运量的对外交通，较为充足且低廉的劳动力、地价以及较大的环境容量承受力）。

以发展经济、改善环境、美化景观为目标，以资源禀赋的地域结构为基础，形成包括生态农业、旅游两大产业部门组成的"离散组团"。深圳市域内城市化

---

❶ 周建明.论"大深圳"[J].特区经济，1996，(8).

程度高，加上前几年的过度开发，环境质量趋于恶化，城市水土流失极为严重。旅游、生态农业属 21 世纪发展最为迅速的产业部门之列，具有保持水土、保育环境、美化景观的效果，有较好的效益，并能为市民生活和休闲提供良好的条件，还有促进文化交流等功能。因生态农业、旅游占地较多，且适宜地域较分散，只有组成结构合理的"离散组团"，方能在取得较好经济效益的同时，取得良好的生态效果。

9.1.3 深圳城市土地利用的空间结构调整方向

（1）空间结构重组应按深港深层次对接和香港、深圳经济特区经济扩张对土地等自然资源的需求，进行龙岗、宝安土地存量盘整及集约利用的规划，并制定相应的政策，以便为深港未来发展留有足够的土地。香港、特区及宝安、龙岗按政策的梯度差及生产要素禀赋的地域差异，按比较优势进行合理的城市功能分工及布局：自香港（建成区）、特区及宝安、龙岗形成金融、商贸、服务、旅游、航运、制造业及三高农业依次推进的城市功能及产业布局空间结构。

（2）深圳城市国际化职能组成部分的商贸、信息职能以及为此服务的金融业主要由罗湖、福田 CBD 和一线口岸承担。

（3）深圳未来的对外交通形成包括：以盐田港为依托的流通片区（含平湖铁路枢纽站及布吉公路）❶；以蛇口港为核心的西部港口群、第二客运站、深圳客运站、以及深圳的黄田机场四大中心。其中承担国际流通服务的主要是空港及盐田港。

（4）深圳旅游业的空间布局根据旅游资源（项目）开发现状及旅游资源（产品）与客源市场需求层次的对应分析以及开发重点的分析确定。今后深圳旅游开发重心应转向大鹏半岛，形成东南部（综合性旅游区，主体旅游资源有滨海沙滩和国际娱乐）、中部（自然景观旅游区，包括山地景观和滨海旅游两部分）和中西部（人文景观旅游区，主要景区为华侨城文化缩微景区，宗教旅游和西丽野生动物园）三个不同特色的功能分区。❷

9.2 北海城市土地开发模式的失败根源及其重振策略

继四个经济特区之后，1984 年我国又宣布开放 14 个沿海开放城市，广西北海即是其中之一。然而到 1992 年，经过近十年的开放，14 个开放城市的多数获得了快速的发展，但北海的发展却步履蹒跚，其经济发展水平及城市综合实力在

---

❶ 李向荣. 盐田港发展的背景条件分析［J］. 特区经济, 1994, (12).

❷ 周建明. 城市土地利用空间结构研究——以深圳为例［J］. 城市规划汇刊, 1998, (2): 22, 23, 29.

14个开放城市中的排名直线下降，并跌至最低位置。❶ 为了迅速改变北海的落后面貌，以邓小平同志的南巡讲话及体制转轨为契机（天时），以区位、资源等地理优势为前提（地利），以低门槛政策为动力，北海选择了一条被称之为北海模式的发展道路，形成了当时全国最引人注目的北海热。但仅仅一年时间（1992年下半年~1993年上半年），北海模式便以失败告终。引来各种批评、指责和众多学科竞相研究，结果是北海成了泡沫经济的代名词。但有关北海模式之所以失败的成因机理的研究甚少，如何发展的研究更少。结合北海特点，寻求北海重振之路显得尤为必要。

9.2.1 北海模式的基本特征

9.2.1.1 北海模式的产生背景

天时：邓小平同志的南巡讲话及经济体制的转轨，使我国经济走出了1989年以后的低迷状态，全国性经济建设的热潮开始涌现。此外还有我国经济建设战略重心向西部转移的有利时机。

地利："一城系四南"的优越区位条件，及港口、旅游、城市用地、淡水等资源优势。

人为因素：14个沿海开放城市之一的条件与落后的社会经济现状的强烈反差迅速产生改变落后现状的强烈愿望。

9.2.1.2 北海模式的主要内容

以天时条件为契机，以地利条件为基础，以低门槛政策为动力，形成以房地产业为先导，港口产业、旅游产业为两翼，其他产业关联带动"的发展模式。❷ 但实际情况与设想模式相去甚远。

9.2.1.3 北海模式的基本特征

北海模式的实际结果表现为昙花一现的房地产热，其基本特征为：

（1）突发性。1992年初~1993年6月，北海房地产业以超常规速度发展。短短一年多时间，北海房地产开发公司从6家增加到1056家，增加了175倍；全市房地产公司完成的工作量达到12个亿，相当于前8年北海全市固定资产投资的总额；建成的商品房面积60万 m^2，投入房地产的资金逾40个亿。与四个经济特区及其他首批开放的沿海城市相比，北海房地产业的投资规模与地产、房产的开发量位居诸城市之前列。若以开发速度及投资增长速度论，则居首位。

（2）开发区热。1992年全市共批设17个成片开发区，规划开发面积近

---

❶ 周建明. 论北海模式 [J]. 城市研究, 1994, (3).
❷ 周建明. 论北海模式 [J]. 城市研究, 1994, (3).

$60km^2$，占全市土地出让总面积$82km^2$的3/4。至1993年9月，开发区数量增加到19个。

(3) 炒地热。在北海房地产市场运作中，以自用为最终目的的只占极少数。在出让的$82km^2$的土地中，真正开发的不足1/5。在这种情况下，房地产市场，特别是地产市场，并非真实的房地产开发建设需求与供应的标准市场，而主要是炒家市场，即主要是房地产资金吐纳的市场。其需求并非完全来源于使用者，而是受利润驱动的投机需求与真实需求的总和，不少地块甚至已经过三四手的炒卖。

(4) 地域性。北海房地产热的动因主要来源于外部，即外部大量房地产公司的涌入，而这些房地产公司具有极强的地域性。据统计，至1993年6月，在北海注册的1056家房地产公司中，按地域来源，属大西南腹地（广西、四川、贵州、云南、湖南）的有496家，占全部注册公司的47%；属华南经济潮源的有233家（海南、广东），占22%；以省计论，注册公司最多的有广西、四川、海南（223、222和194家），共639家，占全部注册公司的61%。

(5) 投资行为的短期性。北海房地产业的资金来源主要是金融资金，其银行贷款利息一般在18%~25%左右，高者可达30%。如此高的贷款利息结合较为宽松的房地产政策，使北海房地产业的投资重点转向地产。在房地产开发中，别墅、写字楼、综合楼、宾馆饭店等高档次房产又占了主要部分，并以炒项目合作兴建或楼花的方式开发，急功近利行为十分突出，地产及高档房产的实际供给大大超过北海市场的有效需求。

9.2.2 北海模式的形成机制与失败根源

地理优势与"低门槛"政策的利多释放（"低门槛"政策决定的北海房地产开发的低成本与地理优势所预期的北海经济的快速发展及随之而来的房地产开发的高收益的巨大差额产生了强劲的利益驱动，促使全国各地的房地产商蜂拥至北海），在金融资本的大量介入下（1992~1993年我国金融秩序紊乱，投资规模失控），使房地产业有了运作的大量"血液"。加之政府主要以开发区形式出让土地的具体操作（将大量待开发土地以开发区形式低地价批给开发商，使得每一个开发区形成一个小型的招商机构），将开发区内的土地配兑零销给其他房地产商，从而促进了二、三级房地产市场的发育，使拥有开发区的开发商只需承担较小的风险便有巨大获利的可能。主要通过开发区的分头招商，使北海在短短一年半的时间里，将出让的$82km^2$的规划用地"消化"掉（其中约$22km^2$属零散出让），导致房地产热产生并急速升温，在升温过程中形成累积增长效应。房地产过度炒作使地价成本急剧升高，滞阻了其他产业，尤其是第二产业的跟进；加上房地产供给过度引起的利空；及至1993年7月中央采取以整顿金融秩序，控制固定资产投资规模为手段的宏观调控，抽取了大量的房地产业运作的"血液"，使房地产"总量需求"缩小，房地产热降温，北海模式随之失败。

9.2.3 北海重振的区位优势与发展战略

9.2.3.1 北海重振的区位优势

北海的区位优势，可以概括为以下五个方面：

(1) 中南（中国与东南亚）经济圈的枢纽位置

当今世界经济一体化与区域化的趋势同时发展。由地缘联系及经贸合作形成的各种区域性组织不断出现，抗衡着区域间的贸易壁垒和保护，强化了区域内国家间的联系。亚太地区是目前世界上经济最快速增长的热点地区，其中的东南亚多数国家和地区，正处于经济起飞的快速工业化过程。我国与东南亚国家地缘联系紧密，历史上经贸往来不断；经贸上的互补性很强（在工业品市场上，贸易的市场份额和集中度指数1985年以来都有明显的提高）；且东南亚国家华侨众多，经济实力较强；随着我国与这些国家间关系的不断改善，尤其是同越南等周边国家关系的正常化，该区域将成为我国对外开放和经贸合作的极为重要的区域市场。特殊的地缘联系，相近的经济发展水平，较强的经贸互补，世界政治、经济力量平衡的需要使中国与东南亚"中南经济圈"的形成成为必要。北海正处于中南经济圈的枢纽区位，中南经济圈的形成和发展将为北海经济的腾飞带来极好的机遇，为其提供广阔的腹地与市场。

(2) 地处我国两大开放带的交汇地带

进入90年代后，我国变单纯的沿海开放为"三沿"开放（沿海、沿边、沿江），而北海地处沿海开放带与沿边开放带的交汇地带，拥有两大开放带的主要优势（沿海开放的广域性及沿边开放的边贸和经贸合作的特殊优惠性）。

(3) 位于我国经济潮源（东南沿海与港澳）与大西南腹地的结合部

我国四个经济特区的三个（深圳、珠海、汕头）和我国最大的特区——海南省与北海毗邻或隔海相望。从1985年以来的开放业绩和经济发展速度看，广东、海南已成为我国的经济潮源。经过十多年的改革开放，我国华南沿海经济潮源已处于从集聚到扩散的过渡时期，随着劳动力工资的提高及房地产等价格的急剧上升，一些基础性产业部门及劳动密集型的产业部门正面临替代和转移。而港澳地区则是我国引进资金与技术的重心区和出口（包括经港澳转口）的首位区。我国的大西南拥有142万 km^2 的国土，是资源的富集区和经济的落后区。北部湾沿岸的北海市位于经济潮源与大西南腹地的结合部。经济潮源的辐射（资金、技术）与大西腹地的集聚（资源、资金、劳动力），将推动北海成为未来经济快速增长的核心区。从经济发展的空间过程和区域间的联系分析，处于经济潮源和大西南腹地结合部的北海，其经济发展的初中期具有以下几方面的明显优势：

①通过与经济潮源的联系，吸纳其扩散的资金、技术和人才；②通过与大西南腹地的联系，汇集其资源、廉价劳动力和资金；③通过向大西南腹地输出成熟技术，减少北海吸纳经济潮源新技术的成本；④通过中间技术层次产品的生产和扩散（对经济潮源是过熟的标准化产品，对大西南腹地是新产品），扩大市场和出口，以贸易的乘数效应促进北海经济的发展。⑤市场扩大的结果有利于北海市产业规模经济的发挥和市场竞争力的增强。

（4）大西南最便捷的出海通道

我国大西南地区人口众多，资源丰富，但因封闭的对外政策造成的区位欠佳及其他种种原因，长期处于半封闭的经济运作状态。因此，打通出海口，扩大对外开放，开拓国际市场，参与经济合作便成为其经济发展战略的重点。出于战略地位的重要性（资源、区位、少数民族聚居区、边疆）和区域公平的需要，"八五"、"九五"期间，国家对开发大西南实行政策倾斜，重点扶持。南昆铁路的通车使北海成为我国大西南最便捷的出海通道之一（还有防城港、钦州、湛江）。

（5）未来世界滨海旅游度假的热点地区

亚太地区及其滨海地带已成为国际旅游的重要地区。20世纪末亚太地区的国际游客约占世界总量的18%。北海旅游资源丰富，有银滩、涠洲岛两个国家级旅游度假区，更兼民族风情浓郁，海鲜物产丰富，开发政策宽松，且北海与国际旅游城市桂林、昆明及泰国的曼谷等的空中直线距离不到2h航程。这些条件使北海可能成为未来世界旅游业快速发展的热点地区。

9.2.3.2 北海重振的集聚战略

国家城市化政策的作用之一是针对不同集聚程度的城市制定不同的发展政策；另一方面，城市的集聚程度也影响城市的发展能力，因为不同集聚程度的城市具有不同的集聚规模效益，从而对资金、劳动力的吸引能力不同，城市的增长能力也不同。❶

（1）城市成长的机制

根据瑞典经济学家缪尔达尔（G. Myrdal）的研究：城市成长的过程是循环累积过程，即围绕具有推动性的主导产业部门而组织起来的一组产业，它本身能迅速增长，并能通过产业间的关联效应和乘数效应推动其他经济部门的增长，也即围绕城市的主导产业形成的经济集聚与带动作用推动了城市的发展。城市的集聚包括两个方面：城市自身的集聚程度及外部生产要素流入城市的数量。城市自身的集聚程度影响城市本身的经济效益及其经济系统的自增长能力，也成为吸引外部生产要素能力大小的主要动力。

---

❶ 崔功豪. 中国城镇发展研究［M］. 北京：中国建筑工业出版社，1992.

（2）北海集聚的区位推动

对北海而言，一方面，城市的规模（人口规模、经济规模）是其辐射能力的主要量度。作为大西南出海主要通道的北海，要提高其在大西南腹地的竞争力，就必须扩大其规模，提高其集聚效益；另一方面，城市的发展速度与其集聚程度，即城市规模成正相关。那么，如何促进北海的集聚？良好的区位只是北海发展的条件之一，因为一个城市的发展取决于国家的城市化政策、城市自身的投资环境吸引力、经济系统的自增长能力、城市腹地的经济剩余以及资源供给的门槛约束等方面。城市的集聚程度与上述五个因素密切相关。对北海而言，主要的制约是城市经济系统的自增长能力很弱，且原来较好的投资环境吸引力因北海模式的失败而趋降。如何使北海的发展能跳出上述制约形成的最小集聚的"临界约束"，形成一组推动性的主导产业？关键的条件是要解决资金的短缺，因为北海具有形成某些推动性主导产业的条件。其配套的措施是地区股份制。其公式为：

$$G = (s+e)/v$$

式中　G 为 GNP 增长率；

　　　s 为北海自身投资（积累）率；

　　　e 为外部资金投入增长率；

　　　v 为资金的投入产出率。

从上述公式可见：s 在很低，v 在短期内难有较快提高的情况下，要使北海获得较快发展，即 G 的快速增长，必需有外部资金 e 的大量投入。

9.2.3.3　北海重振的发展策略

地区股份制的思路源于对贫困地区发展战略的研究。其基本内容为：一定区域或城市之间，为了解决资金短缺的问题，获得比单独投资更好的经济效益，选择具有最佳区位的区域或城市，通过共同集中投资于推动性的主导产业，以期获得较分散投资更好的区位经济、集聚经济、规模经济和运输经济的效益。效益的分配按各区域或城市的投资份额分享。

例如：现有 A、B、C 三个城市，百元资金的利税率分别为 6.7%，9.3%，12.8%，并且因为资金短缺，C 城市的主导产业远未达到最佳规模。

通过集中投资于 C 城市的主导产业，则不考虑规模经济的投资收益，A、B、C 三城市皆可达到 12.8%，如考虑规模经济效益，则高于 12.8%，这还不算对其他产业的带动及集聚经济效益。

地区股份制是通过主导产业的集中投资来实现集聚经济效益的。实现地区股份制的主要障碍是：各出资地区能否分享到集中投资区的经济指标？因为经济指标是衡量一个地区经济发达程度和考核干部政绩的主要尺度。周建明（1993）在论文《区域开发的理论与实证研究》和由美国 FORD 基金资助的《云南贫困区的经济发展研究》项目❶中提出过后进区域开发的地区股份制模式。江西广丰县的经验，终于为地区股份制模式找到了成功的实证。❷北海背靠大西南经济后进区域，是大西南最佳出海通道，现已经铺展起大城市的基础设施构架，如能以地区股份制形式激励大西南区域的各地方政府在北海集中投资，则不需太久，一个新兴的大城市将会在北海拔地而起。❸

9.3 北京城市土地利用扩展的动力机制与调整方向

9.3.1 北京城市边缘区土地利用的变化特征

9.3.1.1 土地利用结构变化趋势

通过2001年与2004年城市边缘区土地利用现状数据的对比分析，得出城市边缘区的土地利用结构在向非农化方向调整：农用地面积比例下降，建设用地面积比例上升，未利用地面积比例也有所下降。在农用地内部，耕地面积下降比例大，而林地比例在逐步上升。建设用地内部，农村居民点用地比例有所下降，独立工矿用地比例有较大的增长。

9.3.1.2 土地利用结构变化的速度特征

通过对城市边缘区土地利用结构变化的速度特征的分析，发现城市边缘区各地类、各区域的土地利用结构变化速度都比较大，而且区域差异性也比较明显。这些特征会相应给城市边缘区的土地管理增加了难度。

9.3.1.3 土地产权的动态变化特征

由于国有土地和集体土地两种产权形式的土地类型并存，管理体制为城乡二元结构，城市边缘区的土地权属变化有三大典型特征：（1）城市边缘区是不同所有制形式土地转换最为迅速和频繁的"急变带"。（2）城市边缘区是土地权属变化较为混乱，管理不力的地区。（3）城市边缘区土地权属变化缺乏秩序和合法性。

9.3.2 北京城市边缘区土地利用的空间扩展模式

近年来北京城市边缘区土地利用扩展方式可以概括为同心圆式环线推进、点轴式廊道辐射和扇面区块式蔓延填充三种扩展方式，而且不同的扩展方式在不同时期、不同方位上并存。

---

❶ 郭来喜. 贫困——人类面临的难题 [M]. 北京：中国科技出版社，1992.
❷ 林玉. 中西部开发不必"村村点火" [N]. 经济参考报，1997，6：12.
❸ 周建明. 区位·集聚·地区股份制——北海重振的新地理观 [J]. 城市问题，1998，81（1）：44-47.

9.3.2.1 同心圆式环线推进

进入20世纪90年代以来,在北京市的近域城郊化过程中,北京的城市圈在平原区形成了3个圈层:第一圈层是以三环以内的市区为中心的内圈层;第二圈层是四环到五环附近的中圈层;第三圈层是远郊区县的外圈层。此外,京郊山区与河北、天津等位于北京周围的地区可以构成边缘圈层。❶ 三个圈层发展阶段存在差异,其中:(1)以三环内的市区为中心的内圈层即将步入发展的稳定期。(2)四环到五环附近的中圈层正在进入开发的繁荣期。(3)远郊区县的外圈层开发处于起步阶段。

9.3.2.2 点轴式廊道辐射

在城市中心之外,有若干以"飞地"或卫星城镇为中心的孤立中心,如西北部的昌平、南口,东北部的顺义、首都机场,南部的大兴和西南部的良乡等。卫星城镇的扩展依附于其增长核心,表明主要是在点效应作用下引起的。而在中心城区与这些独立的增长点之间连接的廊道两侧,也有一定程度的扩展。目前中心城区的城市边缘区的扩展主要沿着6条廊道进行,即:京昌高速路廊道、机场高速路廊道、京通快速路廊道、京津塘高速路廊道、京开高速路廊道和京石高速路廊道。

9.3.2.3 扇面区块式蔓延填充

近年来北京市城市土地利用和开发不断向外城周围地区蔓延,形成环状、块状城市地区,尤其以单纯建设生活居住区的蔓延为显著,呈现出连片发展和渐进发展的态势。住宅成片建设的规模由20世纪50年代的几公顷、十多公顷扩大到现在的几十公顷,甚至上百公顷。这些扇面区块式的区域的发展,将前面两种方式的扩展中留下的一些空隙逐渐填充满,使整个城市的扩展最终成为真正的摊大饼模式。目前北京城市边缘区形成了8个主要的扩展扇面,包括清河—沙河扇面、北苑—小汤山扇面、望京—首都机场扇面、通州扇面、亦庄—马驹桥扇面、南苑—黄村扇面、西客站—良乡扇面和石景山—门头沟扇面。而其他的一些小的区块则主要是在环线和一些放射线交叉形成的一些空隙中发展的。

目前在北京城市边缘区这几种扩展方式同时作用,使得整个城区表现为沿同心圆"摊大饼"式的扩展,并带来了许多问题,如人口拥挤、交通堵塞、环境污染、地价昂贵、城市管理难度加大、社会治安恶化等。

9.3.3 北京城市边缘区土地扩展的成因

9.3.3.1 没有形成明确的非平衡发展战略

非平衡发展战略是在"不平衡增长"理论基础上形成的。"不平衡增长"理

---

❶ 宗跃光等. 北京城郊化空间特征与发展对策 [J]. 地理学报, 2002, 57 (2): 135-142.

论指出了资源稀缺对经济增长的约束，比较符合发展中国家的现状。目前大部分学者都主张无论是在农村城市化还是郊区城市化上，都应该以非平衡发展观来替代传统的平衡发展观，优先发展部分优势地区，推动其城市化的进行，然后扩散其优势效应，最终达到由点及面，以梯度推移的发展方式实现整体城市化的发展。

目前在北京城市边缘区的发展中，缺乏对于不同地区的特质进行详细的分析和明确的分类，进而制定出有针对性的发展战略和定位。对于在生态环境、自然资源、交通体系、科技水平等方面具有不同特质的地区，应当因地制宜，制定符合该区域的最佳的非平衡发展战略，从而使整个城市的资源配置实现最优。而不应当是像目前的，虽然在不同的地区有大致的战略和定位，但没有具体和有效的引导和控制措施，使其差异化充分显现出来，对于片面追求大而全的行为没有一定的调控措施。

9.3.3.2 没有形成有效的规划控制

由于对城市边缘区的职能定位和空间布局不尽合理，没有充分预见到未来的发展趋势和扩展速度，造成规划不能适应城市发展的需要。如建设的几十万人的超级住宅区，由于缺乏相应的产业支撑及商业服务设施配套，如今人们全都早出晚归，成了一座"睡城"，给来回的交通造成了巨大的压力。

与此同时，虽然政府在一些问题上做出了正确的预测，但是并没有实施有效的规划管理和控制措施，从而导致问题进一步恶化。如在很早之前的规划当中，就已经提出了分散集团以及卫星城的发展方式，其作用就是为了吸引分散一部分中心城的人口和职能，防止中心城的规模无限度地向四周蔓延扩张。而在确定了这一发展战略之后，政府并没有制定相应的规划和措施，来控制连接中心城和卫星城之间交通干线两侧用地的向外扩张。结果是中心城在交通辐射线向两侧扩张的填充作用下，仍表现出"摊大饼"式的扩展模式，而周围的卫星城也没能发展成有一定规模的，对人口和产业具有吸引力的新城。

9.3.3.3 新城缺乏反磁力作用，难以缓解中心城的压力

五环路及其以外地区，虽然近年来卫星城有一定发展，但从其在北京城市总格局中的地位和所承担的功能来看，仍然远未发挥出应有的作用，至今未有任何一个卫星城成为有效分担市区功能的城市新节点或成为独立性较强的、能够有效带动周边地区经济社会发展的区域中心。由于市区周边缺乏有吸引力的"反磁中心"，导致北京经济社会发展在空间上的压力几乎全部集中于规划市区，造成规划市区内，特别是三环以内的城市核心地区交通拥堵、基础设施能力严重不足、环境质量改善与保持的成本持续攀升等"城市病"现象不断加重。尽管各级政府已在资金投入、城市管理等各方面做了种种努力，但效果并不尽如人意。这说明中心城区的城市空间已严重超载。打破单中心模式，构筑全新的多中心空

间发展模式已成为北京向国际城市的功能跃进,满足城市发展需要减轻市区发展压力,实现可持续发展的现实选择。

9.3.4 北京城市边缘区土地利用的空间结构调整方向

9.3.4.1 强化城市边缘区土地利用的非均衡扩展

非均衡扩展的主要方式就是城市重点沿主要交通放射线或人工廊道向外扩展,而其余的方向则要限制城市的扩展,重点加强其生态或景观的作用。一般城市的放射状扩展主要是沿着大容量的高速公路、地铁、轻轨等交通骨干体系的轴线方向进行的。北京市可沿京通、京津唐、京石、京昌、机场路等主要交通干线形成 8~10 条星状扩展廊道,利用公路、高速公路和未来地铁、轻轨铁路等集约化、立体化交通网和公共交通工具引导人流快速、便捷地集散,充分发挥人工廊道的经济效益。在人工廊道之间可以建立以植被带为主的自然廊道区,可利用河道、水面、集约化菜蔬基地和大型森林公园等形成楔状绿地插入建成区内部,从而有效阻止建成区摊大饼式的扩展。城市自然廊道顶点是自然景观与人工景观作用的焦点,是限制城区"摊大饼"的关键点,将紫竹院、玉渊潭、莲花池、陶然亭、龙潭湖、农展馆、太阳宫北村、亚运村、圆明园(或八大学院建成城市森林式学院)等自然廊道顶点作为限制短轴扩展的绿色屏障,在其以外地区避免建设高等级交通干线破坏自然廊道的场效应,迫使城市向星状多中心式的格局发展。❶

9.3.4.2 引导城市边缘区土地利用呈跳跃式扩展

能有效避免当前北京城市蔓延问题的空间扩展方式有两种:(1)跳跃式扩展方式。当城市规模扩大到一定程度时,尤其是城市发展较快的情况下,连续扩展方式常常由于地理环境、土地征用价格的因素无法继续进行,城市空间便会在距中心城区一定距离的地点跳跃式发展。空间扩展多数会结合新城发展和开发区的建设。(2)分散组团模式。这一模式可有效控制中心城市空间规模的失控,避免"城市病"的产生。同时,组团之间、组团与中心城市之间保留有较大面积的绿化隔离带或基本农田,可较好地解决边缘区发展"吃饭、建设、保护生态"三者之间的矛盾,是大城市和特大城市边缘区城市建设用地扩展的一种理想模式(周国华,唐承丽,2000)。❷

根据城市边缘区空间分异的基本特征,北京的空间扩展不能继续"摊大饼"式的扩展模式,可以采取跳跃式和分散组团相结合的扩展方式。要打破

---

❶ 宗跃光.城市景观生态规划中的廊道效应研究[J].生态学报,1999,19(2):145-150.
❷ 周国华,唐承丽.试论我国城市边缘区土地的可持续利用[J].湖南师范大学社会科学学报,2000,29(2):49-53.

原有的圈层模式，变集中为分散，将原来单中心的一些功能合理分散配置到各个分中心，并结合它们各自原有的优势和特点制定其发展战略，以实现城市地域功能结构的合理重组。多中心发展可以缓解和消除由于高度集中集聚对旧城区造成的各种城市问题，分中心的建设可以集中力量进行发展，充分发挥城市基础设施的效应，避免投资的分散和低水平的开发建设。随着城市外围交通条件的改善，要引导城市空间沿交通线轴向外延伸。随着城郊各项配套设施逐步完善，采用跳跃组团式扩展，在城市区域范围内形成有机分散、多核心结构的空间体系。

9.3.4.3 加强新城的反磁力效应

就北京城市边缘区的发展来说，新城的建设有着重要的意义。当前北京市外延式的摊大饼模式，原因之一就是原来规划的卫星城没有发挥其对产业及人口的吸收作用，没有很好缓解中心城的压力，导致中心城不断往外扩展，城市边缘区不断往外蔓延。因此，重点发展新城，制定引导新城发展的有效政策，将是改变摊大饼继续蔓延的有效措施，也将是推动城市边缘区土地利用有序扩展的重要手段。

然而新城与我们传统意义上的卫星城不同，它相对独立，并不依赖于中心城。比如亦庄，原来作为开发区，是高新技术产业和现代制造业的基地，今后，作为新城，它将加强市政、交通、居住环境等等方面的发展，成为集就业、生活、娱乐功能为一体的新区。

具体来讲郊区新城应具有以下几个特点：（1）在城市定位上，郊区新城是全新的区域性中心城市，是通过自主发展而形成的可居住与工作就地平衡的独立城市实体，与市区互有分工、共同繁荣。❶（2）在功能定位上，郊区新城更加突出首都功能的特点和地区中心城市的独立性。一方面作为市区的延伸，承担办公服务、科研教育、文化卫生、旅游休闲等首都功能；另一方面作为地区中心城市，接收从市区疏散的人口和产业，容纳地区经济和人口增长带来的新城市发展，吸收由于乡村城市化而从农村向城市迁移的人口。（3）在组织构成上，郊区新城是打破行政壁垒，依托区域交通干线，整合沿线所有重要的城市发展空间而形成的集合体，具有区域性城镇群的结构特点，其范围并非一定与行政区划完全吻合，而是根据城市空间发展的客观需要具体确定。例如，通州新城就可包括原有的通州卫星城、宋庄、潞城两个小城镇，以及相邻的河北省燕郊镇。（4）在发展规模上，考虑未来相当时期内北京还将保持人口增长的发展趋势，"南水北调"工程的实施可能改善北京的水资源供给能力，以及新城与市区之间以市郊

---

❶ 刘健．区域·城市·郊区——北京城市空间发展的重新审视[J]．北京规划建设，2004，（2）：64-67．

铁路作为主要的交通联系方式，郊区新城以30万～50万的中等城市规模为宜，以取得较高的综合效益。（5）在空间组织上，郊区新城采取"交通轴线＋城市组团＋生态绿地"的可持续空间增长模式，即以区域交通干线为骨架集中布局城市建设，形成轴向布局特点；以轨道交通站场为核心组织城市功能、形成城市组团；以开敞的自然空间为脉络分隔城市建成空间，促进密集的建成空间与开敞的自然空间有机结合。（6）在规划管理上，郊区新城以共同参与、共同负责、共同受益为原则，实施统一规划、统一开发、分头管理。即在现行体制框架内，借鉴商业合作的运作方式，在达成共识的基础上，由市政府和新城辖区的相关地方政府共同签署合作协议，成立新城规划委员会和新城开发公司，由前者负责新城的统一规划，由后者负责新城的统一开发，而由相关地方政府负责建设项目的规划管理工作。（7）在建设实施上，郊区新城以建设新城城市中心和城市组团中心为重点，利用政府投资的带动作用，大力发展具有创新能力的技术产业和第三产业，辅之以房地产业和其他相关产业，创造就业岗位，保障住宅供应，提供社会服务；同时突出郊区的环境优势，加强生态建设，创造不同于市区的郊区城市景观。

9.3.4.4 形成多中心、多层次的城市网络结构

北京市实施空间结构的战略转移，加强外围新城的建设，构筑中心城与新城相协调、分工明确的多层次空间结构，是解决北京当前城市空间扩展中存在的问题的一项重要措施。一方面，世界许多国家的经验证明，发展具有一定规模的、功能相对独立的卫星城镇是控制大城市无限扩张的比较理想的选择。卫星城已成为区域性中心城镇的一种重要的形式，它可以疏散市区工业，改善市区生态环境；转移中心城市的先进科学技术、资金、管理经验，带动城市周边地区生产力快速发展；可以疏散市区人口，控制市区人口发展规模；改变市区与郊区的二元结构。北京需要形成市中心区、近郊区、卫星城镇、远郊区等多层次的城市结构。

另一方面，从单中心城市向多中心城市转变，是北京建设国际城市、实现城市功能质的飞跃的重要前提。因为只有市区外围地区充分发育和多中心城市网络形成之后，才能有效缓解市区次级功能，使国际城市的主要功能真正落实到地域上。承担一定的城市功能，实际上是为备份中心植入了新的发展动力，所以，市区以外多个分中心的形成也有赖于进一步承担一定的城市功能。正是在这种城市功能的地域传承过程中，同步实现北京市区向国际城市发展的功能跃进和周边多个分中心的形成和发展。因此，构筑多中心城市网络是当前北京城市发展中带有转折性的重大举措，应成为未来北京基本的城市发展空间战略之一。❶

---

❶ 叶立梅. 构建北京双核多中心城市网络 [J]. 前线，2003，（7）：47-49.

9.4 浦东新区土地利用结构评价与优化[1]

9.4.1 浦东新区土地利用结构评价

9.4.1.1 土地利用数量结构

根据浦东新区土地普查结果,浦东新区土地利用数量结构见表9-1。

2003年浦东新区土地利用数量结构 表9-1

地类	居住用地	公共设施用地	工业用地	仓储用地	对外交通用地	道路广场用地	市政公用设施用地	绿地	特殊用地	合计
土地面积(km^2)	108.12	18.54	75.03	7.54	11.52	3.45	7.01	45.40	2.18	278.79
百分比(%)	38.78	6.65	26.91	2.71	4.13	1.24	2.51	16.29	0.78	100

资料来源:2004年2月,《浦东新区土地普查》。

注:1. 居住用地包括旧里、棚户、村庄用地。
 2. 绿地面积包含公共绿地和生产防护绿地。
 3. 对外交通用地包括浦东国际机场、外高桥港区、磁悬浮等用地。

根据对上述土地利用结构数据进行分析,浦东新区的土地利用结构与国家《城市用地分类标准与规划建设用地标准》存在较大的差异(表9-2)。

浦东新区主要土地利用类型结构与国家标准的比较(%) 表9-2

地 类	居住用地	工业用地	道路广场用地	绿 地
浦东新区	38.78	26.91	1.24	16.27
国家标准	20~32	15~25	8~15	8~15

资料来源:2004年2月,《浦东新区土地普查》。

具体而言,浦东新区土地利用数量结构具有以下特征:

(1)超前发展的居住用地。居住用地现状(2003年)为$108km^2$,占建设用地的38.78%,规划年(2020年)为$134km^2$,占建设用地的34.36%。按总人口250万和325万(预测中位值)计算,人均居住用地面积分别为$43.2m^2$和$41.2m^2$,几乎达到规划指标上限($28m^2$/人)的1.5倍,相对于滞后的基础设施用地来说,无疑是偏高的。

(2)亟待转型的工业用地。现状工业用地为$75.03km^2$,占建设用地的26.91%,略高于规划指标的上限。根据上海市委、市政府明确要求,浦东要成

---

[1] 数据资料主要参考了郝娟,雷鸿君,冉凌风. 浦东新区土地使用结构. 中国房地产研究,2006,(1):62-89.

为上海建设成为国际化大都市和"四个中心"的核心功能区。这一功能定位，决定了在浦东的产业用地构成比例中，工业用地所占的比重应控制在10%～15%以下。然而，从浦东近期的发展看，第二产业仍然是浦东经济发展的一个重要的增长点，工业用地比例的调整还有一个过渡的过程。因此，在规划实施过程中，应对工业用地有所控制，通过对沿江工业的改造，对集镇工业的集聚、归并，实现产业的逐步提升、发展，使目前规划的工业用地有一个集聚、控制和调整的过程，以适应浦东新区的发展，实现用地结构的最优。

（3）严重缺乏的道路广场用地。现状道路广场用地为$3.45km^2$，占建设用地的1.24%，人均$1.38m^2$，这与国家标准的8%～15%和7～15m^2/人相去甚远，相对于快速发展的浦东经济和人口增长，相应的基础设施建设无疑已是大大滞后了。因此，在今后一段时期，道路广场建设用地的土地投入应该得到加强。

9.4.1.2 土地利用空间结构

从土地使用的空间结构看，可以外环线为界，将浦东新区划分为中心城区（外环线以内）和郊区（外环线以外）两部分进行研究。总的来说，两者在土地使用级别、容积率等指标在空间分布上的差异都比较大。中心城区开发较早，建设用地使用较为充分而且集中，而郊区还具有农业特征，建设用地较为分散。但是从两者在用地比例上的关系，可看出用地类别的分区圈层式分布并不明显，城市功能差异并不大（表9-3）。

2003年浦东土地利用的空间结构　　　　　表9-3

用地性质	中心城区		郊区	
	面积（hm^2）	比重（%）	面积（hm^2）	比重（%）
居住用地	6051.44	42.05	4578.37	34.98
其中：四类住宅用地	5955.55	41.39	4407.67	33.68
公共设施用地	1197.01	8.32	657.30	5.02
工业用地	4239.90	29.46	3263.33	24.93
仓储用地	533.44	3.71	220.08	1.68
对外交通用地	50.75	0.35	1100.77	8.41
道路广场用地	82.50	0.57	262.62	2.01
市政公用设施用地	395.24	2.75	305.26	2.33
绿地	1839.48	12.78	2700.54	20.63

资料来源：2004年2月，《浦东新区土地普查》

（1）居住用地

中心城区居住用地占到了土地总面积的42.05%，在各类建设用地构成中比例最大，说明中心城区仍具有相当强的居住功能，并且，住宅用地中四类住宅用地的比重非常大，说明容积率偏低，土地使用不充分。这部分土地是未来中心城区改善居民居住条件，加强土地集约利用的重点。郊区居住用地比例为总土地面积的34.98%，其中四类住宅用地是主体，占土地面积达33.68%。随着浦东新区大量人口的迁入、农村城市化步伐的加快和产业结构的调整，郊区的生活功能将进一步加强，住宅数量和质量的需求都将会大幅度增强。因此，提高郊区居住用地利用率将是影响浦东发展和城市功能形成的一项重要工作。

（2）公共设施用地

中心城区的公共设施用地占到了8.32%，而且公共建筑用地及商业金融用地的占地比例逐年上升，反映了中心城区向中心商务区（CBD）的方向发展的过程。郊区目前的比例较低，今后可以重点发展文化娱乐和体育用地，分散部分中心城区的功能。

（3）工业和仓储用地

工业用地和仓储用地比例与距市中心的距离一般呈递增关系。但浦东新区的情况不同，中心城区的工业用地占总用地量的29.46%，仓储用地占3.71%；郊区则分别为24.93%和1.68%。中心城区的工业区功能较强，用地比例过高，不符合浦东的长期发展。在今后一段较长的时间里，浦东的产业结构和工业布局将会有较大的变化，大量的工业将向郊区转移，郊区的工业用地比例将会有较大增长，而中心城区的工业区功能会弱化，工业用地比例将减少。工业用地的空间结构调控将是一项长期而艰巨的任务。

（4）对外交通、道路广场和市政公用设施用地

除了市政公用设施用地，中心城区较郊区比例较高外（2.75∶2.33），其他两项郊区均比中心城区高出很多，其中对外交通用地比例为8.41∶0.35，道路广场用地比例为2.01∶0.57。浦东新区的郊区基础设施情况与中心城区相比，差别并不明显，已经具备城市化的基础条件，为浦东新区生活区和工业区向郊区发展创造了条件。

（5）公共绿地

由于具有平衡上海绿地比例的原因，浦东一向对绿地建设投入较多，无论是中心城区还是郊区，这项指标都比国家标准高出很多。这对浦东居民生活质量的提高和土地使用结构向国际水平靠拢无疑是有利的。

9.4.2 浦东新区与国内外大城市土地利用结构的比较

9.4.2.1 与国内城市的比较

我国具有代表性的大城市的建设用地结构及其均值如表9-4所示。

国内部分大城市土地利用结构（%） 表9-4

城市名称	居住用地	公共设施用地	工业用地	仓储用地	对外交通用地	道路广场用地	市政设施用地	绿化用地	其他用地
浦东新区	38.78	6.55	26.91	2.71	4.13	1.24	2.51	16.29	0.78
北京	28.87	17.77	22.35	3.05	3.55	10.46	3.18	9.58	1.19
天津	30.51	12.1	21.68	7.5	3.47	8.39	3.68	10.66	2.01
西安	23.69	26.5	22.1	4.19	2.89	11.79	1.79	5.03	2.02
杭州	25.98	12.57	15.83	1.5	6.16	16.11	5.42	12.54	3.89
南京	27.24	13.28	26.13	2.21	4.04	10.83	3.26	10.23	2.78
广州	21.31	15.76	24.13	3.16	8.16	11.73	3.01	10.02	2.54
武汉	27.66	17.87	22.54	4.7	5.09	8.43	4.7	5.48	3.53
成都	33.73	13.69	21.14	1.85	1.29	18.81	2.95	5.74	0.8
青岛	28.76	11.94	22.55	7.08	3.85	8.95	4.01	7.3	5.56
大连	29.43	11.11	20.03	3.57	5.97	12.65	3.85	7.02	6.37
重庆	36.82	10.53	20.52	2.38	3.21	14.72	2.57	7.19	2.06

资料来源：浦东新区数据为2004年2月，《浦东新区土地普查》；其他城市数据根据《中国城市建设统计年鉴》（2007）中的相关数据整理得到。

从表9-4可知，除了市政及公共设施用地、道路广场用地城市之间差距较大，国内各主要特大城市其他各类主要用地类型的结构差异性并不大。城市的居住用地和工业用地的比例较高，居住用地比例大多分布在25%～35%之间，均值在29%左右；工业和仓储用地比例则普遍较高，大多在25%～30%之间，其中浦东新区和青岛最高，均达30%；交通用地大多在3%～6%之间，均值为4%；城市公共绿地比例在5%～11%之间居多，均值为9%左右，说明国内城市的同构性较强。这也和我国城市依托工业发展的基本路径类似。

浦东新区与国内其他大城市相比，居住用地、工业用地和绿化用地的比例最高，道路广场用地和公共设施用地的比例最低。

9.4.2.2 与国外大城市土地利用结构的比较

城市建设用地结构与城市的总体发展水平、城市主要职能、人均建设用地等具有很大的相关性，并表现出一定的规律性。从表9-5中可以看出，虽然按照不同的城市功能定位就会产生不同的城市用地结构，但是作为综合性的国际城市，数量结构的基本特点都是居住用地比例较高，工业用地相对较少，相关的配套用地和绿地比例也相对较高。

国外城市用地结构比较（%） 表9-5

城　　市	工业用地	商业用地	居住用地	交通用地	绿　地	娱乐用地	其他用地
巴黎	8.0	4.0	30.0	27.0	12.0		19.0
伦敦	3.9	5.2	36.3	22.2	19.4		13.0
芝加哥	6.9	4.8	24.1	7.4	29.0		13.0
大阪	13.1	10.8	25.6	23.9		5.7	20.9
东京	3.0	1.3	42.5	18.3	11.4	8.5	15.0
赫尔辛基	6.2	10.4	25.3	10.6		18.8	28.7
阿姆斯特丹	12.8	3.2	32.8	8.0		17.6	25.6
斯德哥尔摩	10.3		56.7	17.0		4.0	12.0
首尔	4.1	3.1	42.8				50.0
鹿特丹	26.8	2.6	25.6	13.4	13.5		18.1
美国50个主要城市均值	7.3		44.5	24.8	7.5		15.9

数据说明：由于世界各国对城市建设用地的分类有所不同，为便于分析比较，对所选城市的用地分类做了简化处理。

（1）居住用地

各大发达城市规划当局都在为提高人们的居住质量，满足人的需求，对居住条件和环境不断做出调整，居住用地面积普遍提高，居住用地比例保持在25%～45%之间，均值35%左右；人均建设用地较少的城市，居住用地比例较高，反之则较低。同时，居住用地呈现市区居住用地减少，郊区用地居住标准增大的趋势。各国在城市规划的调整过程中的一些具体措施也加速了居住郊区化的趋势。

（2）工业用地

从整体情况看，西方发达国家的城市工业用地比例普遍较低，大多在10%以内，少数在10%以上，最高的鹿特丹在26.8%，均值在10%左右。工业用地随着城市经济发展水平的提高，比重逐步降低。如日本东京，1957年工业用地占31.9%，1972年下降为22.9%，目前仅为3%。

（3）绿地和旷地

城市生态环境正日益受到发达国家大城市的普遍关注，除了在城郊培育大面积的森林以外，城市建成区的绿地面积也大幅增加，公共绿地占城市建设用地比例普遍在10%以上。不少城市人均绿地已达20～30m^2，其中巴黎地区1976年人均绿地就达到了70m^2，而规划建设目标竟然是人均绿地228m^2。

（4）市政用地和交通用地

国外城市交通比较发达，用地量相对较多。交通用地大多占城市用地的

10%~20%，均值16%左右，有些大城市的道路用地已占城建用地的1/4，接近或达到了居住用地面积。

通过浦东新区与国内外具有可比性的大城市土地使用结构、产业用地结构、土地使用率等指标进行比较，可以得出以下两点结论：

① 与国内其他大城市相比，浦东新区人均建设用地稍高；从建设用地结构来看，国内各大城市同构性较强，差异性不太大；浦东新区比较突出的是工业用地比例最低，对外交通用地比例最高，公共设施用地比例较低。

② 国外大城市建设用地结构其基本特点是居住用地比例较高，工业用地相对较少，相关的配套用地和绿地用地比例也较高，另外，国外城市交通用地比例也较多。国外大城市用地结构的变化趋势为浦东新区的用地结构的调整可提供一定的借鉴。

9.4.3 浦东新区土地利用结构的优化

9.4.3.1 土地利用结构优化的总体目标

土地利用数量结构总体目标为：居住用地控制在35%~40%之间，工业、仓储等产业用地控制在30%~35%之间，交通、广场用地提高至20%~25%左右，绿地保持在15%，加大市政用地比例。

土地利用空间结构总体目标为：中心城区（外环线内）和郊区（外环线外）城市建设用地数量比例以2∶1为宜。中心城区工业用地控制在10%左右，郊区控制在20%以内。

9.4.3.2 土地利用结构优化的主要途径

（1）以生态型集约为导向，实现密集型集约的组团式发展模式

① 构建生态型集约为导向的城市土地利用模式

根据集约要素的特征，土地集约类型划分为劳力资本型集约、资本技术型集约、结构型集约和生态型集约。所谓生态型集约是城市发展的最高阶段，既强调城市用地结构利用空间和利用强度合理配置，即达到经济效益的最佳，同时也强调保护生态环境，取得生态效益。

浦东新区目前正处于城市经济快速发展阶段，固定资产投资和先进技术投入是经济发展和土地产出的主要因素，土地使用为资本技术型集约；但从长远发展来看，浦东必须走生态型集约道路。对浦东新区而言，就是建设"生态浦东"。作为上海建设"四个中心"的核心功能区，浦东新区迎来了前所未有的发展机遇，但是各类城市的通病也开始出现。为实现土地的可持续利用，应通过组团发展和密集型集约利用来构建城区的布局形态和土地使用模式，最终达到浦东新区生态型城区的目标。

② 在城市空间形态上明确组团和过渡区功能，充分发挥次级核心的作用

组团式发展是在城市区域内发展若干次级核心,分担城市的部分职能,形成区域内的多核多心结构。中心城区和次级核心间形成网络联系,所以又称网络模式。

浦东新区发展多年来,已经形成了陆家嘴金融贸易区、张江高科技园区、金桥出口加工区等为代表的一批城市功能集聚点,但是作为城市核心,其功能还仅仅处于初具规模阶段,空间形态的组团关系还不是很明显。未来浦东新区的发展应继续明确以园区为中心的组团分区,不仅在功能上而且在空间形态上予以界定,明确组团的地域界线。

根据目前浦东新区现状和未来发展的需要,保留"带"的发展形态,以发挥传统区位优势,同时可以东高路—顾高公路、龙阳路—龙东大道、川杨河等城市主要东西向道路及河流为边界,将三个发展带分别组织为若干功能组团,其中:黄浦江发展带由南及北,重要的功能组团有三林住区、世博综合区、陆家嘴中央商务区、高桥住区等功能组团;中部发展带由南及北,重要的功能组团有孙桥现代农业开发区、张江高科技园区、金桥出口加工区和外高桥保税区;沿海发展带由南及北,重要的功能组团有北部文化居住组团、中部现代产业园区和南部的机场综合产业区。

各组团之间,适当收缩建设用地投入,大力发展大型绿化用地和环新城、中心城镇生态林带,从形态上形成过渡区。过渡区的发展对缓解城市核心区集聚压力、保持整个浦东良好生态环境至关重要。从基础条件看,作为平衡全市绿地指标的一个重要区域,浦东生态林和绿地的用地投入相对较高,为城区的生态型集约发展奠定了良好基础。新区应在加大核心组团开发强度的同时,在过渡区适当收缩建设用地投入,保证区域内一定数量的生态保留区,同时在建设用地构成上加大绿化用地和交通用地的投入比例,发展快速干道,加强组团间的联系。

③ 构建密度分区体系,实行城市土地的整体开发利用

在整个区域中实行分区密度制开发,根据各组团承担的功能确定适合的建筑密度和容积率,并严格按照确定密度进行开发,各组团用地结构不搞"一刀切",实行整个区域的总量平衡。

对先期开发的组团,以提高现有土地使用强度和效率为主要目标,通过垂直加厚等方式提高容积率。对中心城区实施高容积率开发,适当控制建筑密度,对道路广场建设用地适当倾斜。在浦东城市扩张的过程中,城市用地呈现相对粗放用地方式,土地使用零散而随意,农业用地与建设用地呈插花状态,并且造成了一些土地的闲置、浪费。面对新的发展形势,城市扩张能量不断增强,必须强调最大限度地利用已经开发的土地和基础设施,鼓励对现有城区及社区中的填充式发展,即所谓垂直加厚法,以期提高容积率,实现城区土地使用集约度的提升和动态调整。

中心城区是人口集聚的中心，必须实行高容积率的开发模式，但为保证生活环境质量，建筑密度也不宜太大。实际操作中，以发展多层与高层建筑为基本导向，在提高容积率的同时，降低建筑密度，增加空地用于绿化和修建道路广场，改善城市面貌，从而提高城市的空间利用率。在改造置换中，相对存量土地测算可以采用下列公式：

$$S = S_1(P_2 - P_1)/P_1$$

式中　S 为相对存量；

S_1 为现状土地面积；

P_2 为改造后的容积率；

P_1 为改造前的容积率。

同时，建筑密度由 A_1 降低到 A_2。

（2）通过土地用途性质的置换和调整，优化土地利用结构

浦东新区土地利用方面最大的问题不是土地总量和人均用地的不足，而是用地结构上不够合理协调。因此，必须通过土地用途性质的置换和调整，不断优化土地利用的数量结构和空间结构。

目前的浦东新区是第二产业与第三产业并重发展的时期，工业用地需求较大。中心城区还有大量的工业企业，这些企业占地多、污染重、效益低，是导致城市功能衰退的一个重要因素。随着浦东新区经济的发展，第二产业比重将逐步降低，而第三产业比重将有较大增长。土地规划部门应结合城市产业结构的调整，加强产业间的用地调整和置换工作，促进土地使用结构的协调化与合理化。在城市中心区实行"退二进三"战略，以效益高的洁净产业如金融、贸易、商业、信息、服务业等置换那些污染重效益低的产业，置换出土地大力发展第三产业以增强城市的活力。对分布在集镇的工业用地进行适当归并、集中，提高工业用地的利用效率。同时，加强对工业用地总量的控制，逐步放缓用地投入量，降低工业用地在整个土地使用结构中的比重。同时，针对目前浦东新区人均居住面积 $45m^2$，超出国家规划标准上限 $28m^2$ 一半多的现状，可以考虑在近期内适当控制居住用地的继续增加，并将部分居住用地调整为道路广场或者其他公建配套用地。

9.5　青岛城市增长中的土地利用时空控制策略[①]

城市增长管理的起源来自于城市空间的无序蔓延，而控制城市空间的无序蔓延，需要对城市土地利用实施控制。所以，城市土地的利用控制是城市增长管理的核心内容。近年来，青岛城市社会经济的高速发展，城市土地的快速扩张，使城市发展与生态环境之间的矛盾日趋尖锐，生态平衡遭到破坏，而且这些影响已

[①] 主要参考了张忠国. 城市成长管理的空间策略. 南京：东南大学出版社，2006.

经渗透到了产业体系和各种自然、人工生态系统中，阻碍了人类的生存条件和生活质量的改善，危及了区域的可持续发展。因此，在城市增长管理中，需要研究实施城市土地利用时空控制策略。

9.5.1 土地利用控制的原则和目标

9.5.1.1 原则

首先，通过法律手段控制和保护对青岛市自然生态环境有结构性影响的生态资源。然后，对一般性的生态资源，以保护生态安全为目的，在严格各项监管措施，不断规范各种经济社会活动，防止造成新的生态环境破坏的前提下，可以适当进行开发和利用。通过对良好生态系统或经过恢复重建之后的生态系统采取有效的保护措施，使这些生态系统得到有效保护，使青岛成为环境质量优异的生态城市。

9.5.1.2 目标

坚持生态优先的原则，落实生态安全管制分区，以都市区可持续发展的生态环境为发展的前提，构建安全的生态体系。包括：把发展的规模控制在水土资源的合理容量之内；区域生态结构的基本要素得到充分的保护；形成有序的空间结构和建设形态，防止出现环境衰退和城市无序蔓延，长久有效地控制区域绿地；以山体、水系为骨架，构筑与组团式都市区空间体系相平衡的区域生态体系。

9.5.2 土地利用的时序控制策略

9.5.2.1 总体控制策略

（1）划定阶段性成长管制区

为了保护土地资源，为了实现土地的分期分区发展，根据青岛的具体发展情况，将青岛组团式都市区划分为开发建设区、保护和引导开发区以及限制发展区三个部分。

开发建设区内，城市基础设施已经比较完备，城市服务的提供也很充分，在这个区域里，按照规划促进适宜的开发。保护和引导开发区内是在 10~15 年的规划期内可能进行开发的区域，近期要进行适当的保护，多指开敞空间的区域。限制发展区是在规划期内不准进行开发的区域，多指生态敏感区。

（2）以新区开发为主，合理确定新区开发规模，充分发挥资金效益最大化

新区开发中要促进城市经济的科学发展，逐步完善城市新区的中心区功能，加强公益性设施包括商业金融、服务、文化、旅游、物流综合服务设施的建设。

（3）在新区开发的同时，加强老城区的改造，提升老城区综合环境质量，缩小南北和东西差距

从政策和资金方面向老城区倾斜，强化北部、西部基础设施，公益设施的建设，加速"城中村"改造和旧区开发，改善人居环境，强化老城区经济适用房

建设，满足市民日益增长的物质文化生活要求，全面提升老城区综合环境质量，提高人民生活水平，尽快缩小城市发展的南北、东西差距。

（4）加强交通和市政基础设施的建设

以市政基础设施、道路设施作为主要内容之一，逐步完善城市道路、桥梁、市政工程系统建设，尤其是完善城市北部、西部区域的市政管网配套设施建设，改善城市基础设施环境，全面提升市民的生活质量，同时为投资者提供良好的软硬件开发环境。

9.5.2.2 城市空间开发时序具体控制策略

为了适当而有效地提供公共设施，以防止不成熟的土地开发行为，同时也防止跳跃式的发展和大量占用耕地，实施分期发展策略。遵循城市发展动力分析，结合城市发展方向以及城市发展的实际需要，考虑城市行政区划因素，规划近期以新区开发为主，重点开发建设城市北部的城阳区、西部的黄岛区以及四方区和李沧区的东部区域；老城区用地（主要包含市内四区的主要部分以及崂山区）以内涵式发展为主，强化城市功能的升级和优化，逐步增强城市中心区的核心竞争力和服务功能。下面对青岛近期重点发展区域的发展策略分别进行阐述。

（1）近期公共设施建设区域开发控制策略

近期继续完善市政府及其周围中心商务商贸区的功能；逐步构筑黄岛辅城中心区的框架，促进周边区域发展；完善城阳区、崂山区行政中心区的职能；着手建设李沧区行政中心区；完善分区级商业中心的建设；着手改造中山路商业中心区、李沧区商业中心；继续完善唐岛湾、城阳区、崂山区商业功能；适应市民生活质量提高的要求，加快各种公益性设施的建设。

（2）近期居住建设区域开发控制策略

近期规划新建浮山后二期、四方东部新区、李沧东部新区经济适用房、十梅庵居住区、崂山区北部居住区、空港花园、天泰奥园、小水社区、空港北小区、德阳路社区、董村和沟岔社区、杨埠寨社区、张村河两侧居住区、山水名园、山东头居住区、午山居住区、麦岛居住区、长江路居住示范区、薛家岛居住区、新港居住区、江山路居住区、富源居住区等，同时积极加快老城区旧城改造的力度。

（3）近期工业仓储建设区域开发控制策略

近期积极加快老城区传统工业的改造，适度发展都市工业；逐步完善高新区的建设；以大炼油为契机，初步形成黄岛重化工基地，结合前湾港的发展，积极发展临港工业区和现代物流业；结合盐田的改造，重点建设棘洪滩南部的新兴工业用地，同时逐步完善出口加工区及其配套设施的建设。

（4）近期公共绿地建设区域开发控制策略

适应城市近期开发建设的需要，规划结合新区开发以及现状地形地貌特点，大力强化城市公共绿地的建设，主要区域包括市北、四方区和李沧区东部、黄岛区的南部，崂山区的北部和城阳区的东部区域。

(5) 红岛的战略储备与开发利用控制策略

大青岛城市框架下，胶州湾沿岸的薛家岛、红岛是两个极佳的发展半岛。其中红岛兼具地理区位、地形、规模、滨海环境等优越条件，可以发展成为继八大关之后，青岛最优美的城区。红岛犹如美玉，整体而言近期应该强化战略储备工作，防止近期低效、简单的开发利用，应该等待青岛经济和社会条件更为成熟时再予雕琢。近期如果开发红岛，应该坚持全区或全市联动，避免由乡镇自主招商引资，建议成立市级开发建设单位，严格规划管理和严格执行各种政策，开发项目以高品质居住、科技研发等企业为主，加强对城市品质的追求。有效控制红岛农村居民点建设，首先应该根据居民数量按照政策控制土地使用规模，其次应该控制农村住宅建设形式，禁止"高、大、洋"建筑的出现。红岛经济在保持养殖业、捕捞业按照政策发展的同时，可以借鉴工业园区"飞地"式发展模式，在红岛北部开辟工业区用地供其招商引资。

(6) 胶州湾（盐田）的开发利用时序控制策略

胶州湾及其盐田地区的开发利用方式完全取决于人们对青岛未来发展的认识。如果我国全面建设小康的目标和工业化、城市化发展的国家战略能够最终得以实现，我们就必须正视青岛作为近亿人口大省的经济中心城市的建设要求，必须认可青岛作为国际化大港之后大发展的可能。由此，青岛必须防止和避免胶州湾及其盐田地区近期就被一般性工业区建设利用。如果沿现状交通条件很好的地区发展，还能够支持青岛经济社会的有效成长，那么胶州湾及其盐田地区的开发应该滞后。

青岛海滨城市特色必须永久性保护和不断创造和追求。胶州湾盐田地区可能是青岛海滨城市特色创造的上佳地带，如果近期便被普通工业区占用将十分遗憾。为此，建议将盐田地区作为生态敏感区，除少量必须使用地段外，大部分预留和严加保护，为青岛海滨城市建设留下较大的余地和发展空间。

9.5.3 土地利用的空间控制策略

9.5.3.1 城市各功能分区的土地利用空间控制策略

(1) 城市土地利用功能的空间分区

根据青岛气候、地貌、植被、水文等宏观主导生态类型，依据地形、植被、土壤、水文、气象等要素，并分别以土地利用、保护区状况、物种和易损性、地形、土地面积、水源状况等典型指标，将青岛土地资源总量控制分区划分为生态敏感区、开敞区和都市建设区三类，并确定各类土地利用功能分区的控制界线。

1) 生态敏感区

生态敏感区主要指对海陆界面、动植物保护区或其他特殊区域生态环境起决定作用的相对较大的生态要素或生态实体，其保护、生长、发育的好坏决定了区域环境质量的高低和生态系统的运行状况，如自然保护区、森林山体、水源地、大型水库、海岸带及自然景观旅游区等，同时，人工建造的、用以防止人类生存质量下降或有损自然景观整体性的绿地、农田、山林保护区，也属于敏感区范围。敏感区一旦受到人为破坏，很难有效地恢复。所以本区域以保护为主，限制开发建设。

由于生态敏感区是指人类集聚区范围内其生存运行和发展起关键作用的生态因子所在的区域，对其进行划分不仅为区域用地布局提供了依据，也使用地布局与土地生态适宜性区划相结合有了可能。生态敏感区划分是指在生态功能区划的基础上，在不损失或不降低生态质量的前提下，判断生态因子对外界压力或外界干扰的适应能力，以划定各功能区内的生态敏感区范围，更好地制定生态保护和建设规划，避免因开发建设引发新的生态破坏。青岛市的生态敏感区空间分布见表9-6。

青岛市土地利用功能分区类型及其空间分布　　　　　表9-6

分区类型	空　　间　　分　　布
生态敏感区	（1）胶州湾敏感区。具体范围：海域界限—陆域界限西部沿海岸线—龙泉盐场海界—巨洋河下游入海口虾池—洋河下游左岸虾池—东营盐场海界—营海镇盐田海界—大沽河三角洲右岸—潮海盐场—红岛—红岛近岸地区（包括南部和东部的西公嘴、东公嘴等基岩海岸）—东洋嘴北部虾池—南万盐场南界水河—李家女姑西界—西后楼北界白沙河左岸—东蓝家村—西女姑山—女姑山—双埠立交桥—环湾高速两侧（包括公路与胶济铁路之间的湿地、山体和尚未占用的区域）。 （2）东西两翼海陆交错敏感区。包括东翼的崂山区大部及沿岸潮间带、近海海湾（鳌山、小岛、丁字湾等），西翼的海岸带、黄岛区沿岸、古镜湾等。 （3）陆域敏感区。一是大小珠山山区及水库；二是洋河两岸丘陵区；三是大沽河、桃源河两岸湿地及下游盐田；四是棘洪滩水库及周边地区等。 （4）大、小沽河生态廊道区
开敞区	胶南市铁路线与敏感区之间的部分，包括红石崖镇；洋河以北，环湾公路和营海镇附近盐田；潮海以东，胶州湾高速公路附近盐田；胶济铁路西南、红岛以北、墨水河以西盐田和湿地，以及铁家庄以东的洪江河与墨水河之间的区域
都市建设区	胶州湾附近主要有：胶南市的铁路与胶州湾高速公路之间的地域。营海镇（不包括近海盐田和养殖区）。一是城阳区—胶州湾高速公路—大沽河桃源河—盐场铁路之间，范围为罗家营—孙戈庄—烟台顶（不含）—下疃—大沽河沿岸—大涧—小涧—侯家段河—林家段河—王林庄—邱家屯—海东屯—黄家庄—魏家庄—张家庄—佳丽工业园以西—青岛第十八针织厂—棘洪滩—铁家庄—盐田北部—上崖—古岛—程各庄—东风盐场北—盐场铁路—胶州湾高速公路—潮海之间；二是双元路—西后楼—女姑山（不含）—胶州湾高速公路以东区域；三是红岛北部胶州湾高速公路周边地区，包括殷家—高家—红岛镇—邵各庄—前阳村—后阳村—后韩家—肖家—宁家之间。东部沿海胶州湾高速公路与胶济铁路之间的建成区。 其他地区主要有：胶州市—北珠王镇一带，里岔—张应—铺集镇一带；即墨市王戈庄—鳌山卫—温泉镇一带，华山—店集镇，王村—田横镇；胶南市张家楼—寨里镇一带，琅琊—泊里—信阳镇一带等沿海组团

211

在生态敏感区可进一步划分出生态节点和生态廊道。

① 生态节点：是指区域生态系统物质、能量和信息流动过程中的源、汇和交叉点，处在生态流的关键位置，在生态系统管理中具有重要的战略意义。青岛市可以划分出四个重要的1级生态节点：北部山地水塔源型生态节点、南部山地源型生态节点、胶州湾汇型生态节点、棘洪滩交叉型生态节点。2级生态节点主要为一些重要的水源地，如产芝水库水源保护地、白马河—风河上游水源保护地、洋河水源保护地、崂山水源保护地、宋化泉水库—灵山镇—华山镇—玉圈水库环形带水质敏感区。

② 生态廊道：全市划分出两级生态廊道。

一级生态廊道：大小沽河生态廊道，为南北向的生态轴。胶莱河生态廊道，包括胶莱河与引黄济青干渠的带状区域，为西部生态轴。平度—莱西生态走廊，以从西向东穿越平度和莱西的高等级公路为中心，形成密集的防护林带，构建东西向的生态轴。东部海岸生态廊道。

二级生态廊道：白沙河—泽河生态走廊、五沽河生态走廊、桃源河生态走廊、棘洪滩镇—城阳镇—崂山水库生态走廊、墨水河生态廊道、洋河生态廊道、白马河生态廊道、风河生态廊道、张村河生态廊道。

2) 开敞区（有条件开发区）

开敞区是以农业自然景观为主的地区，在区域农田、水网的基础上散布中小聚落，以自然环境、绿色植被和自然村落为主。本区域以保护为主，适度引导和控制开发建设。青岛市开敞区的空间分布见表9-6。

3) 都市建设区（可开发区）

都市建设区是以城镇或工矿集中分布的地区，城镇工矿密度大，城镇工矿用地占较大比重。规划目标是重建良性生态，以开发利用资源为主促进城市的开发和建设。青岛市都市建设区的空间分布见表9-6。

(2) 城市各功能分区的土地利用空间控制策略

1) 生态敏感区土地利用控制策略

① 山地生态资源区

依托现有自然保护区、风景旅游区、森林公园等自然斑块，建设一级结构性控制区，使其成为青岛自然生态体系的主体支撑。包括：东部崂山国家著名的风景名胜区，即墨市马山国家自然保护区；胶南市东北部和黄岛区西部的小珠山山区、胶南市南部大珠山山区。这个区域实施限制开发、严格管制为主的策略，建立自然保护区、森林公园及风景名胜区等各类保护区名录制度，明确保护范围及内容，并且建议立法控制。

② 胶州湾生态区

依托胶州湾，建设以海洋生态为主体的自然斑块，与陆上的自然斑块共同构建山、海一体的自然生态体系的主体支撑。要严格保护海洋环境和海岛生态，合理开发利用港口、岸线资源，处理好生态保护与城市建设、工业发展及旅游开发之间的矛盾，提高胶州湾整体生态环境的治理力度。包括重要水产养殖区，胶州湾南北两翼20m等深线以内的浅海，除港区、航道、锚地、倾废区、混合排污区、军事禁区及近岸旅游区等禁养区以外的区域。

③ 水源及湿地区

结合水源地的保护，在平原水库和集水区的周围适当扩大水源涵养林的面积，增加大型自然斑块的类型和数量，这样有助于生物多样性的增加和自然生态功能的发挥。将水库及周边地区建设成青岛市级保护区和湿地鸟类保护区，并制定出相应的规划和保护法规。包括：大沽河水源保护区、棘洪滩水库、胶州西南部的铁橛山山区、洋河水系水源地、崂山水库、白沙河水系水源地。

④ 滨海生态区

以滨海生态敏感区为依托，建立绿色海岸线，构建联系结构性控制区的青岛生物廊道系统的骨干。区内停止一切导致生态功能退化的开发活动和其他人为破坏活动，维持区域的生态平衡与安全。

2）开敞空间控制策略

① 绿色开敞空间的配置

都市区内绿色开敞空间主要是为城市提供日常生活消费的郊区型农业空间、城市基本生态环境空间（如水源保护区等）、城市居民日常游憩空间。从世界大都市圈规划发展的经验看，绿色开敞空间的布置一般有两种基本方式：设立楔形绿地和环形绿地。从实施效果上看，当都市区处于快速增长期，一般宜配置楔形绿地；当城市处于稳定增长期，则更宜采用环形绿带的配置模式。青岛目前处于快速增长期，宜采用楔形绿地的配置模式，以山地、河流、农业、森林生态保护区为基础，以城市组团间楔形绿地为纽带建立都市区内绿色开敞空间系统。具体措施：依托自然山水，结合青岛市域诸多的山体、丘陵、水库、河流、海域等自然环境，以"山、水、河、海"为生态环境的基本要素，营造大环境绿化生态基层；从整体网络出发，以崂山风景名胜区、珠山风景名胜区为背景，以沿河道及高压走廊的防护绿带为分隔，以城市公共绿地为核心，以道路绿化为骨架，以沿海岸线绿化风景走廊为纽带，形成点、线、面相结合的城市园林绿化系统，构成人工绿化环境的主体。

② 合理利用城市的岸线空间

海岸线是大自然馈赠给青岛的极为珍贵的自然遗产，是青岛具有战略意义的资源，也是青岛城市景观的主要特色。科学利用和保护好滨海岸线，关系到青岛市发展的长远性和全局性的重大问题。为此，在空间上明确一定时期内的岸线利用分区，时序上明确一定地域岸线，利用在时间上的不同发展时期，以利于岸线规划的实施和调整。

根据青岛外向型经济的发展趋势,岸线在城市功能转型中的地位和作用日益增强,生产和生活两方面的职能是城市岸线的主要职能,交通运输、仓储职能是为生产和生活服务的,随生产和生活的需要而设置。生产岸线随着滨海城市经济的快速发展,所占比重逐渐增大,包括码头、临港工业、渔港、水产品码头、制盐、供盐码头、渔船避风塘、船舶锚地等。生活岸线则包括海滨居住区、别墅区、海上公园、海上俱乐部、海上运动场、海水浴场、滨海临街绿地、滨海文教卫生设施。在生产岸线与生活岸线的分配上,要两者兼顾,突出重点,体现青岛滨海城市的个性特征,使城市岸线得以有效、充分而又合理地使用。同时要保持岸线利用的动态平衡,将岸线利用控制在海陆环境容量允许的范围之内,注意岸线自然原始风貌的保护和利用,增强岸线的自然特色和地方特色,使岸线的利用与自然环境的保护有机地结合,促成青岛岸线持续、有序地利用和发展。

3) 都市建设区控制策略

土地是城市各种功能的物质载体,是城市重要的资源,促进城市土地的优化利用,是都市建设区空间管制的重要内容,其最重要的一点就是按区位原则布局,依靠竞租机制,使各种功能的土地都能各得其所,实现最佳区位利用,地尽其利。

城市发展用地是规模大、集聚度高、中心地位和作用突出的区域,它是区域的中心,承担区域的金融、贸易、科技、信息和综合交通枢纽的功能。要大力发展高新技术产业和大型基础工业,同时防止城市的无序蔓延。要在青岛城市总体规划和分区规划的指导下,适时编制城市的控制性详细规划和法定图则,力争使城市建成区的覆盖率达到100%。同时要按照城市控制性详细规划的要求,对城市功能、区位、建筑密度、容积率、建筑高度和绿地率实施有效控制。

9.5.3.2 城市各组团的土地利用空间控制策略

(1) 中心组团土地利用控制策略

市南区要强化风貌保护,提升核心竞争力,加速旧城改造,缩小东、西差距,彰显滨海城市特色。具体策略要挖掘发展潜力,进行用地功能升级、整合与置换,强化城市核心竞争力和辐射带动作用;以奥运设施建设为契机,完善城市功能,全面提升中心区生态环境和城市形象;结合中山路改造,形成全市商贸副中心;加快西部旧区改造步伐,配套各项服务设施,缩小东、西差距。

市北区要改造西部城区,完善中部功能,开发东部新区。具体策略要积极打造中部中心区,加快科贸、商务、商贸区建设,带动西部、东部经济的发展;完善中部基础设施和生活服务设施的建设;加快西部危旧房屋改造,改善居民生活居住条件;结合浮山新区建设开发东部新区。

四方区要开发东、西两翼,加快村庄、旧城改造步伐,强化基础设施和生态环境建设。具体策略要结合行政文化中心建设，建设现代化新城区；加快老城区改造和村庄改造，配套完善生活居住功能，提高居住综合水平；强化基础设施建设和生活环境建设，提高城区综合功能，提升城区形象。

李沧区要优化用地功能，完善基础设施，加速旧城改造，突出生态环境。具体策略要加快东部新城区建设，以园区建设为重点，初步形成新区面貌；以村庄改造为重点，调整用地结构，优化用地功能，加快旧城改造步伐；加强基础设施建设，在大路网、管网基本形成的基础上，完善支路、支管及其他配套设施的建设；强化生态环境，搞好山头绿化，沿河、沿路绿化，全面提升环境质量。

崂山区要保护崂山风貌，重点发展旅游经济，优化城区功能，突出生态环境。具体策略要严格保护崂山风景名胜区环境，景区内的规划建设应符合规范要求，重点发挥资源优势，发展旅游经济；逐步优化城市功能，完善公共服务设施和市政基础设施配套；强化城市生态环境。

（2）红岛组团土地利用控制策略

红岛组团要有序引导西部开发，严格控制东部景区，优化中心城区，逐步完善基础设施，限制低效率开发，建议将盐田作为生态敏感区进行保护。具体策略要加快西部红岛组团建设，以园区建设为重点，初步形成新区面貌；逐步进行村庄改造，优化用地布局，加快城市化进程；加强基础设施建设，为严格保护胶州湾生态环境，要加快市政基础设施的建设，完善相应的道路系统、管网等设施的建设。

（3）黄岛组团土地利用控制策略

黄岛组团要发挥港口优势，发展港口经济，强化生态环境保护；优化用地功能，加速旧城改造。具体策略要发挥资源优势，重点发展港口经济，建设城市四大基地；逐步优化城市功能，完善南部城区，公共服务设施和市政基础设施配套；强化城市生态环境；重点保护薛家岛旅游度假区和小珠山国家森林公园，努力加强生态环境建设，全面提升环境质量。

（4）其他组团土地利用控制策略

首先大力发展西海岸的黄岛组团和胶南组团；结合盐田改造，相机发展红岛组团，但要严格控制滨海地区，要留有发展余地；鳌山组团在外海组团中处于相对优势地位，可结合都市工业、科教产业，近期启动稳步发展；琅琊组团可在旅游度假产业的推动下稳步发展，在条件具备时，结合大型产业项目实现跳跃式发展；田横组团是青岛基本实现现代化，进入后工业时代，呈现都市郊区化特征时期的居住生活备选地，因此，应在稳步发展的同时，为未来预留充分的发展空间。

10 城市土地利用的发展趋势展望

10.1 城市土地的节约集约利用

节约集约利用土地是土地利用方式的根本转变,是一项系统工程,不仅包括土地利用效率的提高、土地利用结构和布局的合理化,也包括土地利用与经济、社会和环境效益的协调。

10.1.1 完善节约集约用地型土地利用规划体系

10.1.1.1 突出节约集约用地主题,发挥规划引导和调控土地利用方式的作用

在新一轮土地利用总体规划修编中,突出节约集约利用土地的主题,充分发挥规划管理对土地利用方式的引导和调控作用。在节约集约利用土地水平较高的区域,规划期内要给予一定的新增建设用地规模的奖励,建立促进节约集约利用土地资源的长效机制。协调土地利用总体规划和城市总体规划之间的关系,科学合理地引导城市的用地规模。从节约集约用地的角度出发,评估城市土地盘活潜力,并给出城市存量土地挖潜目标和要求。在环境容量允许的前提下,针对城市不同地段、不同用地类型,分别规定土地利用强度指标,提高土地集约利用度。

10.1.1.2 完善土地规划管理的行政程序

要建立规范的、经常性的土地规划和管理事项的听证制度;建立重大事项专家咨询、群众参与和领导协商的依法决策机制;建立土地事务集中办理和办事时限制度;建立土地政务信息公开制度。

10.1.1.3 健全土地执法体系,加大执法力度

积极推行土地资源执法监察体制改革,按照条块结合、适当分权、便于执法、讲求实效的原则,建立统一和相对独立的土地执法监督体系;积极推行行政执法责任制和行政过错追究制,从根本上遏止执法违法现象的发生;建立土地管理的内部监督机制,增加土地执法的透明度。

重点加强对土地变更调查统计、规划和指标计划的执行情况以及土地有偿使用费上缴情况的监督检查;要加强经常性的土地动态巡查工作,确保现有土地法规得到全面贯彻执行，维护土地法规的严肃性；加大对失地农民的补偿力度，并做好土地收益的分配工作。

10.1.2 构建节约集约利用土地的实施、评价、考核和预警制度

10.1.2.1 因地制宜地制定节约集约用地的实施方案

制定科学、合理的实施方案是节约集约用地的最终落脚点。首先要根据地籍调查的结果，对城市建设用地的利用情况进行全面彻底的调查和分析，包括各类用地的数量、结构、分布、投入量、产出水平等，通过土地利用结构合理性指标、城市总容积率指标、城市人均建设用地指标、城市商品房销售率等指标加以反映；然后根据各地的具体情况和潜力评价分析结果，因地制宜、科学合理地制定节约集约用地实施方案。节约集约用地实施方案应做年度计划，做到定具体地块、定土地规模、定节约集约指标、定规划用途、定时限要求，将实施方案落到实处。

10.1.2.2 建立节约集约利用土地的评价和考核制度

目前，土地节约集约利用尚无统一的评价指标体系和标准，在实际的评价工作存在着不少难度。要出台节约集约利用土地的评价标准和技术规程，指导节约集约用地的评价工作，衡量节约集约用地程度，为土地利用、规划与管理提供依据。建立土地集约利用评价、考核与责任制度，明确不同地区节约集约利用土地的目标。对不能实现节约集约用地目标的地区，追究主管部门和主要负责人的责任。

10.1.2.3 建立节约集约利用土地的奖惩制度

（1）节约集约用地水平与新增建设用地指标挂钩

节约集约用地水平较高的地区要优先、足量投放新增建设用地指标。评价各城市节约与集约利用水平，并适当划分节约与集约利用水平等级，根据等级的不同有区别地下放新增建设用地规模和占用耕地比例指标。

加强新增建设用地指标的动态评价和管理。按近期、远期或年度下放各城市新增建设用地指标。根据各省份节约与集约利用水平的动态评价结果、存量建设用地挖潜措施及成效等，调整城市下一年新增建设用地指标。加强新增建设用地的用途、区位、强度、效益的监控，及时发现并制止违法、低效用地行为。对新增建设用地使用规范、利用效率高的城市给予相应的激励措施。

（2）存量建设用地挖潜力度与新增建设用地指标挂钩

出台存量建设用地挖潜的激励机制。对存量建设用地潜力挖潜工作到位、成效显著的城市，根据挖潜转为农用地及耕地的规模，按一定比例给予相应的新增建设用地指标奖励；评价各城市存量建设用地因利用结构转化、增加土地投入

和提高利用强度而增加的土地利用效益的大小，并给予相应的新增建设用地指标奖励。对存量建设用地挖潜不力的城市，对其下一年度的新增建设用地指标给予核减。

确保农村居民点用地的减少与城镇工矿用地增加挂钩。加强农村宅基地管理，确保"一户一宅"，并加强"中心村"建设和空心村改造，结合新农村建设，提高存量宅基地利用程度。对在城镇有固定收入和稳定工作的农民以及已在城镇拥有住房的农民，给予一定的补偿机制，确保其农村宅基地的收回和利用。

10.1.2.4　建立节约集约利用土地的预警系统

在构建评价指标体系的基础上，建立节约集约利用土地的动态评价预警系统。可以参照相关部门的预警系统建设经验，考虑各地土地资源禀赋和现状集约利用水平的差异，将全国土地集约利用的水平划分为若干级别和区域，运用地理信息系统和土地交易信息系统对土地利用现状和土地市场进行监测，并定期向有关部门和社会公众公布监测情况，及时对土地集约利用水平下降的区域进行严格监督，对土地集约利用水平长期缺乏改进的地区进行警告。鉴于各地经济水平和资金筹措的压力，应该分别对待，逐步实施。对于条件允许的地区，要采用高科技手段，引进高层次人才，加大对土地利用的监管，掌握较为全面的动态数据统计资料，并实现部门内部资源和信息的共享，确保信息资源交流的通畅，为土地监察和监督以及编制和修编土地利用的各项规划提供准确的数据资料，保证土地节约集约和高效利用。对于条件尚不成熟的地区，要加强公众参与的程度，建立、健全全民动员共同监督的制度，进一步加强对土地利用的监督和检查，对于有贡献的公民要进行表彰和奖励。

10.1.3　健全节约集约用地的市场机制

以节约与集约用地为目标，完善土地市场体系和运行机制，健全地租、地价形成机制，充分发挥市场在土地资源配置中基础作用，促进土地的节约与集约利用，主要是建立有利于集约利用土地的土地市场体系和价格机制。

10.1.3.1　统一规划和管理国有和集体土地市场

尽快总结集体建设用地流转试点的经验，出台全国集体建设用地流转办法，实现国有土地和集体建设用地市场的统一管理。应确保集体建设用地的所有权和使有权权益，制定流转条件、范围、程序、收益分配机制等，盘活和提高农村宅基地、乡镇企业用地、公共设施用地的资源配置效率，确保集体建设用地和国有土地的同等地位和权益，实现集体土地在城乡统一的建设用地市场上有偿出让。并建立城乡统一的二、三级土地市场，充分发挥市场的供求机制、价格机制和竞争机制，建立公开统一的土地交易信息系统，提升土地市场公开性、透明性与竞争性，促进土地资源流动，提升土地配置效率。完善地价形成机制，使之能反映市场供求状况和资源稀缺程度，通过市场调节，利用价格杠杆，体现各类用地的价值，促进土地使用主体自觉提高土地节约集约利用程度。

10.1.3.2　扩大国有土地有偿使用范围，提高城镇土地的利用效率

要限制公益用地的范围，经营性基础设施用地也要实行有偿使用。积极探索工业用地市场化进程的途径，改变工业用地"需求定供给"式的以协议出让为主的供地机制和模式，实现工业用地的市场化配置，提高工业用地的节约集约利用水平。

10.1.3.3　规范土地中介服务市场，理顺土地价格机制

整顿土地中介服务市场，严格审查中介机构资质，规范管理中介服务行为，改变当前由于管理不足，不动产中介组织运作不规范、企业信誉低下等问题，理顺土地价格形成机制，促进土地市场健康发展，提升土地资源合理集约配置程度。

10.1.4　推广节约集约用地的技术措施

对于城乡居民点和工矿用地，鼓励小尺度上各类用地的相对集中，提高基础设施和公共服务设施利用效率，减少公共配套用地；鼓励大尺度上相容用途的混合布局，建立以交通为导向的城镇用地模式，防止过度分离，减少不必要的交通需求。对于工矿企业和开发区用地，围绕生产协作关系组织用地的集中布局，促使各类形式开发区向产业化专业化方向发展。要改变过去"以地引资"的做法，坚持规划引资，按规划供地，提高引资质量，禁止圈地投机。对于交通水利等基础设施用地，除政策性基础设施建设外，要防止过度超前、超标准建设，减少重复建设。

积极发展节地型产业和技术。优先发展资本技术密集型和劳动密集型产业，逐步淘汰土地密集型产业。积极探索创新城市土地立体利用模式，鼓励道路交通等基础设施建设和公共建筑向地上地下发展，大力推广节地型技术。

大力推进建设用地的循环利用。加强老工业基地、重化工业用地、矿山用地等的污染治理和综合整治，恢复各类废弃地的土地使用效能。按照资源化的原则，大力推进废弃工矿用地的整理复垦，实行建设用地与农用地的相互循环转化。

10.1.5　创新节约集约用地的配套制度

针对土地利用中的问题与不足，对土地规划管理体系进行结构上的完善与内容上的创新，充分发挥规划管理对土地利用方式的引导和调控作用，建立起促进土地资源节约集约利用的长效机制。主要从土地规划和计划的相互协调与衔接机

制、土地规划反馈修编机制、社会主义新农村建设中整合优化存量建设用地与城镇化的协调机制、土地利用总体规划修改调整机制等方面入手，研究促进节约集约利用土地的创新型规划管理体系。

10.1.5.1　加强产业用地管理

（1）明确不同地区产业发展的比较优势与重点培育产业。按照比较优势和可持续发展原则，通过细分市场，确定三大区域具有分工优势、竞争优势、增长优势和关联优势的重点发展产业，增强产业用地管理的科学性与针对性。

（2）实施产业用地门槛政策。制定不同地区、不同产业用地门槛。产业用地门槛主要包括投资门槛（地均投资额）与效益门槛（地均产出额），同时可以配套土地利用率（建筑容积率）和利用方式（非生产性用地比重）方面的限制。产业门槛的制定不仅要考虑土地集约目标的地区差异，还要考虑集约目标实现的可行性。对于那些有利于增强地方产业集聚效益和竞争力的重点发展产业，产业门槛可适度下调；而属于重复建设、限制发展的产业用地，则应适当提高产业用地门槛。

10.1.5.2　完善进城农民保障制度，推进农村居民点用地整理

针对存量建设用地中农村居民点用地使用最为粗放的问题，科学编制农村居民点整理规划。通过制定和实施科学合理的农村居民点整理规划，建成节地型居民点及乡镇企业小区，适当采取一些有发展前途的居民点逐步加大聚居度，引导农村居民集中居住。

应完善土地置换调整政策，逐步提高进城务工农村人口的待遇，改善其福利、社会保障、医疗保险、子女教育等问题，解除进城农民的后顾之忧，最终实现土地"置换"进城，实现集约利用，逐步消除"两栖用地"现象。

农村居民点用地整理是一项工程大、工期长、投入多、回收慢的工程，资金筹措是关键，需建立农村居民点整理资金保障机制。农村居民点整理是土地合理利用的措施之一，是政府行为，应当体现政府投入为主，同时拓宽筹措资金的其他渠道，建立资金保障制度，其稳定的资金渠道是农村居民点整理达到目的的关键。

10.1.5.3　以行政和经济手段并举，促进耕地资源的保护

（1）行政手段

加强耕地保护立法工作，转变国家治理耕地的观念，从以行政手段为主转变为以法律手段为主。可考虑在现行相关法律的基础上，制定"耕地保护法"。首先应对于耕地产权做出明确界定。适应当前以行政手段为主的保护策略，应积极改革现行土地管理体制，巩固完善城乡地政的统一管理，强化纵向监督机制。制定严厉的违规分配控制比例的惩罚措施，提高违规的成本。对少数领导干部滥用耕地审批权力，导致一定数量的耕地减少或质量下降或建设用地占用耕地比例超标的，要以玩忽职守行为予以论处，特别严重的，要绳之以法。另一方面，可引入政府绩效评估，对于耕地保护工作做得较好的地方政府，可适当给与政策方面的优惠。各地在制定控制比例时，应根据各地的历史状况、社会经济条件和资源状况及各类用地的需求特点，因地制宜地加以确定。

（2）经济手段

设定农地发展权，加强耕地资源保护的经济补偿。我国农地发展权是农地所有权中的一项天然的权利，是一项属于集体的用益物权，因此，要依法设定农地发展权，确定发展权的内涵、归属、收益分配等内容。基本农田的易地代保或者保护指标调剂，实质上是农地发展权的转移，因此，失去农地发展权的一方应获取相应的补偿。虽然2004年颁发的《国务院办公厅关于深入开展土地市场治理整顿严格土地管理的紧急通知》（国办发明电［2004］20号）叫停了跨市、县的基本农田的易地代保，但是基于我国区域差异性较大的实际情况，实施基本农田的区县之间的易地代保是必要的，并建议我国应允许一定规模的县市之间的基本农田的易地代保。

增加农业补贴和支持。政府应加强土地整理和标准农田建设力度，提高基本农田的农产品生产能力，增加粮食补贴和技术投入，提高种粮收益，从而降低基本农田保护的机会成本，促进基本农田的有效保护。

10.1.5.4 完善土地整理制度

在制度创新方面，除了要在现行土地制度体系中增加土地整理制度之外，还须增加鼓励充分利用荒地、废弃地、空闲地和节地挖潜的措施，并制定进行农地重划或市地重划以及实施土地整理的必要条件。对实施土地整理的管理体制、协调机制、效果评价等内容也有必要做出具体规定。利用各种技术手段，在既定的城市空间范围内积极开展城市土地整理工作，通过改善城市土地利用环境，根据各类用地要求调整用地结构，消除城市土地利用中对社会经济可持续发展起制约和限制作用的因素，促进土地利用的有序化和集约化，促进土地配置效率和使用效率的提高，最终提高其经济承载力。

积极开展建设用地整理，盘活存量土地，用好增量土地，努力形成节约与合理利用土地资源的运行机制；充分利用城市存量土地，使城市闲置土地最大限度地低量化；对于已出让但无资金开发的土地适当收取闲置费或收回土地使用权；对空置商品房应通过市场调研，找出空白点，结合周边环境，确定最佳用途，降低商品房空置率；在改造旧城区的过程中挖掘土地使用潜力，实行老城区的改造和进行土地置换，将城区内的企业迁至郊区，而将土地出让给金融、商贸、服务和高新技术行业，充分发挥城市土地的效益。❶

---

❶ 参见全国土地利用总体规划纲要修编专题研究之四《节约与集约利用土地研究》

10.2 城市土地的规划管制

10.2.1 规划的编制技术层面

10.2.1.1 更新城乡规划理念

迄今为止,虽然人们对城市扩展的认识已历经霍华德的田园城市理论、卫星城(新城)理论、芒福德的城市和区域整体发展理论和"精明增长"思想,但是,我国的城乡规划对田园城市、卫星城的理论实践较多,对城市和区域整体发展的理论开始有所重视,对"精明增长"的思想实践较少。为此,我国的城乡规划应从以下几个方面加以重视:❶

(1)建设可步行的城市。美国为汽车驱动的规划思想付出了沉重的代价,除破坏城市的宜人空间外,还带来了土地过度占用、环境污染、能源危机等问题。我国土地资源紧张,大城市交通拥堵严重,汽车污染源已成为环境污染的主要方面,因此,我国的城乡规划应控制小汽车的发展,大力倡导公共交通,特别是大运量快速公共交通。与之配套的规划措施是重新重视人行道路系统和自行车道路系统的规划,使人们能够借助于公共交通到达不同的功能区,而每一个功能区内则依靠步行系统完成交通组织。

(2)建设功能混合的区域。《雅典宪章》的城市功能分区的规划思想对当时以制造业为中心的工业城市产生了积极影响,城市的布局逐步有序。但是今天,随着经济的全球化、信息化,城市的功能发生了巨大的变化,第三产业逐步成为城市的主导产业,如北京的三产比例已超过60%。这种背景下,办公自动化使得第三产业办公空间的趋同,使得不同部门、不同性质的商务活动可以使用同样的办公建筑,甚至厂房、公寓、旅店也可作为办公单元;另一方面由于环境治理更为有效,都市工业的污染已逐渐解决,使居住区与产业区特别是高新产业区也具有兼容性了。混合功能区可以缩短了人们出行的交通距离,节约了时间成本,包括:①综合功能的CBD。如美国部分城市一方面将政府行政部门的机构迁入这些地区,与商务办公混合使用,另一方面,将许多办公建筑改造成旅馆、住宅等。②大空间的灵活应用。20世纪60年代,美国纽约SOHO地区的改造过程中,一批艺术家将闲置的工业厂房、仓库加以改造,成为他们的居所或艺术商店,使这一地区逐步复兴成为纽约现代艺术的中心。这对我国的旧城改造与城市更新有重要的借鉴意义。③建筑单体的混合。商住楼在美国成为一种受欢迎的建筑,原因是由于科技进步,特别是网络产业的形成,使得家庭办公成为可能。除商住外,大型公建本身也可混合。功能区的混合、旧建筑的重新利用是符合城

---

❶ 傅崇兰,陈光庭,董黎明.中国城市发展问题报告[M].北京:中国社会科学出版社,2003,1.

可持续发展、符合发展中国家经济条件的新思路，值得我国城市借鉴。

（3）城市设计中的商业理念。美国城市规划学者 E. D. Bacon 在《城市设计》一书中是这样定义城市设计的："城市设计的主要目标是造成使人类活动更有意义的人为环境和自然环境，以改善人的空间环境质量，从而改变人的生活质量"。美国人是把人作为城市设计的主要研究对象或出发点，把生活质量的提高作为城市设计的主要目的。开发商研究城市设计的实质就是研究人，城市设计的产品是一种最适合不同人需求的空间，从而将这一空间卖给了它的使用者，并从中获得经济利益。❶ 这就是城市设计中的商业理念，十分值得我国城市设计去借鉴。

10.2.1.2 理顺城乡规划体系

许多发达国家和地区的发展规划体系（或称空间规划体系）是有所不同的，特别是在国家和区域层面上的发展规划，但是，城市发展规划体系是较为相似的，可以分成两个层面：战略性发展规划和实施性发展规划（或称开发控制规划）。战略性发展规划是制定城市的中长期战略目标，以及土地利用、交通管理、环境保护和基础设施等方面的发展准则和空间策略，为城市各分区和各系统的实施性规划提供指导框架，但不足以成为开发控制的直接依据。❷ 目前，我国的城乡规划的体系包括：城镇体系规划、城市规划、镇规划、乡规划和村庄规划以及近几年出现的战略性规划、概念规划等。目前理顺城乡规划体系、确定战略性发展规划的形式及其内容是非常必要的。应借鉴英国的结构规划（Structure Plan）、美国的综合规划（Comprehensive Plan）、德国的城市土地利用规划（Area Division）、日本的地域规划（Concept Plan）、新加坡的概念规划（Development Strategy）和我国香港的全港和次区域发展策略（Development Strategy）等战略性的发展规划的形式，结合我国实际，确定我国战略性规划的形式及其有关内容，从而为实施性的城市规划提供框架性的指导。战略性的规划内容，可包括城市性质、人口规模、城市布局、人口容量、建筑体量等，通常反映规划的指导思想和原则，有一定的弹性。

应以战略性发展规划为依据，针对城市中各个分区，制定实施性发展规划，作为开发控制的法定依据。借鉴英国的地区规划（Local Plan）、美国的区域条例（Zoning Regulation）、德国的分区建造规划、日本的土地利用分区（Land Use District）和分区规划（District Plan）、新加坡的开发指导规划（Development Guide Plan）和我国香港的分区计划大纲图（Outline Zoning Plan）等实施性发展

---

❶ 陈刚. 美国城市规划对北京的启示 [J]. 建筑学报, 2001, (12): 31-34.
❷ 唐子来, 吴志强. 若干发达国家和地区的城市规划体系评述 [J]. 规划师, 1998, 14 (3): 95–100.

规划形式，确定它的内容，强化它作为开发控制的法定依据的效力。强制性的内容可包括区域协调发展、资源利用、环境保护、风景名胜资源管理、自然与历史文化遗产保护、公众利益和公共安全等方面的内容。

10.2.1.3 完善城市建设用地规模预测方法

目前，我国"以人定地"的城市建设用地规模的预测方法，已不适应我国快速城市化的发展阶段。《城市用地分类与规划建设用地标准》已显得难以适应我国当前的城市用地扩展的需要，因此，借鉴国外的先进的城市规模扩展预测方法，我国应加强以下几个方面：

一是要加强 GIS 等新技术的应用。发达国家已经把 GIS、遥感和自动制图等现代科学技术作为其城市建设用地规划的基本手段。我国城市建设用地需求预测方法，应建立在 GIS 分析和详细的调查的基础上，加强 GIS、遥感和自动制图等现代科学技术的学习和应用，从而使多因素综合分析城市规划、多方案编制规划成为可能，提高规划编制适用性。

二是加强多种模型的运用。不断发展的数理统计方法和计算机技术与系统学等理论相结合，使得城市建设用地的规模预测产生了多种方法和模型，其中，既有数学模型、经济学模型，也有动态模拟模型。我国城市规模的预测应该及时学习和吸纳这些模型方法，结合我国城市发展的实际，运用到城市建设用地规模预测中去。同时，也应开展多种模型的组合预测，多方案地预测城市用地规模，在此基础上进行多方案评价和选优，从而确定城市建设用地扩展的较为合理的规模。

10.2.1.4 注重土地经济分析和土地市场机制的作用

在市场机制作用下，城市规划既要考虑自然因素，更要考虑经济因素。因此，要运用土地级差效益原理，合理配置、高效利用城市土地。在城市规划制定之前，首先要根据区位、地形地质、环境质量、基础设施等条件，从自然条件、经济条件、社会环境和生态环境等各种因素入手，对城市土地的质量优劣进行综合评判，研究并进行用地分等定级，在此基础上，结合土地资源价值和土地市场价格，测算城市土地基准地价。最后根据土地级别和基准地价，调整土地利用结构，确定土地使用性质和土地开发强度，达到集约利用土地，提高土地利用效益之目的。

城乡规划应重视土地供需研究。市场经济背景下，城市发展对用地的需求主要受市场因素的影响，因此，城乡规划中关于用地规模、结构和空间分布的安排应充分考虑土地市场中用地的需求状况，并结合城市土地的供给潜力进行规划。只有建立在对土地供需状况进行深入研究基础上的城乡规划，才能在市场经济中具有充分的应变能力和可操作性。在对土地市场的供需状况研究的基础上，应对城市建设用地的供给潜力、总量用地需求规模和各类用地需求规模进行了预测分析，综合考虑其他各种因素从而确定。

另外，随着城市建设资金渠道发生变化，城市新区开发、基础设施建设和旧城改造所需资金，主要依赖于城市土地出让转让和房屋商品化的收入，以及城市基础设施有偿使用回收的资金。在城乡规划编制实施过程中，要依据建设地段的使用功能，掌握合理的开发强度和基础设施的配套要求，会同土地管理部门进行地价的测算，然后进行投入产出的效益分析和资金平衡测算，这样可以为城市建设开辟资金来源，对规划的落实起到积极的保障作用。

10.2.1.5 统筹城市近期规划与远期规划

目前，我国城市总体规划的期限：远期一般为20年，对某些规划内容，如远期的城市布局形态和用地范围，甚至要展望30~50年。与此同时，为了使当前的建设与长远的发展有机地结合在一起，并将近期需要实施的规划项目纳入国民经济五年规划，城市总体规划还包括近期建设规划的内容，规划期限为5年。但从城市规划的图纸和文件来看，绝大部分的工作和内容偏重于远期的发展。从城市建设的规律和规划的实施过程分析，城市规划采用较长的规划期限是有道理的。问题在于，城市的发展是一个动态的过程，特别是我国处于经济、城市化快速发展的阶段，受种种条件的限制，规划师很难准确地预测某个城市未来的20年的经济、人口、社会的变化。对近期规划而言，虽然对实施城市总体规划具有十分重要的作用，但其地位仅是一项专题规划，其内容也无法与规划管理衔接，缺乏可操作性；而且在长达到20年的规划期内，只做前5年建设的一次性安排，而后15年各发展阶段的建设重点、时序、项目并没有在总体规划中反映出来，既不利于分阶段地实施总体规划的目标，也给后续的规划管理带来了困难。

因此，近期建设规划应成为实施城市总体规划和管理的重要依据。近期建设规划是总体规划的重要组成部分。对于明确近期内城市发展的重点和时序，确定近期城市发展方向、规模、空间布局和重要的基础设施建设，协调国民经济五年规划、年度计划和土地利用总体规划有关项目、资金和用地的安排，具有重要的作用。依据近期建设规划，可以更好地落实总体规划的内容，便于城市规划管理，防止项目安排的任意性。从内容上看，近期建设规划除了指导性的内容，同时还应包括强制性的内容，如近期建设的重点和发展规模等。

10.2.2 规划管制制度层面

10.2.2.1 完善规划的法律体系

2007年颁布的《城乡规划法》是我国城市规划法规体系的核心，为了更好地指导城市规划的编制和实施，还需进一步完善城乡规划法律体系。具体包括：一是形成完整的城市规划法规体系，提高法律、法规的规范性和可操作性，以更好地指导城市规划的编制和管理。二是，对严重违反城市规划的行为人和行政单位的负责人，应从严追究法律和行政责任，提高法律追究和行政问责的力度及可操作性。三是，从城市规划的审批过程看，当前按城乡规划法实行分级审批的制度无疑是完全必要的，但是对大城市和省会城市总体规划审批的程序过于繁杂，耗时太长，应妥善解决城市规划的更新问题。

10.2.2.2 改进规划的编制和实施管理

应充分借鉴过程式的规划编制思想和方法。英美的规划编制方法体现出过程式的规划思想和方法，作为借鉴，我国可以将规划的编制和修编的过程变得更为合理，可以将规划编制的过程分为几个步骤与环节：决定编制规划、确定规划目标和任务、形成多个规划方案、规划方案的比较与评估、形成最终规划方案、实施规划方案、对编制过程的评估与监督等。

在城市规划的实施管理上应将全过程的管理转向以前期管理为重点。而传统的城市规划管理采取全过程的管理方式，从建设项目选址审批、建设用地规划审批再到建设方案规划审批，通过建设项目选址意见书、建设用地规划许可证和建设工程规划许可证（"一书两证"）来实现。其缺点在于土地规划条件的调控灵活性太大，在审批的每一个环节中，都是开发商和政府的博弈行为，容易滋生腐败现象。因此，为真正适应市场配置土地的需要，保证城市规划的实施，规划管理应该突出重点，将管理环节前置，重在对进入市场的土地在"量"和"质"两方面进行前期管理和指导。一旦土地进入了市场并且建设单位通过土地市场以公开方式取得土地，后续的城市规划"一书两证"管理，除了在技术上进行一定程度的细化外，更多的是履行必要的法律程序，不能改变其实质性建设内容，尤其是限高、容积率等规划条件。建立相应的法律条文，确定城市规划中各地块实质性建设内容的合法性和不可更改性，对于确实有需要更改的，必须经过详细的规划论证。

城市规划实施的前期管理可以通过土地储备和交易制度来实现。首先，要根据土地利用总体规划、城市规划和年度经济发展状况，详细制定下一年土地供应年度计划，对于纳入土地供应年度计划的地块，由土地储备中心委托规划咨询中心，统一进行前期咨询论证。咨询的重点是在控制性详细规划确定的地块使用性质、容积率、建筑密度等强制性控制指标基础上，结合市场情况进行经济、社会、环境等多方面的评价，确定地块的合理使用要求，向市城市规划管理局提交咨询报告。经城市规划管理部门批准后，咨询报告中提出的规划设计（土地使用）条件，作为土地进入市场的必备条件，纳入招标、拍卖和挂牌出让文件对外公示。待以公开方式成交以后，再根据土地成交确认书和规划设计（土地使用）条件，换发建设项目选址意见书和建设用地规划许可证。以上操作模式，既增加了规划管理的技术含量，又将城市规划管理人员从繁琐的事务性管理中解脱出来，提高了规划管理效率，更重要的是剔除了后期管理工作中的人为因素，切实保证了地块实质规划内容的不可更改性，有利于城市规划的落实。

10.2.2.3 控制土地的开发与利用

我国城市土地的开发管理尚不成熟，可以借鉴发达国家和地区一些典型的经验。如，对土地开发的控制，可以借鉴美国的"区划法"，确定每一宗地的禁止用途或允许用途。对不同产业的用地可以借鉴澳大利亚的"绩效控制"的做法，设定不同的绩效标准，设定门槛，决定是否允许开发。当然，对于新经济产业来说，科技、工业生产和商业等概念的区别正在淡化，而且在同一区域，生产、科研、教育、展示、商住等用途适度混合，因此，德国的混合建设的指导思想，也要充分考虑。由于城市规划编制是一个动态的过程，因此，可以借鉴英国的规划许可证制度，要求土地的开发必须具有许可证。可允许土地开发在规划编制之前进行，但必须交纳一定数额的补偿金，如果土地开发不违背编制完成的城市规划的用途，则退回补偿金。

除控制性详细规划除制定的"强制性"的控制性指标内容外，应明确和加强在城镇体系规划和总体规划中强制性的内容，而且这些规划内容在实施过程中或在城乡规划主管部门提供的规划设计条件、审查建设项目时，不能违背或随意更改。我国的控制性规划更应注重控制的是经济利益，而非视觉美感，并简化控制性规划的修编和审批程序。

10.2.2.4 加强规划的监督管理

在城市规划的编制实施过程中，执法者肆意更改规划或违规进行建设，已构成对城市规划最大的威胁。为了防止行政干预产生的负面影响，应该建立完善的行政监督、群众监督和舆论监督管理体制。由上级城市规划职能部门和政府监察部门共同组成的监督管理机构，负责行政纠正、处理下级违反城市规划的事件，对严重违规的当事人应给予各种行政处分乃至追究法律责任。强化人民代表大会对同级政府的监督，建立听证制度，也是扩大民主议政和群众行使监督权利的重要举措。最后，舆论的监督具有信息快、传播快、贴近市民的优点，历来都具有行政监督所不可替代的作用。随着城市规划管理法制不断民主化，未来的舆论既有监督的功能，同时也发挥着宣传规划、支持规划、普及规划的积极作用。

10.3 城市土地使用制度的改进

10.3.1 改革土地市场的垄断供应方式

在现行土地供给制度下，政府直接垄断土地供给市场并限量供给，则会导致地价过高、过快上涨。当前政府限制土地的供给量对地价的上涨有不可推卸的责任。❶ 现行的土地出让制度为房地产市场垄断创造了条件，加剧房地产开发商的垄断势力，垄断是房价居高不下的重要原因。为了降低房价，政府将眼光仅仅局限于开发商的成本，而不是开发商的垄断，则是舍本逐末的做法。❷ 政府对房地产市场的调控应以加强市场竞争为主。

当前，政府已成为土地市场的主体，是垄断买方或垄断卖方，对土地市场干预较强。政府对土地市场的干预，也不符合政府弥补市场失灵、提供公共服务的职能要求。2007年11月19日由国土资源部、财政部和中国人民银行联合制定的《土地储备管理办法》的第三条已经明确土地储备机构为事业单位。那么，作为政府行政职能的延伸，土地储备机构应将收购储备的土地用于提供公共产品与服务，而非用于经营性用途和盈利目的。因此，政府应尊重市场机制，改革对城市土地的垄断供应方式，慎重选择调控城市土地一级市场的手段。政府可以退出存量土地的收购者的角色，以市场许可的方式适当分享存量土地在一级市场上获得的增值收益，做好市场交易争端的裁判员和市场秩序的监管者，重建城市土地竞争性市场，提高市场竞争程度和资源配置效率。作为土地储备制度的典型之一的杭州市，1999年以前杭州的房价一直稳定在2000元左右。自1999年强力推进土地储备制度以后，当年每平方米均价为3000多元，2000年达到4000元左右。2002年以后每平方米均价达到4000元以上。2006年，杭州6城区（不含萧山、余杭）的商品房价格平均为7759.2元$/m^2$。时至今日，杭州市仍然是省会城市中房价最高的城市之一。❸

地方政府和中央政府关于土地市场的调控存在目标冲突和利益博弈。就现行土地供给制度而言，土地一级市场由地方政府垄断。地方政府可以利用从一级市场得到的土地在二级市场上高价出售以获利。土地收入是政府财政收入的重要来源。中国房地产协会一组数据显示：目前我国房价构成比例为，地价占40%、建造成本占30%、建筑材料价格占20%、税费占10%，地价在房价中起主导作用。建设部在2004年9月份发表的房地产形势报告也把土地价格上涨列为房价上涨的第一位原因，地价作为开发成本最大的部分，地价大幅上涨必然推动房价上涨。房地产和房屋交易过程中的税费，也对政府的财政收入贡献颇大。实际上，中国也正在经历一个土地资本化的过程。地方政府和中央政府的目标冲突和利益博弈，是土地价格高涨的深层次原因。

---

❶ 温修春，吴阳香. 对房价与地价关系之争的思考——基于两种土地产品的比较分析 [J]. 特区经济，2005，(10)：165-167.
❷ 况伟大. 高房价的成因及抑对策建议 [J]. 价格理论与实践，2004，10：35-36.
❸ 房煜. 走向强"土地储备"政府 [J]. 新华月报，2008，(3)：36-37.

10.3.2 改革征地制度，以经济手段为主盘活存量土地

土地征用制度是很多国家通行的土地所有权转变过程，土地征用的前提是国家出于公共目的进行的建设需要占用土地。在西方国家，土地征用的主体是政府，被征用的土地一般是私人所有的土地，政府征用虽然是一种带有强制力的行为，但是须有两个前提，正如美国法律所规定的土地征用权使用，一是必须限于"公共用途"；二是必须对所征用的财产给予"公平补偿"，即以"合理的市场价值"或"买者乐意支付、卖者乐意接受的价格"予以补偿。❶ 2008年10月十七届三中全会通过《关于推进农村改革发展若干重大问题的决定》，指出：改革征地制度，严格界定公益性和经营性建设用地，逐步缩小征地范围，完善征地补偿机制。依法征收农村集体土地，按照同地同价原则及时足额给农村集体组织和农民合理补偿，解决好被征地农民就业、住房、社会保障。这一政策实施还需要做好一系列配套政策，如需要明确公益性用地的范围，赋予农民集体完整的谈判权，并需提高土地补偿标准；经营性项目用地以市场交易的形式实现土地所有权的转变。

政府在城市土地一级市场作为垄断买方，一方面通过补偿价收回、收购待盘活的存量土地，另一方面通过行政征收权和安置补偿手段征地。在近期政府土地供应制度不可能有较大改动的情况下，政府在盘活存量土地时，需要运用经济手段，提高对收购土地和申请入市交易土地的补偿力度，评估待盘活土地的市场价格，估算政府基础设施投入及由于规划用途转变需分享的收益，将待盘活的存量土地补偿价格提高到扣去政府适当分享收益的土地市场价值，从而提高存量土地使用者盘活土地的积极性，提高城市存量土地的利用效率，增加城市土地的供应量。

10.3.3 提高土地规划的科学性和动态性

一要发挥规划的作用，提高规划的科学性。根据我国的规划体系，土地利用总体规划和城市规划都是对土地开发利用具有调控作用的法定规划，两个规划的共同点都是规定了总用地的规模和各类用地的比例，将不同用途和功能的物质要素落实到地块。前者侧重于建成区以外的土地利用，城市规划主要安排城市范围内的土地利用。两个规划只有相互协调，相互衔接，在用地预测、用地布局等方面保持一致，在实施过程中才具有科学性和可操作性。另外，两个规划的内容既要有刚性，还要有一定的弹性和灵活性，以适应市场经济不断变化的需要。

二要加强规划的经济分析与论证。现行城市规划仍以传统的物质形体规划为

---

❶ 刘书楷.国外和台湾地区土地使用管制与农地保护的经验[J].地政月报，1998，(8)：25-28，34.

指导思想，已远远不能适应城市发展的要求，必须加强经济分析与论证。这就是根据城市经济总量的增长和结构的调整，分析城市在人口、土地和资金三要素投入上的规模，并结合城市内部的现有基础和外部的区域环境，论证这些"人、地、钱"的要素投入能否满足需要，且有无实现的可能，从而确定城市开发建设的方向、规模、时序等，最终达到城市发展的合理目标。

三是合理控制和确定土地开发强度。随着中国城市化的步伐还将加快，城市用地规模也还要不断随之扩大，保护耕地与城市建设占地的矛盾会越来越突出。因此，提高土地开发利用的强度是解决此矛盾的一条途径，而其中主要是要提高建筑容积率。在城市规划和房地产开发过程中要适当地提高建筑容积率等土地开发强度指标。至于每个城市如何来确定和控制，应因地制宜，综合考虑。❶

四是尊重市场机制在经营性项目用地资源配置中的作用。对经营性项目用地，城乡规划应增大容积率的弹性，以地价为依据调整土地利用结构，确定土地使用性质和土地开发强度，达到集约利用土地、提高土地利用效益之目的。

10.3.4 根据市场需求制定供地计划

政府编制供地计划应围绕保护有限的土地资源、提高用地效率、满足居民基本生存需要等公共利益目标，要避免以自身利益最大化为目标及对公共利益目标的偏离。城市政府在编制土地供应计划时，要认真调查、分析和科学预测城市土地的近期、中长期需求，编制供地计划，并根据市场实际情况，做出年度调整。要加强规划部门和国土部门在项目选址意见审批和可行性研究阶段的协作与沟通，做到选址意见审批与建设用地项目预审同步进行，减少因部门协调不够而造成的审批效率低下。普通商品住房建设规划要落实到具体地块，要将编制控制性详细规划作为用地供应的前提，将控制性详细规划要求作为招拍挂出让土地的前置条件，并将有关信息向社会公布。规划部门要完善控制性详细规划编制工作，依据控制性详细规划，出具套型结构比例和容积率、建筑高度、绿地率等规划设计条件，将其作为土地出让的前置条件。

10.3.5 实行区域差别化的城市土地市场调控措施

在平抑城市地价方面，东部地区应更积极地实行强化节约和集约用地政策：(1) 科学修编土地利用总体规划和城市规划，合理组织城市功能分区、用地布局，实现土地利用整体效率的提高；(2) 积极盘活存量，把节约用地放在首位，重点在盘活存量上下功夫；(3) 在供地时要将土地用途、容积率等使用条件的约定写入土地使用合同；(4) 提高非经营性项目用地效率，为经营性

---

❶ 冯长春，杨志威. 城市规划与房地产开发 [J]. 城市开发，1999，(2)：22-24.

项目节约用地空间；（5）在加强耕地占用税、城镇土地使用税、土地增值税征收管理的同时，进一步调整和完善相关税制，加大对建设用地取得和保有环节的税收调节力度。❶

同时，对城市地价增长偏快的城市，应分析推动其地价上涨的因素，有针对性地调控其房地产市场。对城市地价增长较慢的城市，应总结其地价平衡增长的经验，关注其居住用地市场交易行为及秩序，防止某些城市居住用地价值被严重低估或土地交易行为受到操控。对某些年份城市地价涨幅偏大的城市应分析其原因，关注其进一步的变化，为未来的调控手段的设计做准备。

10.3.6 加大税收制度改革和调节力度

土地税收制度是确保土地集约利用的杠杆。加大土地的保有成本，降低土地的流转成本，促进土地的流转，实现土地按最佳用途利用。土地保有税以数量和地价为基础，多占地者多纳税，占好地者多纳税，加大土地的保有成本，促进土地使用者最佳利用土地，促使闲置土地重新回到土地交易市场。土地保有税有两个作用，一是作为地方政府财政收入的重要来源，能增加地方政府对当地基础设施建设进行投资的热情；另一方面，能将土地因公共投资以及经济发展和人口增长带来的土地增长收归于社会，公平土地收益分配。

改革城镇土地使用税，将征税对象范围扩大到集体建设用地，使得土地成本真正构成企业成本约束。同时制定土地、税收等方面的优惠政策，鼓励乡镇企业向城镇集中，从而提高工业土地利用效率。

---

❶ 丁洪建. 30个省会城市居住地价的差异及成因研究［D］. 北京大学博士学位论文，2008，7.